계속적 공급계약 연구

- 유통계약을 중심으로 -

계속적 공급계약 연구

- 유통계약을 중심으로 -

장 보 은 지음

경인문화사

머리말

이 책은 2017년 8월에 나온 필자의 서울대학교 법학박사 학위논문인 "계속적 공급계약과 그 종료에 관한 계약법적 고찰 – 유통계약을 중심으로 –"를 수정·보완한 것이다.

현대 사회에는 다양한 종류의 계속적 계약이 활용되고 있고, 특히 상거래에서 중요한 계약들은 일시적 또는 일회적인 계약보다는 장기간 계약상 의무이행이 수반되는 계속적 계약의 형태로 이루어지는 경우가 많다. 최근에는 플랫폼 거래와 같이 새로운 형태의 계약들이 나타나고 있는데, 이러한 계약일수록 장기 계약이 결부될 수 있다. 계속적 계약은 체결 단계부터 그 특수성이 고려되어야 하지만, 무엇보다도 당사자들이 계약관계를 종료하는 때에 여러 복잡한 문제들이 대두된다.

변호사로 일하는 동안 유통계약 등의 계속적 계약과 관련된 많은 분쟁들을 경험하였는데, 여기에는 기존의 계약법 이론을 그대로 적용하기 어려운 지점이 많다. 계약상 해지조항이나 채무불이행에 근거하는 등의 일반적인 해지 사유 외에도 계약의 존속이 어려운 경우도 있고, 반대로 정해진 계약기간 등 계약상 명시적인 종료 사유가 있음에도 불구하고 계약이 계속 유지되어야 하는 경우도 있다. 채무불이행 등이 있어서 손해배상을 청구하고자 하는 것도 일시적 계약에 비하여 까다로운 면이 있고, 그 금액을 산정하는 것이 현실적으로 어렵기도 하다. 그런데 거래에서 활용되는 빈도나 범위에 비하여 계속적 계약에 대한 연구는 미미하여, 실제 발생한 문제를 해결하기 위한 학문적인 전거를 찾기가 쉽지 않다. 실정이 그러하다 보니, 법리를 다투기보다는 당사자들의 합의로서 분쟁을 종결하도록 하는 예가 늘어나고, 이는 다시 관련 법리의 발전을 지연시키는 이유가 되는 것 같다.

물론 여러 유통계약에 대하여는 독점규제 및 공정거래에 관한 법률을 비롯하여 대리점거래의 공정화에 관한 법률, 가맹사업거래의 공정화에 관한 법률 등에서 규제를 하고 있고, 실무에서는 계약의 종료 시 이 규정들을 우선적으로 검토하게 된다. 예를 들어, 계약의 해지가 일방 당사자의 부당한 거래거절이나 그 외에 불공정한 행위가 되는 것은 아닌지, 계약의 해지 사유가 법률상 제한되는 것은 아닌지 등을 살펴보게 되는 것이다. 이러한 규정들은 계약 종료와 관련된 의사결정을 하는 데에 중요하게 기능하거나, 문제를 제기하거나 방어하기 위한 무기가 되기도 한다.

그런데 이러한 규제를 검토하기에 앞서, 이들 계약을 계약법의 시각에서 이해하려는 노력이 필요하다는 생각이다. 대부분의 유통계약은 계속적 계약 중에서도 계속적 공급계약에 해당한다고 볼 수 있다. 이러한 노력은 계약을 둘러싼 여러 쟁점을 해결하는 보다 일반적이고 포괄적인 시각을 제공하며, 향후 계속적 계약의 발전 방향을 제시할 수 있다. 또한 유통계약을 비롯한 개별 계약에 대한 바람직한 규제를 위해서도, 계속적 공급계약의 계약상 내용과 그 특수성을 탐구하는 것은 의미가 있다. 앞으로 계속적 계약은 더욱 다양한 분야에서 다양한 양태로 폭넓게 쓰일 것으로 예상되므로, 그에 대한 계약법적 검토는 반드시 필요한 작업이다.

이 논문은 실무에서부터 가졌던 이러한 문제의식을 바탕으로 한 것이고, 그 시작점을 유통계약을 중심으로 한 계속적 공급계약의 종료를 둘러싼 쟁점들을 살펴보는 것으로 하였다. 향후 이를 바탕으로 계속적 계약에 관한 다른 주제들에 대하여 연구를 계속하고자 한다.

이 주제는 선행연구가 별로 없는 분야라 참고할 만한 문헌을 찾는 것부터가 쉽지 않았고, 기존에 필자가 실무가로서 10년 넘게 지내면서 실제 눈앞에 닥친 문제를 해결하는 것에 익숙해져 깊이 있게 학문적으로 연구하는 것에는 서투른 면이 있었으므로, 여러 시행착오를 쳐서 논문을 완성할 수 있었다. 이 과정에서 도움을 주신 분들께 감사의 마음을 전하고자 한다.

우선 학위논문의 지도교수이신 윤진수 교수님은 학부 시절부터 큰 가르침을 주셨고, 정년이 얼마 남지 않은 상황에서 부족한 제자를 받아주시어 논문에 대한 여러 조언을 해 주셨다. 또한 김재형 교수님은 이 논문을 쓰기 직전에 대법관이 되셨는데, 석사 때부터 교수님의 지도제자로 학문적인 것은 물론, 학문 외적인 것까지 많은 것을 배울 수 있었고, 박사 과정에 진학하여 학자의 길을 가기까지 늘 격려를 아끼지 않으셨다. 논문심사 과정에서 날카롭고 귀한 의견을 주셨던 권영준 교수님, 김형석 교수님, 이동진 교수님, 한양대학교 이준형 교수님께도 특별한 감사의 말씀을 드린다. 부족한 논문이 조금이라도 읽을 만한 것이 되었다면, 그것은 전적으로 이분들 덕분이다. 필자는 이 논문을 발표함과 동시에 교수의 길을 가게 되었는데, 이처럼 본받고 싶은 스승들이 많이 계시다는 것은 감사한 일이 아닐 수 없다.

마지막으로, 한결같은 믿음으로 응원해 주시는 부모님과 이 논문을 쓰는 내내 토론 상대가 되어 주고 주말 육아를 도맡으며 실질적인 도움을 준 남편 김한규, 늘 대견하고 사랑스러운 두 딸 시우, 서우에게 고마운 마음을 전한다.

2020년 12월
장보은

목차

제1장
서 론

제1절 문제의 제기

현대 사회에서 상품을 어떻게 유통하는지에 관한 문제는 생산의 문제만큼이나 중요하다. 기업들은 저마다 시장에 효과적으로 진출하여 소비자들에게 보다 많은 상품을 공급할 수 있는 유통 구조를 고민한다. 유통 구조는 크게 자신이 직접 법적, 경제적 책임을 지고 상품을 공급하는 경우와 이러한 공급 기능의 전부 또는 일부를 자신과는 법적, 경제적으로 독립된 제3자에게 이전하는 경우로 나누어 볼 수 있는데, 분업화된 경제 구조에서는 후자의 유통 방식을 선택하는 경우가 일반적이다.

이러한 유통계약에서는 공급업자와 판매업자 간의 제품 공급이 핵심적인 내용을 이룬다. 판매업자가 공급받은 상품을 소비자에게 직접 판매하기도 하지만, 중간 판매상이 끼는 경우가 많다. 따라서 공급업자는 상품의 제조자, 도매업자, 수입업자, 판매업자 등이 될 수 있다. 유통계약은 통상 장기의 공급계약의 형태가 될 것인데, 이를 통하여 당사자들 간에는 상품의 판매를 위한 상호 간의 협력 관계가 형성되고, 이러한 상호 신뢰관계는 계약이 유지되면서 더욱 발전될 것이다.[1]

이처럼 실제 상거래에서 유통이 매우 중요한 위치를 점하고 있음에도 불구하고 유통법이라는 법 영역에 대한 인식은 아직까지 미미한 수준이고,[2] 유통계약이라는 개념도 분명하지 않다. 그러나 유통계약을 위와 같이 이해한다면, 일반 상거래에서 흔히 볼 수 있는 대리점 계약, 프랜차이즈계약, 도매상 계약 또는 특약점 계약 등은 모두 유통계약에 포함된다고 할 수 있다.

이와 관련하여서는 다양한 법적인 문제들이 제기된다. 개별 유통계

---

1) Martinek/Semler/Flohr, Handbuch des Vertriebsrechts, 4. Aufl., C.H.Beck, 2016, 1. Kapitel § 1 Rn. 3-4 참조.
2) 최영홍, "유통법의 의의와 지도원리", 유통법연구 창간호, 2014, 4면 참조.

약의 체결, 이행, 종료 등과 관련된 계약법적인 문제들은 물론, 경쟁법, 제조물책임법, 각종 유통 관련 규제법 등 계약법 이외의 법률이 적용되는 문제들도 있다. 또한 국제 교류가 늘어나면서, 국제거래법이나 관세, 그 밖에 수출입과 관련된 법적 문제를 함께 검토하여야 하는 경우도 많아졌다.[3] 특히 유통계약이 종료되는 경우에는 매우 복잡한 문제들이 야기되기도 한다. 계약이 종료되었다고 하여 그 동안에 전개된 거래에서 형성된 당사자들 간의 관계 자체가 없어지는 것이 아니기 때문에, 계약의 종료로 인한 당사자들의 이해를 조정하는 것은 중요한 문제가 될 수있다. 예컨대 공급업자에게는 계약의 종료 이후에도 판매업자의 유통망을 유지하고자 하는 유인이 있고, 판매업자와의 협력관계 하에 제공한 자신의 지적재산권이나 영업비밀을 보호하고자 하는 이해관계가 있을 것이다. 반면 판매업자는 유통계약을 운영하기 위하여 자본과 인력을 들여서 상당한 투자를 하였을 것이므로, 이러한 투자를 충분히 회수하지 못한 부분에 대하여는 문제를 제기할 수 있다. 일반적으로는 판매업자가 영세하거나 해당 유통계약에 의존도가 높을수록 계약을 유지하는 데에 큰 이해관계가 있다.

　당사자 일방이 유통계약을 종료하고자 하는 경우에는 잠재적인 불만들이 함께 분출되어 분쟁이 현실화되고 복잡한 양상으로 전개되기도 한다. 그러나 실제 분쟁 빈도나 그 중요성에 비하여 법적인 논의나 선례는 충분하지 않다. 그마저도 관련 논의가 독점금지 및 공정거래에 관한 법률(이하 '공정거래법')에 국한되는 경향이 있다. 공정거래법 등 특별법의 차원에서 유통계약을 규제하는 것도 중요한 사항임은 분명하지만, 자유롭고 공정한 경쟁을 촉진하고자 하는 것을 목표로 하는 공정거래법만으로 실제로 발생하는 다양한 법적인 쟁점을 이해하는 데에는 한계가 있다. 또한 유통계약도 본질적으로는 계약의 자유라는 기초에 서 있으므

---

3) 최영홍(주 2), 7-9면; Martinek/Semler/Flohr(주 1), 1. Kapitel § 1 Rn. 6 참조.

로, 판매업자에 비하여 공급업자가 언제나 거래상 우월한 지위에 있다고 전제하는 것은 문제의 본질을 왜곡할 우려도 있다.

이러한 복잡한 문제들을 해결하기 위해서는 해당 계약이 과연 적법하게 종료된 것인지, 계약관계는 어떻게 청산하여야 하는지부터 살펴보아야 한다. 그동안 전통적인 계약법이 일회적이거나 일시적인 거래를 전제로 하였다면, 유통계약에 대한 계약법적인 논의는 계속적이거나 반복적으로 일어나는 이른바, 계속적 공급계약에 대한 이해에서 시작하여야 할 것이다.

제2절 연구의 대상과 방법

I. 연구 대상

앞서 밝힌 바와 같이 유통계약을 계약법적으로 분석하는 것이 본 논문의 주된 관심사이다. 이러한 유통계약은 대체로 기존에 계약법에서 논의되었던 계속적 공급계약이라는 개념으로 포섭될 수 있으므로, 이 개념을 중심으로 논의하고자 한다.

통설은 계속적 공급계약을 계속적 계약의 일종으로 이해한다. 계속적 계약은 일시적 또는 일회적 계약에 대비되는 개념으로, 이를 넓게 보면 다양한 계약들이 여기에 포섭될 수 있다. 소비대차, 사용대차, 임대차, 고용, 위임 등의 민법상 전형계약은 물론, 계속적 공급계약, 계속적인 역무제공계약, 계속적 금융계약 등이 모두 계속적 계약에 해당한다. 이러한 계속적 계약과 그 특성에 대한 논의는 계속적 공급계약에도 유효하다. 또한 계속적 공급계약에 관한 논의는 다른 계속적 계약에도 적용될 수 있는 경우가 많다.

계속적 계약의 범주에 포섭될 수 있는 다양한 계약들은 계속적 계약의 일반적인 특성을 공유하기는 하지만, 각각의 계약의 특수성에 따라 상이한 법적 쟁점들을 내포하고 있고, 개별법의 각 규정들은 그러한 특수성을 반영한다. 그런데 계속적 공급계약은 다른 전형계약과는 달리 민법에서 계약의 고유한 특성에 따른 개별 규정을 두고 있지 않아 계약의 계속성이라는 요소를 전면에 둘 수 있으므로, 계속적 계약에 대한 논의를 시작하기에 유리한 면이 있다. 비교법적으로 보더라도 계속적 계약에 관한 논의는 계속적 공급계약을 포함하는 유통계약에서 시작되어 그 연구 결과를 다른 유형의 계속적 계약에 적용하고 추가적인 특수성을 탐구하는 방향으로 이루어진다.

따라서 본 논문에서는 필요에 따라 계속적 계약 일반에 대한 논의도 포함할 것이지만, 기본적으로는 계속적 공급계약, 특히 대리점 계약이나 가맹점 계약과 같이 유통 단계에서 사업자 간에 이루어지는 계속적 공급계약에 주안점을 둔다.

이러한 유통계약에 대한 경쟁법적인 검토는 비교적 활발하게 이루어지고 있고, 개별 유형에 대한 특별법의 기반을 이루기도 한다. 그러나 이것만으로 계속적 공급계약을 전반적으로 이해하기는 어렵고 당사자들 간의 관계를 왜곡할 가능성마저 있으므로, 본 논문에서는 이보다는 계약법적인 검토에 초점을 맞추고자 한다. 다만, 경쟁법상 논의가 계약법 검토에 시사점을 주는 것도 사실이므로, 이러한 범위에서는 그 내용을 살펴볼 수 있을 것이다.

계속적 공급계약은 그 자체로 계약의 교섭 단계부터 계약의 성립, 계약의 이행 및 계약의 종료에 이르기까지 다양한 계약법적인 쟁점을 내포하고 있다. 이 가운데 실제로 많은 분쟁을 야기할 수 있는 계약의 종료[4]와 관련된 부분이 본 논문의 주된 관심사이다.

Ⅱ. 연구 방법

제2장에서는 우선 본 논문의 연구를 위한 계속적 공급계약의 개념을 정립하고 그 법적인 성질을 살펴보는 것에서 논의를 시작한다. 계속적 공급계약은 전통적인 계약법이 예상하지 못하였던 계약 유형으로, 국내뿐만 아니라 외국에서도 비교적 근자에 논의가 되고 있는 영역이다. 따라서 다양한 측면에서의 검토를 통하여 계속적 공급계약을 바라보고 그

---

4) 본 논문에서는 계약의 '해지' 이외에 계속적 계약의 특징으로서 '존속기간의 만료'로 인한 계약의 종료를 논의에 포함하기 위하여 계약의 '종료'라는 표현을 사용하였다.

특수성을 규명하기 위한 노력이 필요하다. 계속적 공급계약을 기본계약과 개별계약의 이중적 계약으로 파악하여 계약과 관련된 쟁점들을 구조적으로 분석하거나, 계약적인 특징을 반영하여 신의칙 등을 활용할 수 있다. 또한 기존의 전통적인 계약법과는 다른 시각에서 계약을 검토하려는 시도도 도움을 줄 수 있을 것이다.

　다음으로는 계속적 공급계약의 종료와 관련한 여러 쟁점 중에 계약의 종료를 계약법적으로 어떻게 이해하여야 하는지에 관하여 살펴본다. 무엇보다 계속적 공급계약의 적법한 종료 요건에 대한 계약법적인 분석이 선행되어야 한다. 제3장에서는 먼저 계속적 공급계약의 일반적인 종료 사유들을 살펴보고, 계속적 공급계약의 특수성에 기인하여 이러한 일반적인 종료 사유들 이외에 다른 종료 사유들을 인정할 수 있는지를 검토한다. 제4장에서는 이와는 반대로 계속적 공급계약의 일반적인 종료 사유가 있더라도 계약의 특수성에 기인하여 계약의 종료를 제한하는 것이 필요한지 또는 가능한지, 만일 그렇다면 그 근거가 무엇인지 등을 검토한다. 각 요건들을 검토할 때에는 계속적 공급계약의 구조적인 특징과 장기간 상호 신뢰관계를 바탕으로 유지되어 온 계약으로서의 특수성 등을 충분히 고려하여야 한다. 계속적 공급계약의 종료 사유를 유형화하고 유형별로 요건을 검토하는 노력은 당사자들에게 예견 가능성을 주어 판결에 대한 신뢰를 가질 수 있도록 할 것이다.

　마지막으로 제5장에서는 계속적 공급계약이 적법하게 종료되는 경우 그 효력을 검토한다. 계속적 공급계약이 종료되면 당사자들의 관계가 없었던 일이 되거나 그 자체로 소멸하는 것이 아니기 때문에 기존의 계약관계를 청산한다는 것을 계약법적으로 어떻게 이해하여야 하는지에 대한 논의가 필요하다. 또한 계속적 공급계약의 종료로 인하여 손해배상책임이 발생하는 경우에는 장래 발생될 손해를 합리적이고 객관적으로 예상하여야 하는 문제가 있다. 손해액 산정 시에도 계속적 공급계약의 특수성을 반영하여야 한다. 나아가 계속적 공급계약이 종료된 이후에도 기

존의 계약관계의 성과물이 남아 있는 경우에 당사자들이 그 이익을 공
유할 필요가 있는지도 쟁점이 될 수 있다.

제2장

계속적 공급계약의 의의와 법적 성질

제1절 계속적 공급계약의 의의

Ⅰ. 학설의 논의

일반적으로 학설과 판례가 계속적 공급계약이라는 개념을 인정하고, 실무에서 활용되는 빈도는 매우 높음에도 불구하고, 계약법의 영역에서 계속적 계약이나 계속적 공급계약에 관하여 깊이 있게 연구한 국내 문헌은 많지 않다. 대체로 민법 교과서에서는 계약 부분에 계속적 계약의 개념과 특수성을 설명하는 정도가 일반적이고,[1] 그 외에 일부 논문에서 계속적 계약이나 계속적 공급계약을 다루고 있을 뿐이며,[2] 최근에는 판례에서 나타난 계속적 계약에 관한 개별 쟁점에 대하여 논의하는 연구 논문들이 확인된다.[3] 기존에 계속적 계약의 관한 논의는 그 개념과 특징을 서술하면서, 특히 본 논문의 주제인 계속적 공급계약이 계속적 계약에 포함되는지 여부를 다룬 것이 많다.

---

1) 곽윤직, 채권각론, 제6판, 박영사, 2003, 29면 이하; 김증한·김학동, 채권각론, 제7판, 박영사, 2006, 17면 이하; 김형배, 채권각론〈계약법〉, 신정판, 박영사, 2001, 85면 이하; 송덕수, 채권법각론 제4판, 박영사, 2019, 37면 이하 등.

2) 김성천·박희주, "계속적 공급계약과 소비자보호", 소비자 보호원, 1996; 박진근, "계속적 공급계약상 당사자의 이해조정에 관한 연구", 한양대학교 법학박사학위논문, 2005; 김영신, "계속적 계약관계의 해지에 관한 연구", 서울대학교 법학박사학위논문, 2008 등. 그 외에 계속적 공급계약에 관한 것은 아니지만, 계속적 보증에 관하여는 판례들이 다수 축적되면서 관련 연구가 활발한 편이다.

3) 권영준, "계속적 계약에 있어서 재교섭조항의 해석", 민사판례연구 제36집, 2014, 38면 이하; 이중기, "계속적 계약에서의 "재협상조항"의 역할과 한계: "계약흠결"에 대한 사적자치와 법원의 역할", 홍익법학 제15권 제3호, 2013, 269면 이하; 장보은, "계속적 계약의 해지와 손해배상의 범위", 저스티스 통권 제158-1호, 2017, 266면 이하 등.

1. 계속적 계약

가. 계속적 계약의 개념

계속적 계약 또는 계속적 채권관계에 관한 본격적인 논의는 1965년 발표된 곽윤직 교수의 논문[4]에서 시작된 것으로 이해된다. 이 논문은 최근까지도 계속적 계약관계에 관한 연구에서 많이 인용되는 것으로, 독일의 기이르케의 논의[5]를 토대로 일시적 채권관계와 구별되는 계속적 채권관계에 대하여 설명한다. 계속적 채권관계와 일시적 채권관계의 구별 기준으로 시간의 계속성의 유무를 드는데, 다만 그것이 언제나 뚜렷한 표준이 될 수는 없다고 하면서, 계속적 채권관계인지 여부는 계속적 채권관계로서 논할 특수성 내지 필요가 있는지 여부에 따라 실질적으로 판단하여야 한다고 강조한다. 따라서 민법상 전형계약이 계속적 계약인지 일시적 계약인지를 일률적으로 정해야 하는 것은 아니고, 나아가 형식적인 구분은 무의미하다고 하였다. 예컨대 일용노동자의 고용계약과 가옥건축의 도급계약을 비교하면 어느 것이 더 계속적인지를 구별하기가 곤란하고, 동일한 임대차 계약이라고 하더라도 책을 몇 시간 빌리는 것과 부동산의 임대차를 동일하게 보기는 어렵다는 것이다.

이후 학설들은 일부 표현의 차이는 있지만 계속적 계약 또는 계속적 채권관계의 개념을 위 논문의 정의와 유사하게 전제한다. 즉, 계속적 채권관계는 당사자가 일정한 계속적인 시간 동안 기간을 정하거나 혹은 기간의 정함이 없이 계속적인 급부의 의무를 지는 것을 말한다고 하면

---

4) 곽윤직, "계속적채권관계·계속적계약", 사법행정, 1965. 7, 14면 이하.

5) Gierke, "Dauernde Schuldverhältnisse", JheringsJb. Bd.64, 1914, S.355ff.. 기이르케 및 독일에서의 그 후속 논의에 대하여는 김영신(주 2), 21-28면; 김성천, "계속적 공급계약에 관한 비교법적 고찰", 외법논집 제3집, 1996, 530-531면; 박진근(주 2), 7-10면; 조일윤, "독일에서의 계속적 계약에 관한 일고찰", 경성법학 제14집 제2호, 2005, 227-229면 등 참조.

서, 급부의 실현이 어떤 시점에서 행하여지면 일시적 채권관계이고, 어 떤 기간 동안 시간의 길이에 의존하고 시간적 계속성이 있으며 한 번의 급부로 끝나는 것이 아니고 어떤 기간에 걸친 계속적인 급부의무가 채 권의 내용을 이루는 경우에는 계속적 채권관계라고 설명하거나,[6] 계약 에 의하여 발생한 채무 가운데에는 급부가 일정한 시간 동안 계속되어 야 하는 것이 있는데 그러한 채무를 발생시키는 계약이 계속적 계약이 라고 하면서, 채권관계에서 시간이 매우 큰 역할을 하는 경우에는 시간 이 제공되어야 하는 급부의 범위를 결정하는 것이라고 설명하기도 한 다.[7] 일정기간 동안 계속하여 급부를 실현하여야 할 의무가 발생하는 계약, 즉 그에 기한 급부의 실현이 시간적 계속성을 가지는 계약을 계속 적 계약이라고 하는 것도 이와 유사한 견해로 이해된다.[8]

나. 계속적 계약의 특징

학설들은 대체로 계속적 계약은 일시적 또는 일회적 계약과 달리 다 음과 같은 특징이 있다고 설명한다.[9]

1) 기본계약과 개별계약의 존재

계속적 계약은 당사자들 간의 기본적인 합의 사항을 정한 기본이 되 는 계약과 이에 따른 개별 채무로 나누어 생각해 볼 수 있다. 이를 소위 기본계약과 개별계약의 이중적인 계약 구조로 볼 것인지,[10] 아니면 하나

---

6) 황적인, "계속적 계약관계", 고시연구, 1976. 10, 42면 이하.
7) 송덕수(주 1), 37면.
8) 지원림, 민법강의, 제14판, 홍문사, 2016, 1262면 등.
9) 이하는 곽윤직(주 1), 30-32면; 김증한·김학동(주 1), 18면 이하; 송덕수(주 1), 38-39면 등 참조.
10) 계속적 공급계약의 구조를 기본계약과 개별계약의 이중적인 구조로 보는 것이 통설적 견해로 이해된다. 곽윤직(주 1), 31면; 김형배(주 1), 86면; 김증한·김학

의 계약으로 보고 그에 따른 개별적인 이행 행위로 볼 것인지[11]에 대하여는 견해의 대립이 있다. 다만, 어떠한 견해에 따르더라도 계속적 계약과 지분적인 채무를 구별하여 생각하는 것은 가능하다.

2) 계약에 대한 해지권의 인정

계속적 계약이 지속이 되다가 당사자들이 더 이상 거래하지 않게 되는 경우에는 일반적으로 계약의 해제가 아닌 해지가 문제가 된다. 해제는 계약의 효력을 소급적으로 소멸하게 하나, 해지는 계속적 채권관계를 장래를 향하여 소멸하게 할 뿐이다. 이미 거래관계가 발생한 경우 원칙적으로 계속적 공급계약은 해지의 대상이 되고, 계속적 계약이 해지되었다고 하더라도 이미 발생한 개별적인 채권채무가 소급적으로 소멸하지는 않는다.[12]

3) 당사자 간 상호신뢰성에 대한 요청

계속적 계약에서는 계약이 지속됨에 따라 당사자들 간의 관계가 형성되고, 당사자가 누구인가 하는 인적 사정이 큰 비중을 차지한다. 당사자들 간의 신뢰관계는 계속적 계약의 전제가 되는 것으로, 당사자들 간의 이러한 신뢰관계가 파괴되면 계약 자체가 유지되기 어려울 것이다.

4) 계약기간 중 사정변경의 가능성

계속적 계약이 특히 장기간 동안 지속되는 경우 계약기간 중에 제반 사정 등이 변경될 가능성이 있다. 당사자들은 계약 체결 당시 기본적인

동(주 1), 20-22면 등 참조.

11) 송덕수(주 1), 38면.

12) 계속적 계약관계에 있어서도 아직 이행을 하기 이전에는 해제가 가능하다. 편집대표 곽윤직, 민법주해[XIII]-채권(6), 박영사, 2009, 242면(김용덕 집필부분). 대판 2013. 2. 14, 2010다91985 참조.

계약 조건을 합의할 것이지만, 모든 조건을 정하는 것은 현실적이지 않다. 장기간의 계약기간 동안 당사자가 예견하지 못한 중대한 사정변경이 일어나거나, 계약 체결 당시의 약정을 그대로 실행하는 것이 부당하게 되는 경우에는 사정변경의 원칙이 적용될 수 있다.

5) 불공정한 계약에 대한 우려

이러한 계속적 계약은 사람 또는 물건에 대한 지배관계로서의 성질을 가지기 쉬우므로 사회법 내지 노동법과 같은 특별법으로 이를 조정할 필요가 있다. 특히 당사자들이 일방 당사자가 상대방에 비하여 경제적으로 우월한 지위에 있다는 등의 이유만으로 계약이 불공정하게 체결되고 유지되는 것은 법규 등으로 제한할 필요가 있다.

2. 계속적 공급계약

가. 계속적 공급계약의 개념

곽윤직 교수는 위 논문에서 계속적 공급계약을 일정한 기간 또는 부정기간 동안 종류로서 정하여진 물건을 일정한 대가를 받고서 계속적으로 공급하기로 하는 계약이라고 정의하였다.[13] 가스, 물, 전기 등의 공급계약이 대표적인데, 이러한 계속적 공급계약은 공급되어야 하는 양이 처음부터 확정되어 있지 않고 시간이 경과함에 따라 증가하는 점에서 일반적인 매매계약이나 제조물공급계약과는 다르고, 다수의 계약의 결합이 아니라 하나의 합의에 의한 전체로서 하나의 매매계약이라고 한다.

이후 학설들도 계속적 공급계약을 이와 유사하게 이해하는 것으로 보인다. 즉, 계속적 공급계약을 "일정한 기간을 정하여 또는 부정기간 동

---

13) 곽윤직(주 4), 14면.

안(예컨대 수요가 있는 동안) 종류로 정하여지는 물건(가스, 전기, 물 등)을 일정한 대가를 받고서 계속적으로 공급할 것을 약정한 때에 성립하는 계약"이라고 정의하거나,[14] "일정한 기간 또는 부정한 기간 종류로 정하여진 물건을 일정한 대금으로 계속 공급할 것을 약정하는 계약"으로 종류물 매매의 특수한 형태이고 계속적 채권관계라고 설명하기도 한다.[15] 계속적 공급계약을 "어떤 기본적인 공급계약에 기초하여 정기적으로(또는 부정기적으로) 일정량(또는 불특정량)을 공급하기로 하는 계약"이라고 하면서, 매매계약의 일종으로 보는 견해도 있다.[16]

통설적인 견해와 유사하게 계속적 공급계약을 "일정한 기간 또는 부정기간 동안에 종류로서 정하여진 물건(예: 맥주, 석탄)을 일정한 대가를 받고서 계속적으로 공급하기로 하는 계약"이라고 정의하면서도, 일반적으로 전기, 수도, 가스 등의 공급계약을 계속적 공급계약의 전형적인 경우라고 설명되는 것에 대하여 이러한 계약은 공급기업이 소비자가 즉시 이용할 수 있도록 준비하고 소비한 만큼 다시 보충해 두기도 하는 등 소비자의 이용이 전혀 없는 때에도 급부를 하고 있는 것으로 오히려 다른 계속적 공급계약과는 차이가 있다고 보는 견해도 있다.[17]

나. 계속적 계약과 계속적 공급계약의 관계

계속적 공급계약을 계속적 채권관계의 일종으로 보아야 하는지에 대하여는 견해의 대립이 있다. 우선 계속적 공급계약을 본질적으로 민법상 전형계약의 하나인 매매의 일종으로 보아 계속적 채권관계에서 제외하

---

14) 김증한·김학동(주 1), 19-20면; 김형배(주 1), 367면.
15) 황적인(주 7), 53-54면.
16) 이은영, 약관규제법, 박영사, 1994, 591면. 이은영 교수는 나아가 계속적 공급계약이 거래계에서 빈번히 이용됨에도 불구하고 그에 관한 민법 규정이 전혀 없으므로 입법론적 고찰이 필요하다고 한다.
17) 송덕수(주 1), 38-39면.

되, 계속적 공급계약은 다수 계약의 결합이 아니라 하나의 계약으로 계약불이행의 경우 해제가 아니라 해지가 문제된다는 점 등에서 계속적 계약과 유사한 요소가 있다는 견해가 있다.[18] 계속적 공급계약은 매매계약에 도급의 요소가 부가된 것이라고 하면서, 계속적 급부계약과 유사하다고 보기도 한다.[19] 그러나 계속적 공급계약은 일시적 채권관계인 보통의 매매와는 다르고, 계속적 채권관계로서의 특질을 상당히 가지고 있기 때문에, 일종의 계속적 채권관계로 보아야 한다는 것이 통설적인 입장인 것으로 이해된다.[20]

3. 국내 논의의 배경: 독일법

지금까지의 계속적 계약 및 계속적 공급계약에 관한 논의는 독일에서의 관련 논의에 크게 영향을 받았고, 대체로 그 범위를 넘지 않는 것으로 보인다. 독일에서는 기이르케가 1914년 논문에서 계속적 채권관계에 대하여 본격적인 이론을 정립한 이래로 학설은 대체로 그 견해를 승인하는 전제에서 계속적 채권관계에 관한 이론을 발전시켰고, 2002년 독

---

18) 곽윤직(주 4), 14-15면. 다만, 곽윤직 교수의 최근 문헌에서는 "계속적 공급계약은 보통의 매매와는 달리 계속적 채권관계로서 특질을 상당히 가지고 있으므로 일종의 계속적 채권관계로 보는 것이 옳다"고 기술하고 있다. 곽윤직(주 5), 29면 이하. 어느 쪽으로 보든지 결론에 있어서 실질적인 차이는 없을 것이다.
19) 김주수, 채권각론, 삼영사, 1997, 73면.
20) 곽윤직(주 1), 29면 이하; 황적인(주 1), 53-54면; 김형배(주 1), 105-106면 등. 김형배 교수는 계속적 공급계약은 계속적 채권관계에 속하는 하나의 아종(亞種)이라고 한다. 한편, 송덕수 교수는 계속적 공급계약은 한편으로는 물건의 급부의무를 발생시키는 점에서 매매계약 또는 제작물 공급계약의 성질을 가지고 있으나, 다른 한 편으로는 공급되어야 하는 양이 처음부터 확정되어 있지 않고 시간이 경과함에 따라 증가하는 점(예: 맥주의 수요에 따른 공급, 부정기간 동안 매달 10톤의 석탄의 공급)에서 계속적 채권관계로서의 특징도 지니고 있으므로 계속적 채권관계와 유사한 종류를 이루고 있다고 한다. 송덕수(주 1), 38면.

일 채권법 개정으로 독일 민법 제314조에 계속적 채권관계의 해지에 관한 규정을 도입하기에 이르렀다. 이하에서는 계속적 채권관계와 계속적 공급계약에 관한 우리 학설의 이론적 바탕이 된 독일의 학설을 간단히 살펴본다.

가. 계속적 채권관계(Dauerschuldverhältnis)

기이르케는 특정 시점(in einem Zeitpunkte)에 급부가 실현되어야 하는 일시적 채권관계(vorübergehende Schuldverhältnisse)와 일정한 기간 동안 (während eines Zeitraums) 급부가 실현되어야 하는 계속적 채권관계 (dauernde Schuldverhältnisse)가 구별된다고 하였다.[21] 계속적 채권관계는 채권관계가 특정 시점에 채무의 이행 즉시 소멸하는 일시적 채권관계와는 달리 채권관계가 존재하는 내내 이행이 이루어져야 하고(이행 측면에서의 특징),[22] 종합적 청구권(Gesamtanspruch)과 그러한 종합적 청구권으로부터 발생하는 개별적 청구권(Einzelanspruch)이 구별된다(청구권 측면에서의 특징).[23] 계속적 채권관계가 일시적 채권관계와 구별되는 가장 큰 특징은 기간의 만료가 채권관계의 종료 원인이 된다는 점이다(종료 측면에서의 특징).[24]

나아가 통상적인 채권계약은 재화교환의 수단이 되지만, 계속적 채권관계는 재화에 대한 지속적인 지배관계를 형성하고 이를 실현하는 고유한 특징이 있다고 한다. 계속적 채권관계가 물권을 창설하는 것은 아니지만, 제3자가 침해하여서는 안 되는 권리를 설정한다는 것이다. 또한 계속적 채권관계는 인격 자체에 개입하고 이를 구속하는 한도에

---

21) Gierke(주 5), S.357.
22) Gierke(주 5), S.363 ff.
23) Gierke(주 5), S.367 ff.
24) Gierke(주 5), S.378 ff.

서 인법(Personenrecht)적인 요소를 가지고 있다고 한다. 예컨대 고용계약이나 조합계약은 흔히 말하는 것처럼 재화의 교환을 위한 계약이 아니고, 인적 관계 내지 계속적 공동체를 발생시킨다. 이처럼 계속적 채권관계는 직접적인 지배관계를 통하여 하나의 사회적 유기체를 형성하는 기능을 가진다.[25)]

일반적으로 계속적 채권관계는 특정 또는 불특정한 시간 동안 새로운 권리 의무를 발생시키는 단일한 계약에 근거하는 것으로 이해된다. 임대차 계약, 사용대차 계약, 고용계약, 임치계약, 조합계약, 대출계약, 보증계약, 근보증계약, 중개계약, 중재계약, 보험계약, 연금계약, 계속적 용역계약 등이 이에 해당할 수 있고, 그 외에도 시설 관리 계약, 운동 강습 계약, 가맹점 계약, 이익분배 계약, 유지보수 계약, 라이선스 계약, 노하우 제공계약, 신탁계약, 출판계약 등 현대의 다양한 계약들이 계속적 계약에 해당한다.[26)]

나. 계속적 공급계약과 인접 개념들

1) 회귀적 채권관계(Wiederkehrschuldverhältnis)

회귀적 채권관계는 통상 하나의 기본계약(Grund- oder Rahmenvertrag)에 기초하여 계속적으로 특정한 이행에 대한 새로운 계약이 발생하는 것을 말한다. 다만, 계약 체결이 예정된 예약과는 달리, 기본계약만으로는 당사자들이 계약을 체결할 직접적인 의무를 부담하지는 않는다. 판례는 통상적인 수도, 가스, 전기 등의 공급계약을 회귀적 채권관계의 대표적인 예라고 한다.[27)]

---

25) Gierke(주 5), S.406-410.
26) MüKoBGB/Gaier, § 314 Rn. 6 참조.
27) RGZ 148, 326 (332); BGHZ 83, 359 (362), NJW 1982, 2196 (2107). 라렌츠는 이처럼 회귀적 채권관계에 해당하는 수도, 전기, 가스 등의 공급계약에서는 이행의 범

개별계약(Einzelvertrag)에서는 시간 요소가 특별한 역할을 하지 않는 다. 기본계약은 그 자체로서는 당장 어떤 교환 관계를 형성하지는 않지 만, 당사자가 계속적인 이행에 대한 의무를 지는 시간의 요소가 중요하 게 된다. 따라서 회귀적 채권관계는 계속적 채권관계를 근거로 하는 것 으로 이해할 수 있다.[28]

2) 분할공급계약(Raten- oder Teilleiferungsvertrag, (echter) Sukzessivlieferungsvertrag) 과 계속적 공급계약(Dauerlieferung- oder Bezugsvertrag, unechter Sukzessivlieferungsvertrag)

분할공급계약은 계약 체결시부터 이미 공급 범위가 확정적으로 정해 져 있고 이행만 다른 시점에 나누어 공급하는 경우이다. 이러한 분할공 급계약은 이행의무의 범위에서 시간 요소가 아무런 의미를 가지지 못하 기 때문에 계속적 계약으로 볼 수 없다. 예를 들어 출판사가 고객과 어 떤 책에 대한 추록이 나올 때마다 이를 공급하기로 한다면, 이는 분할공 급계약이라고 볼 수 있다. 계약이 성립할 때부터 추록이 나오면 이를 고 객이 해당 출판사로부터 구입할 조건부 의무가 있기 때문이다.[29]

이에 반하여 계속적 공급계약은 공급 범위가 계속되는 기간에 달려 있는 경우이다. 이러한 계약에 대하여는 기본계약과 개별계약을 나누 어 생각하는 것이 자연스러운데, 기본계약만으로는 공급량을 확정할 수 없고, 이에 따른 개별계약이 체결될 때까지는 구체적인 공급의무나 구 매의무가 발생한다고 볼 수 없다. 따라서 계속적 공급계약은 계속적 계 약에 해당하는 것으로 볼 수 있다.[30] 다만, 분할공급계약도 상대방과의

위가 시간적 계속성뿐만 아니라 그 일정한 시간 단위에서의 실질적인 수요와 고객의 의사에 달려 있다고 설명하였다. Larenz, Lehrbuch des Schuldrechts, Bd.I. Allgemeiner Teil, 14. Aufl., C.H.Beck, 1987, S.30 f.

28) MüKoBGB/Gaier, § 314 Rn. 7.

29) MüKoHGB/Hoyningen-Huene, § 87 Rn. 60.

30) MüKoBGB/Gaier, § 314 Rn. 8; Palandt/Grüneberg, BGB § 314 Rn. 2; BeckOK BGB/Lorez, § 314 Rn. 6.

신뢰관계 하에서 장기간 거래를 하여야 한다는 점에서 계속적 계약에 관한 규정을 유추적용할 수 있는 경우가 있다고 한다.[31]

이상의 개념들에 대한 용어 사용은 통일되어 있지 않다.[32] 통상 분할공급계약은 Ratenlieferungsvertrag 또는 Teilleferungsvertrag이라고 하고, 계속적 공급계약은 Dauerlieferungvertrag 또는 Bezugsvertrag이라고 하는 것으로 이해된다. 다만, 전자를 Sukzessivlieferungsvertrag, 후자를 Rahmenvertrag이라고 하는 경우도 있고,[33] 최근에는 Sukzessivlieferungsvertrag을 세분하여 위에서 살펴본 분할공급계약을 echter Sukzessivlieferungsvertrag으로, 계속적 공급계약을 unechter Sukzessivlieferungsvertrag으로 칭하기도 한다.[34]

Ⅱ. 판례의 태도

1. 계속적 계약

법원은 대체로 일시적 계약과 대비되는 계속적 계약의 개념을 인정하고 있으며, 그 전제에서 판단한 판례들이 다수 있다. 특히 계속적 보증의 경우 일반적인 보증계약과는 달리 보증인의 해지권을 좀더 넓게 인정하는 경향이 있다.[35] 판례는 계속적 보증계약에 있어서 "보증인의 주채무자에 대한 신뢰가 깨어지는 등 보증인으로서 보증계약을 해지할

---

31) Larenz(주 27), S.30.
32) 이들 용어를 우리 법 용어로 번역하는 것도 통일되어 있지 않다. 본 논문에서 분할공급계약이라고 한 개념을 계속적 공급계약으로 부르기도 하고, 회귀적 공급계약과 분할공급계약을 구분하여야 한다고 설명하기도 한다.
33) MüKoHGB/Hoyningen-Huene, § 87 Rn. 59-61 참조.
34) 이재목, "분할이행계약에 있어 특정 분할부분의 불이행과 계약해제의 범위 법비교적 검토를 중심으로", 인권과 정의 통권 제444호, 2014, 23면 참조.
35) 대판 1998. 6 26, 98다11826; 대판 2002. 2. 26, 2000다48265; 대판 2003. 1. 24, 2000다37937 등.

만한 상당한 이유가 있는 경우, 그 계약해지로 인하여 상대방인 채권자에게 신의칙상 묵과할 수 없는 손해를 입게 하는 등 특단의 사정이 있는 경우를 제외하고 보증인은 일방적으로 이를 해지할 수 있다"고 하면서, "계속적 보증계약을 해지할 만한 상당한 이유가 있는지 여부는 보증을 하게 된 경위, 주채무자와 보증인 간의 관계, 보증계약의 내용, 채무증가의 구체적 경과와 채무의 규모, 주채무자의 신뢰상실 여부와 그 정도, 보증인의 지위변화, 주채무자의 자력에 관한 채무자나 보증인의 인식 등 제반 사정을 종합적으로 고려하여 판단하여야 한다"고 한다.

그 외에도 법원이 계속적 계약이라고 인정한 것으로는 임대차 계약,36) 고용계약,37) 통화옵션계약,38) 계속적 임가공 계약39) 등이 있다. 이러한 계속적 계약에 대한 판례들은 계약 체결 이후 장기간 계약이 유지되면서 계약 체결 당시의 여러 사정들이 변경될 수 있다는 점에서 공평의 원칙 또는 신의칙에 터잡은 사정변경의 원칙을 적용하여 계약을 종료할 수 있는지 여부를 검토하거나,40) 계약의 기초가 되는 당사자 간의 신뢰관계가 파괴되어 그 계약관계를 그대로 유지하기 어려운 정도에 이르렀다고 볼 수 있는지를 검토한 것41)이 많다. 또한 재화나 용역을 먼저 공급한 후 일정기간마다 거래대금을 정산하여 일정기일 후에 지급받기로 약정한 계속적 계약에 대하여는, 공급자가 선이행의 자기 채무를 이행하고 이미 정산이 완료되어 이행기가 지난 전기의 대금을 지급받지 못하였거나 정산은 완료되었으나 후이행의 상대방의 채무는 아직 이행기가 되지 아니하였지만 이행기의 이행이 현저히 불안한 사유가 있는

---

36) 대판 2003. 1. 24, 2000다5336,5343; 대판 2010. 10. 14, 2010다48165 등.
37) 대판 2002. 11. 26. 선고 2002두5948; 대판 2004. 2. 27, 2003다51675 등.
38) 대판 2013. 9. 26, 2013다26746 등.
39) 대판 1995. 2. 28, 93다53887 등.
40) 대판 2013. 9. 26, 2012다13637 등.
41) 대판 1995. 3. 24, 94다17826; 대판 2010. 10. 14, 2010다48165; 대판 2013. 4. 11, 2011다59629 등.

경우에는 소위 불안의 항변권을 인정할 수 있다는 판단을 한 것도 있
다.[42] 이러한 판례들은 각각의 계약이 계속적 계약으로서 일시적 계약
과는 다른 특성을 가진다는 점을 고려한 것이다.

2. 계속적 공급계약

대법원 판례 중에는 계속적 물품공급계약, 계속적 공급계약 등의 용
어를 사용한 것들이 있는데, 대체로 이러한 계속적 공급계약을 계속적
계약의 하나로 이해한다. 판례 가운데에는 계속적인 물품공급계약을 일
정 상품을 매기마다 공급하고 그 대금이 결제되는 것이라고 하여 그 개
념을 명시한 것도 있으나,[43] 대체로는 그 정의를 명확하게 하기보다는
계속적 공급계약이라는 개념을 전제로 계속적 계약의 일반적인 법리를
적용하거나 일회적 또는 일시적 계약과는 다른 취급을 하였다.

대표적인 판례로는 계속적 계약인 특약점 계약에서 경업금지의무 위
배가 계약의 해지사유에 해당하는지를 판단한 것,[44] 계속적 계약에서 기
본계약 외에 개개의 매매에 관한 별개의 개별계약 체결이 당사자의 의
무인지를 판단하고, 그러한 의무 위반에 대한 손해배상책임을 검토한
것,[45] 계속적 물품공급계약에 기하여 발생한 외상대금채권의 소멸시효
가 언제부터 진행되는지를 판단한 것,[46] 계약 이행을 위하여 일정 규모
의 설비가 필요하고 비교적 장기간의 거래가 예상되는 계속적 공급계약
해지에서 계약의 존속을 기대할 수 없는 중대한 사유가 있는지 판단한
것[47] 등이 있다.

---

42) 대판 1995. 2. 28, 93다53887; 대판 2001. 9. 18, 2001다9304; 대판 2002. 9. 4, 2001
다1386 등.
43) 대판 1970. 3. 1, 69다2076.
44) 대판 1995. 3. 24, 94다17826.
45) 대판 1999. 6. 25, 99다7183.
46) 대판 2007. 1. 25, 2006다68940.

III. 검토

1. 계속적 공급계약의 개념

본 논문에서는 계속적 공급계약의 개념을 "일정 기간 혹은 부정 기간 동안 당사자 일방이 정기적 또는 부정기적으로 일정량 또는 불특정량의 물품 또는 용역을 계속적으로 공급할 것을 약정하고, 상대방이 그 대금을 지급할 것을 약정함으로써 성립하는 계약"이라고 하여 다소 광범위하게 정의한다. 이러한 정의는 대부분의 학설이 설명하고 있는 계속적 공급계약을 포괄할 수 있을 것인데, 이는 계속적 공급계약의 개념에 대한 엄밀한 분석보다는 실제 계약 현실에서의 다양한 문제들을 검토할수 있는 이론적 토대를 마련하기 위함이다. 다만, 공급업자와 판매업자간의 유통계약에 주안점을 두기로 하였으므로, 소비자를 직접 대상으로하는 계속적 공급계약보다는 사업자들 간에 재화나 용역의 유통을 위하여 이루어지는 계속적 공급계약에 초점을 맞추어 검토하기로 한다.

이러한 개념 정의에 따르면 일정기간 동안 종류물을 일정하게 반복적으로 이행하는 것을 내용으로 하는 회귀적 공급계약도 일종의 계속적 공급계약으로 볼 수 있다. 그러나 이미 공급할 총량이 정해진 다음에 이를 분할하여 공급하는 경우는 채무자의 공급의무가 계속적으로 발생한다기보다는 이미 공급의무가 확정적으로 발생한 것이므로, 단일한 매매계약에서 이행만 나누어 하는 것으로 계속적 공급계약으로 보기는 어렵다. 판례도 "일정한 계약기간 동안 주문자의 요구에 따라 물품을 제조공급하기로 하는 계약에 있어서 주문자가 한꺼번에 일정량을 주문하고 주문한 물품의 인도는 계약기간 중 주문자의 요구에 따라 나누어 하기로한 경우, 그 주문한 물품의 대금 채무는 주문자가 한꺼번에 일정량을 주

---

47) 대판 2013. 4. 11, 2011다59629.

문할 때에 그 주문한 수량 전체에 관하여 이미 확정적으로 발생하게 되
는 것이고, 주문자의 인도요구에 따라 물품이 인도된 때에 그 인도된 수
량에 관하여서만 비로소 발생하게 되는 것이 아니다"[48]라고 판시한 바
있다. 다만, 계약이 계속적인지, 일시적인지는 상대적인 면도 있으므로,
계약 전체의 기간, 채무의 확정성 정도, 당사자들의 관계 등에 따라 필요
한 범위에서는 분할매매계약이라고 하더라도 계속적 공급계약에 관한
논의가 참고가 될 수 있는 경우가 있을 것이다.

2. 계속적 공급계약의 특징

사업자들 간에 계속적으로 제품을 공급하는 계속적 공급계약은 다음
과 같이 계속적 계약의 특징을 공유한다. 따라서 계속적 공급계약을 계
속적 계약에서 배제할 이유는 없다고 생각된다.

1) 계속적 공급계약의 전형적인 모습에 근거하면 기본계약과 개별계
약의 이중적인 계약 구조를 인정할 수 있는 경우가 많은데, 이에 대하여
는 아래 제3절에서 좀더 자세히 검토한다.

2) 계속적 공급계약이 지속이 되다가 당사자들이 더 이상 거래하지
않게 되는 경우에는 계약의 해제가 아닌 해지가 문제가 된다. 계약법 측
면에서 계약의 종료 내지 해지 요건과 그 효과에 대하여는 다음 장들에
서 살펴본다.

3) 일반적으로 대리점 계약 등의 계속적 공급계약에서는 계약이 지속
됨에 따라 당사자들 간의 관계가 형성되고, 상호간의 신뢰가 중요한 요

---

48) 대판 1987. 10. 28, 87다카1115.

소가 된다. 계속적 공급계약의 유형에 따라 상대방에 대한 의존도는 달라질 수 있는데, 일반적으로 대리점이 일정 지역에서의 독점권을 부여받고 나아가 특정 공급업자의 제품만을 판매하는 경우에는 다른 여러 공급업자의 제품을 함께 취급하는 비독점 대리점에 비하여 공급업자에 대한 의존도가 높다고 볼 수 있다.[49] 학설은 계속적 공급계약의 대표적인 유형으로 가스, 물, 전기 등의 공급계약을 들고, 이러한 계속적 공급계약에 있어서는 일반적인 계속적 계약과는 달리 당사자들의 관계나 당사자가 누구인지는 특별히 문제되지 않는다고 설명하기도 한다.[50] 그러나 이러한 유형의 계약은 이른바 생존배려적 급여를 목적으로 하는 공공서비스의 영역으로 체약강제의 대상이 되고,[51] 공급기업이 소비자가 즉시 이용할 수 있도록 준비하고 소비한 만큼 다시 보충하여 소비자의 이용이 전혀 없는 때에도 급부를 하고 있는 것으로 전형적인 계속적 공급계약의 예라고 하기 어렵고,[52] 오히려 대리점 계약 등의 유통계약에서는 당사자들이 장기간 계약관계를 맺고 시간의 흐름에 따라 상호 관계가 유지·발전되는 것이므로, 당사자들의 관계가 무엇보다 중요하다.

4) 장기간 유지된 계속적 공급계약에서는 사정변경의 원칙 등이 적용될 여지가 많다. 계속적 공급계약의 전제가 되는 다른 계약 관계가 해지되거나(예를 들어 A로부터 계속적으로 부품을 공급받아서 제품을 생산하여 C에게 제품을 납품하던 B가 C로부터 제품 공급계약의 해지를 통보받은 경우), 더 이상 계약을 지속할 수 없는 정도로 상호 신뢰관계가 파괴되는 사정이 발생할 수도 있고, 이는 계약의 해지 사유가 되기도 한다.

---

49) 柏木昇, "繼續的取引契約の解消と代理店·販賣店の保護", 新堂章司·內田貴 編, 繼続的契約と商事法務, 商事法務, 2006, 65-66면 참조.
50) 곽윤직(주 4), 15면.
51) 김성천·박희주(주 2), 제2장 제3절 2. 2) 참조.
52) 송덕수(주 1), 38면.

이와 관련한 자세한 내용은 다음 장에서 논의하기로 한다.

　5) 계속적 공급계약은 당사자들이 대등한 위치에서 협상하지 못하게 될 경우가 있다. 이러한 협상력의 차이가 자연스럽거나 합리적인 경우도 있을 것이지만(예를 들어 시장을 잘 아는 판매업자가 공급업자에 비하여 시장에 관한 정보를 많이 가지고 있는 경우), 단순히 시장에서의 경제력 차이에 따라 불공정한 계약이 체결되는 것은 바람직하지 않다. 공급업자가 상대방에 비하여 경제적으로 우월한 지위에 있는 경우가 많은데, 그러한 이유만으로 계약이 불공정하게 체결되고 유지되는 것은 법규 등으로 제한할 필요가 있다.53)

---

53) 대리점거래의 공정화에 관한 법률, 가맹사업거래의 공정화에 관한 법률 등 특별법에는 개별 계속적 공급계약의 공정성에 대한 내용이 포함되어 있다.

제2절 계속적 공급계약의 계약법적 성질

I. 계속적 공급계약의 사회적 작용

계속적 공급계약은 개별 계약마다 관련되는 산업군, 제품의 특성, 당사자들간의 관계 등은 물론 구체적인 사실관계에 따라 매우 다양한 양태로 전개된다. 따라서 모든 계속적 공급계약을 포괄적으로 살펴보는 것은 매우 어렵고, 무리하게 일반화시키는 것은 위험한 측면이 있다. 다만, 계속적 공급계약에 관한 논의가 이론적으로 흐르지 않고 실제 계약 현실을 반영할 수 있도록, 대표적인 계속적 공급계약인 대리점 계약 등의 유통계약을 중심으로 계속적 공급계약의 모습과 사회적인 작용을 살펴보기로 한다.

1. 유통계약의 등장 및 체결 동기

전통적인 계약법에서는 기본적으로 당사자들이 직접 물건을 거래하는 것을 전제로 하여 계약에 관한 법리를 발전시켰다. 그러나 점차 시장경제가 발전하면서 물건의 생산자나 공급업자는 자신의 제품을 더 많은 소비자에게 공급할 수 있는 유통 방안을 고민하게 되었다. 시장이 확대될수록 생산 자체보다는 다양하고 효율적인 유통을 통하여 얼마나 많은 소비자에게 접근할 수 있는지가 더욱 중요하게 된다.

생산자가 스스로 영업 사원이나 점포 등을 갖추어 유통망을 갖출 수도 있으나, 개척하고자 하는 시장에 대한 지식과 판매망을 가진 사람을 이용하면 보다 효율적으로, 또 효과적으로 유통 조직을 갖출 수 있게 될 것이다.[54] 이러한 이유에서 생산자 또는 공급업자들은 대리상이나 대리점, 가맹점 등과 계약을 체결할 유인이 생긴다. 상법에서는 이 중에 대리상에 대한 규정을 두고 있다. 상법상 대리상은 일정한 상인을 위하여 상업사용인이 아니면서 상시 그 영업부류에 속하는 거래의 대리 또는 중개를 영업으로 하는 자이다.[55] 이러한 대리상 계약은 상품 공급과 관련된 거래의 당사자는 공급업자 본인과 고객이 되므로, 대리상 계약 자체가 계속적 공급계약의 일종이라고 보기는 어렵다. 대리상은 실제 거래에 관한 책임을 지지 않고, 재고의 부담도 없으며, 공급업자의 거래를 대리하거나 중개한 대가로 수수료를 지급받을 뿐이다.[56]

그런데 현대의 유통 구조가 복잡하고 다양해지면서, 대리상보다는 대리점이나 특약점, 판매점 등이 활용되는 경우가 많다. 이는 대리상이 매 거래를 대리 또는 중개하도록 하는 것만으로는 고객의 요청에 유연하고 신속하게 대처하기 어려울 뿐만 아니라, 공급업자의 입장에서 고객과의 거래와 관련된 모든 책임을 공급업자 본인이 지는 것보다는 이를 적절하게 전가하는 것이 유리할 수 있기 때문으로 이해된다. 대리점[57]은 일반적으로 특정의 제조업자 또는 공급업자로부터 상품을 공급받아 자신의 책임 하에 판매나 공급업무를 수행하는 유통판매업체를 말하는데,[58]

---

54) 柏木昇(주 49), 59면 이하 참조.
55) 상법 제87조.
56) 송옥렬, 상법강의, 제4판, 홍문사, 2014, 148-149면.
57) 이하에서는 대리점, 특약점, 판매점 등을 통칭하여 "대리점"이라고 한다. 영미에서는 대리점에 대응하는 용어로 "dealer" 또는 "distributor"를 사용한다. 법상 정의규정이 있는 것은 아니지만, 이들은 통상 공급업자로 제품을 구입하여 그에 대한 소유권을 이전받고 위험부담을 지며 자신의 계산으로 이를 재판매하는 경우를 대리점이라고 할 수 있다. 특정 지역에서 상품에 대한 판매 및 판촉과 소비자에 대한 서비스 제공에 대한 책임이 있는 경우가 있다. 이에 반하여 대리상에 대응하는 용어는 "sales representative" 또는 "agent"로, 이들은 고객을 유인하는 역할을 하는 독립적인 상인으로 통상 제품 판매액의 일정 부분을 보수로 받고 서비스 등의 의무는 없는 경우가 대부분이다. Antitrust Law and Economics of Product Distribution, American Bar Association, 2006, p.2.
58) 조성국, 대리점거래 공정화를 위한 제도개선방안 연구, 공정거래위원회 정책연구보고서, 2013, 39-40면.

대리점의 입장에서는 자신의 책임 하에 고객을 개발하고 상품을 판매함
으로써 일반적으로 대리상의 보수보다는 상대적으로 많은 수익을 올릴
수 있고, 영업의 자율을 꾀할 수 있다는 점에서 유인이 있다. 이러한 대
리점 계약은 최근까지도 법률에 정의가 있는 개념은 아니었으나,[59]
2016. 12. 23. 시행된 대리점거래의 공정화에 관한 법률(이하 '대리점법')
에서는 대리점 거래를 공급업자와 대리점 사이에 상품 또는 용역의 재
판매 또는 위탁판매를 위하여 행하여지는 거래로서 일정 기간 지속되는
계약을 체결하여 반복적으로 행하여지는 거래라고 한다.

　이러한 대리점 계약은 유통사업의 발전과 밀접한 관련을 가지며, 산
업, 지역, 제품, 개별 계약마다 매우 다양한 형태로 나타난다. 여러 공급
업자의 다양한 제품을 구매하여 판매하는 도매상 형태의 대리점이 있는
가 하면 하나의 공급업자의 제품만을 취급하는 전속대리점도 있고, 일정
한 지역에서 독점적인 판매권을 가지는 독점대리점이 있고 그렇지 않은
경우도 있으며, 거래처에 대한 제한이 없는 대리점도 있고 유통 채널이
특화된 대리점도 있다. 통상적으로는 대리점이 고객을 개발하고 시장을
개척하는 역할을 하지만, 특정 산업 또는 시장에서는 공급업자 본인이
고객을 개발하고 대리점은 그에 대한 계약 체결과 A/S 등의 고객 관리
등을 책임지는 경우도 존재한다. 일반적으로 전속대리점 또는 독점대리
점은 공급업자에 대하여 의존도가 높고, 공급업자의 제품 판매를 극대화
하기 위하여 해당 거래에 특유한 투자를 하기도 한다. 공급업자가 대리
점의 고객 확보 또는 매출 확대에 대한 유인을 더하기 위하여 일정 지역

---

[59] '대리점'이라는 용어는 어떤 거래관계나 거래실태 등을 특정하기보다는 오래
　　전부터 사용되어 온 관행어적인 성격이 다분하여 법률용어로는 부적합한 면이
　　있다는 견해는 김건식, 대리점거래의 공정화에 관한 법률의 규제와 내용 분석,
　　한국공정거래조정원 연구보고서, 2016, 58면 참조. 이와 관련하여 특정 상인과
　　긴밀하게 관련되어 상품을 공급받고, 그 상품을 자기의 명의와 책임 하에 타인
　　에게 재판매한다는 점에서 '전속판매상'이라는 용어를 제안하기도 한다. 최영
　　홍, "딜러계약의 법리", 경영법률 제22집 제2호, 2012, 158-159면.

에서 일정 기간 동안 독점권을 부여하거나, 일정한 목표를 달성하는 경우 인센티브를 제공하는 경우도 있다. 한편, 경업금지 의무를 부가하거나 목표를 달성하지 못한 경우에 패널티를 부가할 수도 있는데, 이에 대하여는 계약 조건의 불공정성 여부가 문제될 수 있다.[60]

상품의 종류에 따라서는 상표 등의 브랜드 가치가 중요한 요소가 되는 경우가 있다. 자동차나 명품, 전문적인 기기 등에서는 소비자가 제품을 선택할 때에 대리점의 영업력보다는 브랜드의 신뢰도에 더 많이 의존하는 경향이 있다. 이러한 경우 판매업자는 공급업자의 상표 등을 이용하여 영업 활동의 효율화와 극대화를 꾀하고자 할 것이고, 공급업자는 판매업자에게 상표 등을 사용할 수 있도록 하되 그러한 상표로 표상되는 기업 이미지를 보호하고 그 가치를 키울 수 있도록 경영이나 영업활동에 대하여 지원을 하고 영업 방식이나 소비자 관리 등에 관하여 지시를 하고자 하는 경우도 있다. 특히 이러한 영업표지가 중요한 경우에는 가맹점 계약이 체결되기도 한다.

우리 상법 제46조 제20호에서는 기본적 상행위의 하나로 "상호·상표 등의 사용허락에 의한 영업에 관한 행위"를 규정하고 있다. 나아가 2002. 11. 1. 시행된 가맹사업거래의 공정화에 관한 법률(이하 '가맹사업법')에서는 가맹사업이라 함은 가맹본부가 가맹점사업자로 하여금 자기의 상표·서비스표·상호·간판 그 밖의 영업표지를 사용하여 일정한 품질기준에 따라 상품 또는 용역을 판매하도록 함과 아울러 이에 따른 경영 및 영업활동 등에 대한 지원·교육과 통제를 하며, 가맹점사업자는 영업표지의 사용과 경영 및 영업활동 등에 대한 지원·교육의 대가로 가맹본부에 가맹금을 지급하는 계속적인 거래관계를 말한다고 한다. 가맹점 계약 가운데에는 라이선스 계약과 유사한 것도 있으므로 계속적 공급계약이 아닌 가맹점 계약도 있을 것이지만,[61] 일반적으로 재화나 용역의 공급이

---

60) 권오승·서정, 독점규제법, 법문사, 2016, 376면 이하 참조.
61) 가맹점 계약의 종류를 구분하는 기준은 다양하다. 미국을 중심으로 하는 프랜

전제되는 경우에는 계속적 공급계약으로 볼 수 있다.

현실에서 유통계약은 다양하고 복잡한 형태로 전개되어 일반적인 개념의 대리상, 대리점, 가맹점, 대형소매점 등의 구분이 어려운 경우도 많다. 예컨대 사실상 영업활동을 공급업자가 하고 대체적인 계약 조건에 대한 합의도 공급업자가 하면서도, 계약에 따르는 책임을 회피하거나 위험을 배분하고자 하는 의도에서 대리점 계약을 체결하고 대리점으로 하여금 판매계약을 체결하도록 하는 경우도 있다. 이러한 경우에도 제품을 소비자에게 직접 판매하는 것이 아니라 일단 대리점에게 공급한다는 점에서 계속적 공급계약의 일종으로 볼 수는 있을 것이나, 통상적인 계속적 공급계약과는 다른 특수성을 충분히 고려하여야 한다.

한 공급업자가 유통 경로에 따라 다양한 종류의 유통계약을 체결하기도 한다. 일반적으로 국내 자동차 제조업체들의 판매 방식은 직접판매 이외에 자동차 판매대리점을 통한 위탁판매 방식과 타 회사에 판매를

차이즈의 발달 단계를 1~3세대 프랜차이징으로 구분하기도 한다. 1세대 프랜차이징은 순수 상품 프랜차이징(straight product franchising)으로, 가맹점이 특정 상인의 제품을 유통하는 형태이다. 가맹점은 일정한 지역에서 자신의 이름과 계산으로 거래하므로 외부적으로는 독립적이나, 제조자와의 내부적인 관계에 구속되고, 영업창구의 일환으로서 그의 이익을 위하여 행동한다. 제2세대 프랜차이징은 전(全) 사업적 프랜차이징(entire business franchising)이라고 할 수 있는데, 단순히 제품만 공급하는 관계가 아니고, 가맹점의 사업 전반에 걸쳐서 장비, 사업 정책, 경영 조직 등에 관한 서비스를 제공하는 관계가 되며, 따라서 가맹점은 공급자의 유통체계에 훨씬 더 흡수되는 면이 있다. 제3세대 프랜차이징은 파트너십 프랜차이징(Partnerschafts-Franchising)이라고 할 수 있다. 당사자는 더욱 광범위한 협력관계를 가지며, 공동의 이익을 극대화하고 동등한 파트너 간의 균형적인 계약관계를 실현하는 공정한 협력관계로 나아가는 관계를 말한다. Martinek, Moderne Vertragstypen, Band Ⅱ: Franchising, Know-how-Verträge, Management- und Consultingverträge, C.H.Beck, 1992, S.5-10. 그 외에도 그 대상에 따라 상품 프랜차이징과 용역 프랜차이징으로 구분하기도 하고, 독립성 여부에 따라 종속형 프랜차이징과 비종속형 프랜차이징으로 구분하기도 한다. 구재군, "프랜차이즈 계약에 관한 연구", 서울대학교 법학박사학위논문, 2000, 8-10면.

위임하는 방식이 있다.[62] 대판 2010. 3. 25, 2008두7465에서는 이 중 자동차 판매대리점의 성격이 문제가 되었는데, 자동차 공급업체는 해당 대리점이 자동차 공급업체와 경제적 동일체로서 이해관계를 같이 하므로 독립된 사업자로서 특징이 없고 상법상 대리상과 매우 유사한 관계라고 주장하였다. 이에 대하여 법원은 해당 자동차 판매대리점은 "자신의 비용과 노력으로 점포 개설, 직원 채용, 판촉활동 등을 통하여 기본급 없이 판매실적에 따른 수수료를 지급받는 방식으로 독자적인 사업을 하는 독립된 개별사업자로서, 자동차판매 시장에서 원고와 판매대리점은 판매대리점계약이라는 거래관계가 있을 뿐 아니라, 원고의 내부조직인 직영 판매점(지점)과 자동차 판매에 있어 상호 경쟁관계에 있는 사실이 인정된다고 하여 상법상 대리상이 아니"라고 하면서, 판매대리점에 대하여 공정거래법 제3조의2의 시장지배적지위 남용행위 법리를 적용할 수 있다고 판단하였다.

시장의 범위가 확장되면서 자신의 제품을 국내뿐만 아니라 해외에도 판매하고자 하는 경우도 생긴다. 제조자 또는 공급자가 외국에 진출하고자 하는 경우에는, 외국에서의 제품 인지도가 높지 않고 판매망도 갖추지 못하였다면 상당한 비용을 들여서 제품의 인지도를 높이고 판매망을 갖추는 노력을 기울여야 한다. 또한 생산자나 공급자는 그 나라의 시장이나 법규에 대한 지식을 갖추지 못한 경우가 많고, 제품에 따라서는 그러한 제품을 판매하기 위해서는 일정한 자격을 요구하는 등의 규제가 따르는 경우도 많다. 예를 들어 의약품이나 의료기기, 식품 등에 관한 규제는 나라마다 매우 다르고, 세세하고 복잡하게 규정되어 있으며, 수시로 변경되므로, 외국에 있는 제조자가 모든 사항을 잘 알고 이를 준수하여 판매하는 것은 쉽지 않다. 또한 이들 제품을 판매하기 위해서는 관련 영업허가를 갖추어야 하고, 개별 제품에 대한 검증도 필요한 경우가

---

62) 공정거래위원회 2007. 5. 18. 의결 제2007-281호, 2006독감0746.

있는데, 이를 위해서는 국내에 법인이 있어야 하는 경우도 있다. 이러한
경우에는 적어도 시장에 진출 단계에서는 그 나라에서 판매망을 갖추고
있거나 소비자의 기호나 경쟁 상황 등 시장 실정에 대하여 잘 알고 있는
당사자나 관련 산업과 규제에 대한 이해와 판매에 필요한 법규 요건을
갖춘 당사자와 총판 내지 대리점 계약을 체결하는 경우가 일반적이다.[63]

2. 거래 관계의 전개

계속적 공급계약에서는 대체로 제조자 또는 공급업자에 비하여 대리
점 또는 가맹점 등의 판매업자가 소규모인 경우가 많다. 제품을 개발하
고 생산하여 시장에 내놓기까지 드는 시간과 비용이 이러한 제품을 공
급받아 소비자에게 공급하기 위한 시간과 비용에 비하여 훨씬 큰 것이
일반적이다. 또한 대리점은 소자본으로도 시작할 수 있는 경우가 많기
때문에 대리점 간의 또는 대리점이 되려는 자들 간의 경쟁은 치열할 수
있다. 따라서 유통계약 관계에서 제조업체 또는 공급업자가 판매업자에
비하여 거래상 우위에 있기가 쉽다. 이로 인하여 불공정한 거래가 이루
어지는 것을 방지하기 위하여 공정거래법에서는 불공정거래행위에 대한
금지규정을 두었고, 개별 유통계약에 관하여는 대리점법, 가맹사업법,
대규모유통업에서의 거래 공정화에 관한 법률(이하 '대규모유통업법')에
서 금지되는 불공정거래행위를 정하고 있다.

다만, 계속적 공급계약에서 제조업체나 공급업체가 판매상에 비하여
우위에 있다는 것을 일반화시켜서는 곤란하다. 실제 계약 협상에서는 단
순히 기업의 규모가 크다고 하여 협상력에 있어서 우월한 위치에 있는
것은 아니고, 시장에서의 경쟁 상황이나 시장에 대한 정보력 등 여러 요
소를 고려하여야 한다. 만일 판매상이 시장에서 유통망과 정보력을 갖추

---

63) 강선희·조성국, "대리점 거래에 대한 연구", 중앙법학 제15권 제4호, 2013, 417
  면 참조.

고 있어, 공급업체가 이 판매상과 거래를 하지 못하는 경우 시장 진출에 큰 타격을 입을 수 있다면, 이러한 판매상은 공급업체에 비하여 규모가 작다고 하더라도 협상에서 우위를 점할 수 있다. 또한 산업이나 제품에 따라서는 제품 유통을 위하여 많은 투자가 필요한 경우도 있고, 대기업이 자신의 유통망을 이용하여 유력한 제품을 공급하는 경우도 있는바, 규모만 보더라도 판매상이 공급업체에 비하여 더 큰 경우도 있을 것이다.[64] 또한 판매업자들이 협상력을 높이기 위하여 협의체 등 단체를 구성하는 경우도 있다.

계약기간이나 계약조건은 당사자들의 이해관계에 따라 매우 다양하게 규정된다. 계약기간과 관련하여서는 상호간에 정보가 충분하지 않은 경우에는 처음부터 장기간의 계약 관계를 약속하기보다, 계약기간을 1년으로 규정하되 계약 갱신 조항을 두는 등 상대적으로 단기의 계약기간을 시험적으로 운영하고 상호간의 신뢰를 확인한 이후에 계약을 연장하는 것이 합리적일 것이다. 계약기간 동안 만족스럽게 계약이 유지되면 당사자들은 계약이 연장될 것을 기대하는 것이 일반적이다. 만일 판매업자가 제품을 유통하기 위하여 상당한 초기 투자를 하거나, 제조업체 또는 공급업자나 취급하는 제품에 대한 신뢰가 어느 정도 성립되어 있는 경우에는 처음부터 보다 장기적인 계약을 체결할 수도 있다. 어느 경우에나 계약기간이 지속됨에 따라 상호간의 관계가 점차 형성·발전되는 것으로 이해할 수 있다.

개별 계약마다 당사자들의 의사를 반영한 다양한 계약 조건이 있을 수 있다. 당사자들은 계약 체결 당시 기본적인 계약 조건을 합의하는데, 중요하고 공통적인 조건만을 정해두고, 공급량이나 가격 등의 조건은 추후에 정하기로 하는 경우가 일반적이다. 이러한 기본계약에는 일반적으로 거래개시의 합의, 계약기간의 갱신, 계약수량의 결정 방법, 계약가격

---

64) 柏木昇(주 49), 60-62면 참조.

의 결정방법, 인도조건, 인도방법, 지불조건, 기한이익의 상실, 상품의 소
유권 이전, 위험부담, 품질보증, 불가항력, 경쟁제품, 취급 제한, 상표사
용허락, 영업상황 보고의무, 비밀유지, 계약해제, 재판관할 등에 관한 내
용이 포함될 수 있다.[65] 제품의 가격이 물가나 환율, 수급 사정 등에 따
라서 변경될 수도 있고, 신제품이 출시되고 이전 제품이 단종되는 등 상
호 거래하는 제품 자체가 변경될 수도 있다. 처음부터 계약에 변경 가능
성 내지 변경 방식을 미리 정해두기도 하고, 이와 함께 혹은 선택적으로
기존 계약에 대한 변경약정서나 추가합의서, 부록 등을 서면으로 합의하
기도 한다.

상거래에서 이러한 계속적 공급계약이 종료되는 사유는 매우 다양하
다. 상대방에 대한 신뢰가 훼손되었거나 상호 신뢰나 기대 수준이 달라
지는 경우, 예를 들면 판매업자의 판촉노력이나 판매실적이 공급업자의
기대에 미치지 못하는 경우는 공급업자가 계약을 종료하려는 주된 이유
중 하나이다. 일방 당사자가 계약상 중요 의무를 이행하지 않는 경우,
예컨대 제품의 공급이 약정 기한 내에 이루어지지 못하거나 제품에 대
금 지급이 지급 기일에 이루어지지 못하는 사례가 반복되는 경우에도
계약이 계속 유지되기 어렵다. 또한 공급업자의 영업 계획의 변경도 대
표적인 계약 종료 이유가 된다. 초반에는 시장에 대한 이해도가 낮았던
공급업자가 시장과 소비자를 이해하게 되면서, 온라인 판매를 늘리고 대
리점의 수를 줄이거나 직영 방식을 선택하는 등 보다 효율적인 유통 방
식을 도입하기를 원하거나, 반대로 해당 시장에서 철수하기로 결정할 수
도 있다.[66]

---

65) 岩城謙二他, "特約店·代理店契約", 遠藤浩/林良平/水本浩 監修, 現代契約法大系
　　第4卷, 有斐閣, 1986, 1면 이하 참조.
66) 柏木昇(주 49), 69-72면 참조.

II. 계속적 공급계약의 법적 성질

일반적으로 계속적 공급계약은, 일정 기간 혹은 부정 기간 동안 당사자 일방이 정기적 또는 부정기적으로 일정량 또는 불특정량의 물품 또는 용역을 계속적 또는 회귀적으로 공급할 것을 약정하고, 상대방이 그 대금을 지급할 것을 약정함으로써 성립하는, 낙성, 유상, 쌍무, 불요식, 비전형계약이다.

1) 계속적 공급계약은 당사자 쌍방의 의사표시의 합치만으로 성립하는 낙성계약이다. 개별적인 공급 의무의 이행 및 대금지급 등은 계속적 공급계약의 이행에 지나지 않으며, 성립요건은 아니다.

2) 계속적 공급계약은 유상·쌍무계약이다. 두 당사자의 출원은 서로 대가 관계에 있고, 쌍방 당사자는 서로 대가적 관계에 있는 채무를 부담한다. 계속적 공급계약에서는 계약이 존속하는 한 계속하여 개개의 급여가 발생하는데, 이에 대한 공급업자의 목적물공급의무와 판매업자의 대금지급의무가 서로 대가적 의무를 갖고 견련관계에 있다고 할 수 있다. 따라서 다른 규정이 없다면 양자의 의무는 동시이행관계에 있다고 보는 것이 원칙일 것이지만, 계속적 공급계약에서는 실제로 공급업자가 납품 후 일정기간 후에 어음이나 현금으로 대금을 지급하는 경우와 같이 이시이행(異時履行)이 이루어지는 것이 보다 일반적이다.[67] 공급업자가 목적물공급의 선이행의무를 지는 경우는 물론 판매업자가 대금지급의 선이행의무를 지는 경우에도 이러한 쌍무계약성은 인정된다.

3) 계속적 공급계약은 서면에 의하여 체결되는 경우가 많고 일방 당

---

67) 박진근, "계속적 채권과 불안의 항변권", 한양법학 제17집, 2005, 198-199면.

사자가 미리 준비한 약관의 형태로 체결되는 경우도 있다. 그러나 계속적 공급계약은 그 성립에 특별한 방식을 요구하지 않으므로 불요식계약이다.

다만, 개별 특별법에서는 판매업자를 보호하기 위하여 당사자들에게 서면 계약을 체결할 의무를 지우고 일정한 내용을 반드시 규정하도록 하는 경우가 있다. 이러한 규정을 위반하였다고 하여 계약의 효력 자체가 부정되지는 않으나, 행정벌 등이 부과될 수 있다.[68]

4) 계속적 공급계약은 민법상 전형계약이 아니다. 계속적 공급계약을 민법상 매매로 보아 계속적 계약이 아니라는 견해도 있으나, 대체로 일반적인 매매계약과는 다른 계속적 계약의 특수성이 인정된다고 한다.

다만, 계속적 공급계약은 그 목적물의 특성이나 개별적인 계약의 내용에 따라 민법상 전형계약인 매매, 위임, 도급 등의 성질을 포함하고 있는 경우도 있다. 이러한 혼합계약의 법적 취급에 관하여는 (i) 그 계약의 구성분자 중 가장 주요한 것을 결정하여 그 구성분자가 속하는 전형계약에 관한 규정을 적용하여야 한다는 견해, (ii) 각종 전형계약에 관한 규정을 분해하여 개개의 구성분자에 관한 규정을 찾아서 이를 결합하여 비전형계약에 적용하여야 한다는 견해, (iii) 가장 가까운 전형계약에 관한 규정을 유추적용하여야 한다는 견해가 있다.[69] 그런데 (i)은 해당 전형계약이 아닌 계약에 대하여 그 전형계약을 위하여 제정된 규정을 그대로 적용하는 것이 부당한 결과를 가지고 올 수 있고, (ii)는 여러 전형계약의 규정들을 결합하여 적용하게 되면 통일적인 법률효과를 기대하기 어려울 수 있다는 점에서 부당하다. 따라서 (iii)과 같이 가장 유사한 형태의 전형계약에 관한 규정을 유추적용하되, 무리한 법 적용이 되지

---

68) 대리점법 제5조 제1항 및 제32조 제1항 제4호, 가맹사업법 제6조의2, 제7조, 제11조, 제41조 제3항 제2호 및 제35조 제1항 참조.
69) 곽윤직(주 1), 26-27면.

않도록 그 취지와 조리에 따라 개별 사안의 구체적 타당성을 기할 수 있도록 하여야 할 것이다.[70]

따라서 개별 계속적 공급계약이 매매와 가장 유사한 성격을 가진다면, 법률행위 및 계약에 관한 구체적인 규정을 적용하는 외에, 매매에 관한 규정을 그 취지와 조리에 따라 유추적용하되, 구체적인 경우에 있어서 당사자들의 의사 등을 충분히 고려하여야 한다.

나아가 계속적 공급계약 중에 가맹점 계약에 대하여는 상법에도 규정이 있고, 대리점법, 가맹사업법 및 대규모유통업법 등 개별 계속적 공급계약의 유형을 규정하는 특별법이 마련되어 있는 경우도 있다. 특히 개별 특별법은 거래의 공정성을 보호하기 위한 규정이 상당 부분을 이루고 있다. 이들 법규에는 계약의 성립, 운영, 종료와 관련된 내용들이 포함되어 있으므로, 개별 계속적 공급계약이 이러한 법규의 대상이 된다면, 그러한 내용이 적용될 것이다.

---

70) 판례는 혼합계약인 제작물공급계약에 대하여 목적물이 대체물인 경우에는 매매로 보아 매매에 관한 규정이 적용되지만, 목적물이 비대체물인 경우에는 물건의 공급이 도급의 성질을 강하게 띠고 있으므로 매매에 관한 규정이 당연히 적용될 수 없다고 판단한 바 있다. 대판 1987. 7. 21, 86다카2446.

제3절 계속적 공급계약에 대한 구조적 접근

Ⅰ. 이중적 계약구조의 인식

1. 국내 논의

계속적이고 반복적인 거래가 일어나는 대리점이나 가맹점 등의 관계에서는 당사자들 간에 기본적인 거래 조건을 정하는 대리점 계약이나 가맹점 계약이 체결이 되고, 개별적인 공급은 별도의 서면 또는 구두에 따른 합의에 따른 경우들이 많다. 통상 기본계약에는 당사자들의 관계나 계약의 목적, 계약기간, 당사자들 간의 기본적인 권리·의무, 계약 해지 요건 및 효과 등 당사자들이 중요하게 생각하는 합의 사항들이 기재된다. 이에 따른 개별계약은 정식 계약서 형태로 이루어지기도 하지만, 주문서나 전산 또는 구두 주문 등의 간이화된 형태의 합의로 대체되는 경우도 어렵지 않게 볼 수 있다. 통설은 계속적 공급계약이 이처럼 기본계약과 개별계약의 이중적인 구조로 구성되어 있다고 이해한다.[71]

2. 비교법적 검토

독일에서는 대리점 계약 등의 계속적 공급계약이 기본계약(Rahmenvertrag 또는 Grundvertrag)의 성격을 가지는 경우가 많다고 한다. 기본계약으로 거래에 관한 기본적인 권리·의무관계를 규정하고, 구체적인 사항은 개별

---

[71] 곽윤직(주 1), 30면; 김형배(주 1), 86면; 김증한·김학동(주 1), 20-22면; 박진근(주 2), 28면 이하; 조영철, "계속적 거래계약에서의 개별계약 체결의무", 대법원판례해설 32호, 법원도서관, 1999, 27면 등. 대판 1999. 6. 25, 99다7183 등의 판례도 참조.

계약(Einzelvertrag)에 따르게 되는 것이다. 이는 이미 공급할 총량이나 범위가 결정되어 있고 그 이행은 수요나 매수인의 요청, 일정한 이행일에 이루어지는 것으로 합의한 경우와는 구별되어야 하는데, 이행 지체나 계약 해지에 대한 효과도 달리 적용되어야 한다고 한다.[72]

일본에서는 계속적 공급계약에서 당사자들 간에 기본이 되는 계약을 '틀 계약(枠契約)', 이를 토대로 발생하는 개별적인 계약을 '적용계약(適用契約)'이라고 부르기도 한다.[73] '틀 계약'이라는 것은 기본이 되는 계약과 그에 근거하여 여러 계약으로 구성되는 전체로서의 계약 집단을 의미하는 것이 아니라, 기본이 되는 계약만을 가리킨다.[74] 종전 학설들은 틀 계약과 적용계약을 당연한 전제로 하였으나, 최근에는 계속적 공급계약에 대하여 기본 관계를 바탕으로 개별 거래가 이루어지는 이중적 구조는 인정하되, 기본 관계가 계약인지 여부, 또 개별 거래가 계약인지 여부에 따라 문제를 나누어 해결하여야 한다는 학설이 유력하다. 예를 들어서 두 단계를 모두 계약으로 보면 각각의 계약의 해석과 관련된 구체적인 법 규범의 적용 문제가 주요하므로, 양 계약 중 하나에만 특정 조항이 있거나 모순된 조항이 있는 경우에 이를 어떻게 해석할 것인지, 기본계약에서 개별계약의 거래 조건을 변경하는 경우의 문제 등을 검토할 필요가 있다. 이에 반하여 기본 관계가 개별계약의 성립·해석·내용에 어떠한 영향을 줄 것인지, 개별계약의 체결 거부나 불이행이 기본 관계

---

72) Martinek/Semler/Flohr, Handbuch des Vertriebsrechts, 4.Aufl., C.H.Beck, 2016, 1. Kapitel § 4 Rn. 1-4.

73) 프랑스에서는 대체로 기본계약을 'contrat-cadre'라고 하고, 개별계약을 'contrat d'application'이라고 부른다. '틀 계약'과 '적용계약'이라는 용어는 이러한 프랑스의 논의에 영향을 받은 것으로 이해된다. 프랑스에서의 계속적 공급계약의 이중적 구조에 대한 논의는 中田裕康, 繼続的取引の研究, 有斐閣, 2000, 32-35면 참조.

74) 中田裕康(주 73), 33면에서는 기본계약 및 개별계약이라는 말은 틀 계약과 적용계약의 성질이 결정되기 전의 사실적 개념이라고 하여 양자를 구별한다.

에 어떠한 영향을 미치는지 등의 문제는 반드시 기본 관계가 계약일 것을 전제로 하지 않는다고 한다.[75]

3. 검토

이중적 계약 구조가 전제되어야만 계속적 공급계약에 관한 계약법상 여러 논의들이 설명될 수 있는 것은 아니다.[76] 구체적인 계약에 따라서는 이중적인 구조를 설명하기가 어렵거나 이중적인 구조는 인정한다고 하더라도 양쪽을 모두 계약으로 설명하는 것이 어색한 경우도 있다. 당사자들이 기본 공급계약을 체결하는 것 이외에 명시적인 개별계약을 체결하지 않는 경우도 있고, 기본계약을 별도의 서면 계약을 체결하지 않고 유선이나 인터넷망 등으로 간단히 거래 개시를 신청하는 것으로 갈음하는 경우도 있다. 이러한 경우에까지 개별 채무를 구별하여 개별계약을 구성하는 것은 용이하지 않다. 또한 당사자들 간에 거래관계는 장기간 유지되어 왔으나 기본계약에 대하여 명시적으로 합의한 적이 없는 경우에는 기본계약의 개념을 인정하는 것이 어색할 수 있다. 따라서 계속적 공급계약이라고 하더라도 당사자들의 의사나 계약의 목적물 등 구체적인 계약의 내용에 따라 이중적 구조를 인정할 수 있는지 여부가 달라질 수 있다.

그러나 대리점 계약과 같은 유통계약에서는 향후 공급업자가 판매업자에게 지속적으로 자신의 제품을 공급하고 판매업자는 이를 구입할 것임을 약정하고 그와 관련된 계약 기간, 계약 목적물, 기본 조건 등을 합

---

75) 中田裕康(주 73), 81-85면 참조.
76) 참고로 영미법에서는 계속적 공급계약이 이중적인 구조를 가지는지에 대한 논의는 찾아보기 어렵다. 영미에서는 계속적 계약보다는 장기계약의 개념이 자연스러운데, 이는 하나의 단일한 계약이고, 개별의 주문이나 인도는 계약에 따른 이행행위로 이해된다. 中田裕康(주 73), 73-74면 참조.

의하는 것과 그에 따라 판매업자가 공급업자에게 개별 주문을 하여 그에 대하여 공급을 받고 대금을 지급하는 것의 이중적인 계약구조를 인식하는 것은 자연스럽고 당사자들의 의사에도 합치하는 경우가 많다. 당사자들이 명시적으로 기본계약과 개별계약을 체결하지 않았다고 하더라도, 당사자들이 계속적인 거래를 하겠다는 의사와 그에 따라 이루어지는 개별 거래를 관념적으로라도 구분할 수 있다.

II. 이중적 계약구조에 기초한 계속적 공급계약의 법적 성질

1. 기본계약과 개별계약

일반적으로 기본계약은 계속하여 행하여지는 거래에 대하여 기본이 되는 사항 또는 공통 사항을 규정하는 계약을 말한다.[77] 이는 당사자 간의 장기·안정적인 계약관계를 확립하기 위하여 개개의 거래에 공통된 사항을 결정하고 그에 따라 반복되는 거래의 간소화·신속화를 도모하기 위한 것이다. 따라서 기본계약은 당사자들 간의 기본적인 원칙을 규정하고 개별계약의 범위를 설정하는 기능과 장래 체결되는 다수의 개별계약에 공통적으로 적용될 조건들을 미리 정하고 표준화하는 기능을 한다.

---

77) 예약(일방예약)은 거래의 본질적 조건을 정한 확정적이고 명확한 신청이 일정 기간 고정되어 그 기간 내에 상대방이 완결권을 행사함으로써 계약이 성립하는 반면, 기본계약에서는 거래의 본질적 조건을 정한 청약은 포함되지 않고 개별계약의 단계에서 명확하고 확정적인 청약과 그에 대한 승낙이 이루어진다는 점에서 양자가 구별된다. 中田裕康(주 73), 42-43면. 또한 조건은 법률행위 효력의 발생 또는 소멸이 장래 발생하는 불확정한 사실에 의존하는 반면, 기본계약은 그 자체로 법률행위를 발생시키는 계약이고 개별계약은 기본계약과 독립적인 계약이라는 점에서 양자가 구별된다. 박진근(주 2), 30-31면.

계속적 공급계약의 당사자들은 향후 장기간 지속될 자신들의 거래 관계를 규정하고, 그러한 거래 관계가 대체로 어떠한 조건에서 이루어지고 어떠한 전제에서 언제까지 유지될 수 있는지, 나아가 거래 관계가 종료되면 거래 관계를 어떻게 청산할 것인지에 대한 합의를 하는 것이 일반적이다. 대체로 이러한 내용이 기본계약의 주를 이룰 것이다. 이러한 기본계약에서 가장 중요한 내용 중 하나는 개별적인 계약에 대한 합의이다. 개별계약은 기본계약에 근거를 둔, 개별적인 이행 의무를 발생시키기 위한 별개의 계약이다. 통상 기본계약에 기초하여 수 개의 개별계약이 체결될 것인데, 기본계약은 이러한 개별계약의 집합을 의미하는 것이 아니라, 하나의 단일한 계약이다. 기본계약은 서면으로 체결된 하나의 계약일 필요는 없고, 관념적으로 개별계약의 성립의 기초가 되는 기본계약을 상정할 수 있으면 된다. 계속적 공급계약은 기본계약 자체를 의미하거나 개별계약의 집합체로서 존재하는 것이 아니라, 기본계약과 개별계약을 전체적으로 파악하는 개념이다.

계속되는 개별 거래의 간소화, 신속화를 위하여 주요 내용을 기본계약에서 정하는 경우가 많은데, 개별계약에서 별도로 언급이 없더라도 기본계약에서 정한 일반 조건은 개별계약의 계약 조건으로 인정될 수 있다. 이와 같이 기본계약에서 개별계약에 적용될 계약조건을 정하여 두었다면, 개별계약에 별도의 약정이 없이도 그 조건이 적용되는 것이 원칙이다. 기본계약에서 개별계약의 내용을 거의 정하지 않고 그 내용은 별도로 정하기로 합의하는 것도 가능하다.

2. 기본계약과 개별계약의 관계

대체로 개별계약은 기본계약의 범위에서 체결되지만, 기본계약의 내용에 반하는 내용이 있다고 하더라도 그것이 개별계약을 체결하는 시점에서의 당사자들의 의사라면 그 구속력을 인정할 수 있다. 당사자들의 합의로써 기본계약 자체를 변경할 수 있다는 점을 상기한다면 기본계약과 다른 내용으로 개별계약을 체결할 수 있다는 점을 인정할 수 있을 것이다. 이러한 측면에서 기본계약의 조항과 개별계약의 조항이 차이가 있는 때에 어느 것이 우선되는지에 대하여 규정되지 않은 경우에는 당사자의 의사해석에 의하지만, 일반적으로 ① 개별계약의 규정, ② 기본계약의 규정, ③ 신의칙 등 민법 규정의 순서로 적용된다고 한다.[78]

일단 유효하게 체결된 개별계약은 기본계약과는 별개로 유효하다는 점에서 개별계약은 기본계약에 대하여 독립적이다. 법원도 개별계약의 소멸시효에 관한 사안에서 두 계약의 독립성을 인정하는 전제에서 판단하고 있다. 즉, 계속적 물품공급계약에 기하여 발생한 외상대금채권은 특별한 사정이 없는 한 개별 거래로 인한 각 외상대금채권이 발생한 때로부터 개별적으로 소멸시효가 진행하는 것이지 거래종료일부터 외상대금채권 총액에 대하여 한꺼번에 소멸시효가 기산한다고 할 수 없는 것이고, 각 개별 거래시마다 서로 기왕의 미변제 외상대금에 대하여 확인하거나 확인된 대금의 일부를 변제하는 등의 행위가 없었다면, 새로이 동종 물품을 주문하고 공급받았다는 사실만으로는 기왕의 미변제 채무를 승인한 것으로 볼 수 없다고 한다.[79]

또한 개별계약의 불이행은 원칙적으로 개별계약의 효력에만 영향을 미칠 뿐이고, 기본계약의 효력에 영향을 미치지 않는다. 다만, 개별계약의 불이행이 상호 신뢰관계를 해칠 정도로 본질적인 경우나 개별계약의 불이행이 반복되거나 또는 반복될 징후가 있는 경우 등의 예외적인 경우에는 기본계약의 해지 사유가 될 수 있을 것이다.

---

78) 박진근(주 2), 40면.
79) 대판 1978. 3. 28, 77다2463; 대판 1992. 1. 21, 91다10152; 대판 2005. 2. 17, 2004다 59959; 대판 2007. 1. 25, 2006다68940 등 참조.

Ⅲ. 개별계약 체결 의무

기본계약에서 개별계약의 체결이 예정되기는 하지만, 기본계약을 체결한 것만으로는 당사자간에 구체적인 채무 관계가 발생하지는 않는다. 따라서 기본계약만을 체결하고 개별계약을 체결하지 않는다면 당사자간에는 계약상 구체적인 채권 관계가 발생하지 않는다고도 볼 수 있을 것이다. 기본계약에 근거하여 당사자들에게 개별계약을 체결할 의무가 도출될 것인가? 만일 이러한 의무가 없다면, 더 이상 거래를 하고 싶지 않은 당사자로서는 계약을 해지하지 않고서도 계약을 그대로 유지한 채 개별계약만을 체결하지 않으면 동일한 목적을 달성할 수 있을 것이고, 상대방은 이에 대하여 법적으로 대응하기 어려울 것이다. 반면 이러한 의무가 있다면 계약을 적법하게 해지하지 않고 거래를 중단하는 것은 채무불이행 사유가 될 것이므로, 거래를 지속할 것을 요구하거나 계약이 유지될 것으로 기대되는 기간 동안의 이행이익 등을 손해배상으로 청구하는 것이 가능하게 된다.

1. 학설의 논의

이에 대한 국내 논의는 많지 않으나, 대체로 학설은 계속적 계약의 경우 기본계약에서 개별계약을 체결할 의무가 도출된다고 한다. 개별계약이 체결되지 않았다고 하여 원고와 피고 사이에 아무런 계약관계가 존재하지 않는 것이 아니라 기본계약에 기한 권리의무관계는 존재한다고 보아야 하며, 이 가운데 중요한 것은 기본계약에 따라 개별계약을 체결하여야 할 의무라는 것이다.[80]

독일에서는 기본계약에 대한 개별계약 체결 의무를 당연히 인정하는

---

80) 윤진수, "[판례해설/민소법] 대법원 1992. 11. 27 선고 92다14892 판결", 사법행정, 1993. 8, 63면; 김증한·김학동(주 1), 21면 참조.

전제에서 개별계약을 체결하지 않는 경우 이에 대하여 손해배상책임이 가능하다고 설명하기도 하고,[81] 반복적이고 의도적인 개별계약의 체결 거부는 계약 위반이 되거나 혹은 적극적 채권 침해가 될 수 있다고 하여 손해배상책임을 인정하는 견해도 있다.[82] 최근의 견해 중에는 기본계약에서 개별계약 체결 의무를 규정하였거나, 독일 민법 제133조 및 제157조에 따른 계약의 해석을 통하여 개별계약 체결 의무가 있다고 인정되거나, 독일 민법 제315조에서 규정하는 당사자 일방의 급여 지정이 있었다고 볼 수 있는 경우에만 개별계약 체결 의무가 있다는 견해도 있다.[83]

한편 일본에서는 기본계약 중에는 기본계약에는 구속력이 없고 다만 개별계약을 체결할 때에 기본계약의 내용을 참고하여 체결할 것을 바라는 취지의 합의 정도의 의미를 가지는 것이 있고, 기본계약의 당사자가 개별계약에서 기본계약 내용의 실현을 고려할 것을 상호간에 약정하는 경우가 있다고 하면서, 후자의 계약에서는 개별계약 체결의 의무가 당연히 포함된다는 견해가 있었다.[84] 그런데 최근에는 구체적인 사안에 따라 신의칙상 개별계약 체결의 의무가 발생하는지를 따져보아야 한다고 하면서, 개별계약의 체결 거부나 불이행이 정당화되는 사유가 있는지, 예를 들어서 외부 상황의 변화, 일방 당사자의 신용 불안 등의 사정이 있는지를 검토하여야 한다는 견해가 유력하다.[85]

---

81) Henrich, Vorvertrag, Optionsvertrag, Vorrechtsvertrag: eine dogmatisch-systematische Untersuchung der vertraglichen Bindungen vor und zu einem Vertragsschluss, J.C.B. Mohr, 1965, 117면.

82) Gernhuber, Das Schuldverhaeltnis: Begruendung und Aenderung Pflichten und Strukturen Drittwirkungen, J.C.B. Mohr, 1989, 389-390면; Palandt/Grüneberg, BGB § 242 Rn. 27 참조.

83) Muhl/Lüthge, "Rahmenverträge in Lieferbeziehungen – Struktur, Beendigung und Rechtsfolgen", GWR 2016, 26.

84) 박진근(주 2), 33면에서 소개하는 橋本恭廣, 現代型長期間契約の一斷面, 法學論集(民法 80), 大陸文化社, 342-344면 참조. 일본의 하급심 판결들 가운데에는 개별계약 체결의무를 긍정한 것도 있고, 부정한 것도 있다고 한다. 이에 관한 구체적인 설명은 조영철(주 71), 27-28면 참조.

2. 판례의 태도

우리 판례 가운데 계속적 공급계약에서 개별계약의 체결의무가 도출될 수 있는지를 직접 판단한 사안으로는 대판 1999. 6. 25, 99다7183 판결이 있다. 이 사안에서는 백화점에 대한 특정 매입 계약의 일방적인 중단이 문제가 되었는데 법원은 우선 이 계약의 성질을 일정 기간 동안의 물품의 공급 및 그 판매를 통한 대금지급을 목적으로 하는 매매계약에 유사한 계속적 물품공급계약이라고 보아야 한다고 하였다. 나아가 당사자들이 개별계약을 체결할 의무가 있는지 여부와 관련하여서는, "계속적 거래계약에 있어서 개개의 매매에 관한 별개의 개별계약의 체결이 예정되어 있는 경우, 기본계약이 예정하고 있는 개별계약의 체결이 당사자의 의무인지의 여부는 원칙적으로 기본계약 자체가 정하는 바에 의하여 결정될 것이나, 기본계약에 그에 관한 정함이 없다고 하여 당사자가 그 의무를 부담하지 않는다고 할 것은 아니고, 당사자가 당해 계약에 이른 동기와 경위, 당사자가 당해 계약에 의하여 달성하려는 목적, 당사자 사이에 명시적, 묵시적으로 형성된 거래의 원칙, 당해 업계에 있어서의 거래관행 등에 비추어 당사자의 의사가 공급자 또는 피공급자에게 개별계약의 체결을 의무 지우려는 의사였던 것으로 볼 만한 사정이 존재하는 때에는 그 공급자 또는 피공급자는 상당한 이유가 없는 한 상대방에 대하여 개별계약을 체결할 의무를 부담하는 것으로 보아야 한다"고 판단하였다.[86]

기본계약에서 개별계약 체결 의무가 도출되는지 여부는 일률적으로 볼 것이 아니고, 기본적으로는 계약의 합리적인 해석 문제로 이해하여야

---

85) 中田裕康(주 73), 83-84면 참조.
86) 그 외에 대판 1992. 11. 27, 92다14892에서도 개별계약 체결 의무에 관하여 판단하였다. 다만, 이 사안에서는 계약 자체에서 개별계약을 체결할 의무를 명시하고 있었던 것이어서 이를 일반화하기는 어렵다.

할 것으로, 계약서에 명시적으로 기재되지 않았다면 제반 사정을 종합적
으로 고려하여 당사자들의 의사가 개별계약을 체결할 의무를 부담하는
것으로 해석될 수 있는지 여부를 검토하여야 한다는 입장이다.[87]

3. 검토

계속적 공급계약과 관련하여 기본계약에서 개별계약을 체결할 의무
가 도출되는지 여부는 당사자의 의사 해석의 문제로 귀결될 것이다. 기
본계약 자체에 명시되어 있지 않다면, 당사자들이 기본계약을 체결함으
로써 개별계약을 체결할 것을 기대할 수 있었는지, 즉, 상대방의 신뢰가
정당한 것인지가 관건이 될 것이다. 이를 판단하기 위해서는 당해 거래
의 내용과 유지 기간, 당사자들 사이에 명시적 또는 묵시적으로 형성된
거래의 원칙, 당해 업계에 있어서의 거래 관행, 당사자들 간의 경제적 지
위 등을 종합적으로 살펴보아야 할 것이다.

다만, 일반적으로 대리점 계약 등의 계속적 공급계약에서는 당사자들
이 일정 기간 또는 부정 기간 동안 계속적으로 공급업자의 제품을 공급
받고 이를 구입할 것을 약정하였다면 이러한 당사자들의 기본 약정에
기초하여 제품의 유통을 위하여 성실하게 제품을 구입하고 이를 공급할
의무가 있다고 해석하는 것이 합리적이고, 오히려 특별한 사정이 있는
경우에 한하여 이러한 개별계약 체결 의무가 부정될 것이다. 따라서 일
방 당사자가 특별한 사정 없이 개별계약 체결을 하지 않는다면, 계약 위
반이 될 것이다.

---

87) 이 판례에 대한 평석은 장보은(주 3) 참조.

제4절 관계적 계약으로서 계속적 공급계약

I. 관계적 계약이론

1. 관계적 계약이론의 문제 의식과 계약에 대한 시각

관계적 계약이론(relational contract theory)은 당사자들의 의사를 중시하는 기존의 전통적인 계약법적인 시각과는 달리 계약을 체결하고 이를 유지하는 당사자들의 관계에서 계약의 근거를 찾는 견해이다. 계속적 공급계약과 관련하여 이를 적용하면, 실제 당사자 간에 계약관계가 형성되고 운영되는 사회적인 모습을 관찰하고, 그러한 관찰에 기초하여 계약의 특수성을 이해하고 계약에 적용되는 규범을 도출해 볼 수 있다.

관계적 계약이론은 계약을 당사자들의 의사를 최우선시하는 고전주의 계약법에 대한 의문에서 출발한다.[88] 관계적 계약이론을 주창한 미국의 맥닐 교수는 비교적 단순하고 매우 단발적인(discrete) 거래에 있어서도 그 거래에 관한 모든 조건에 대하여 동의를 얻을 가능성은 제한적이라고 한다. 고전주의 계약법에서도 동의의 개념을 당사자들의 내심에서 상당히 벗어나도록 하는 방안이 고안되고 있지만,[89] 계약법적인 시각을 수정하는 것만으로는 계약관계나 여러 쟁점을 포괄할 수 없다고 하

---

88) 변용완, "계약구속력의 근거로서 관계적 계약 이론에 관한 연구", 중앙대학교 법학박사학위논문, 2013, 115-118면 참조.
89) 예를 들어 계약법에서는 당사자들의 실제 동의(actual consent)가 아니라 객관적으로 표현된 동의(objective manifestations of contract)를 탐구하는데, 표시된 의도는 당사자 일방, 또는 심지어 쌍방이 실제로 알지 못했던 계약상 동의를 포함하는 것이다. Macneil, "Contracts: Adjustment of Long-Term Economic Relations under Classical, Neoclassical, and Relational Contract Law", 72 Nw. U.L. Rev. 854, 1978, pp. 883-884.

면서, 사회학, 경제학, 정치이론 등을 동원하여 실제 계약관계에서 발생하는 여러 쟁점들을 다루고자 하였다.[90]

그는 계약법 특유의 법리에 얽매이는 대신 사회학적인 관점에서 계약을 연구하였는데, 사회 내지 사회적 관계가 가장 중요한 계약의 근간이라고 한다. 사회에서의 계약은 완전히 고립되고 자기 이익의 극대화만을 추구하는 개개인 간의 계약이 아니라 최소한의 교환을 위한 계약적인 연대가 전제된 것이다. 다음으로 계약에서 중요한 것으로는 노동의 전문화와 교환이다. 교환은 분업화로 인하여 필수불가결하게 발생하는데, 가치로 산정된 것을 상호 교환하거나, 관습이나 다른 사회 제도를 따르는 다양한 방법이 있을 수 있다. 이는 당사자들의 자유로운 선택에 의한 것으로, 미래에 대한 인식에 기반한다.[91]

맥닐은 사람들은 이러한 선택과 미래에 대한 인식을 통하여 꾸준히 무언가를 하고, 미래에 관한 계획을 한다고 하면서, 이러한 행동과 계획이 교환에 관한 것이라면, 교환의 일부 요소는 당장 이루어지는 것이 아니라 미래에 이루어질 것이라고 한다. 이러한 점에서 계약은 미래를 향한 교환의 기획(projecting exchange into the future)이다.[92] 전통적인 계약법에서는 계약을 '법에 의하여 그 위반에 대한 구제가 이루어지거나 법에 의하여 그 이행이 의무로 인식되는 약속 또는 일련의 약속들'이라고 정의하는데,[93] 맥닐은 이러한 정의가 '법'에 의한 구제나 의무의 인정만을 계약의 본질적인 요소로 파악하나, 법이 현실 세계에서의 계약을 모

---

90) Macneil(주 89), p. 898.
91) Macneil, The New Social Contract: An Inquiry into Modern Contractual Relations, Yale Uni. Press 1980, pp. 1-4. 맥닐은 사회, 노동의 전문화와 교환, 선택, 미래에 대한 인식을 계약의 근간이라고 설명한다.
92) Macneil(주 91), p. 4.
93) Restatement (second) of Contract § 1 (1979). "A Contract is a promise or a set of promises for the breach of which the law gives a remedy, or the performance of which the law in some way recognizes as a duty."

두 포섭할 수는 없다고 비판한다. 계약을 미래 교환 과정에 대한 당사자 간의 관계로 파악한다면, 계약을 '약속'만으로 한정할 수는 없고, 약속 이외에도 교환을 위한 기획 요건들이 관습, 신분, 습관이나 관료제의 명령체계 등 다양한 형태로 존재한다는 점을 강조한다. 특히 계약관계가 지속되는 경우에는 관계 자체에서 미래의 교환이 예측할 수 있는 형태로 일어날 것이라는 기대가 생긴다는 것이다.[94]

2. 관계적 계약

맥닐은 경제적 활동에 대한 계약은 일련의 스펙트럼으로 이해할 수 있다고 하면서, 그 한 쪽 끝은 단발적 거래(discrete transaction)이고, 다른 한 쪽 끝은 다른 계약들에 비하여 훨씬 더 관계적인 계약적 관계 (contractual relations)라고 한다.[95]

전통적인 계약법에서는 개인주의와 시장경제제도를 전제로 경제적 교환을 매우 개인적이고 이기적인 것이라고 설명한다. 계약의 목표는 법이 허락하는 한 모든 관계를 상호 동의를 표현하는 시점에 확립하는 것이다. 100%의 예측가능성을 통한 완전한 현재화(presentation)는 청약의 승낙 시점에 요청되고, 계약을 체결하는 당시에 계약의 모든 측면이 당사자에게 알려져서 계약이 당사자들의 의도의 산물이라고 적절하게 말할 수 있게 된다.[96] 이러한 전통적 계약법은 단발적인 거래를 예정한 것이다. 순수하게 단발적인 거래는 현재는 물론 과거나 현재의 모든 관계로부터 완전히 분리된다.[97] 그런데 현실 사회에서는 완전하게 단발적인

---

94) Macneil(주 91), pp. 5-8.
95) Macneil, "Values in Contract: Internal and External", 78 Nw. U. L. Rev. 340, 1983, pp. 341-342.
96) Macneil, "Restatement (Second) of Contracts and Presentation", 60 Virginia Law Review 589, 1974, p. 593.
97) Macneil(주 89), p. 856.

거래나, 이상적인 100%의 계획이나 100%의 동의는 있을 수가 없고, 실제
로 모든 계약에는 관계적인 속성이 있다고 보아야 한다.[98]

　관계적 계약을 이해하기 좋은 예는 법률적으로 독립적이나 경제적으
로는 상호의존적인 큰 회사들간에 체결되는 매우 계획적이고 광범위한
계약이다. 이러한 종류의 계약은 자본주의의 발전으로 더 중요해졌다.
해당 계약에 특유한 상당한 투자가 이루어지는 경우가 많고, 계약 조건
들이 상당히 복잡하여 사전 협상에서 특정되기가 어렵고 사후적으로 이
행 과정에서 당사자들의 기대와 의무가 조정될 필요가 있는 경우도 있
다. 이러한 성격의 계약은 계약에 따른 엄격한 책임을 부여하고 불이행
시 기대 이익을 배상하도록 하는 전통적인 계약법으로는 효과적으로 설
명하기 어렵다.[99]

　사회학적인 관점에서 계약 또는 거래를 바라보면, 교환이란 '어떤 것
을 얻기 위하여 다른 어떤 것을 포기하는 것으로, 가장 보편적인 모든
인간의 행위'이다.[100] 특히 노동의 전문화가 이루어진 모든 사회에서는
교환이 일어날 수밖에 없고, 노동의 전문화는 시장에서뿐만 아니라 공장
에서, 기업조직 내에서, 심지어는 가족 중에서도 생길 수 있는 것이기 때
문에 사회 속에서 다양하고 넓은 의미에서의 관계에서 교환이 발생하게
된다.[101] 그런데 관계적 교환에서는 각 당사자의 장기적인 이해관계가
특정 교환에서의 개인적 효용을 극대화하려는 단기간의 욕망과 상충하
게 된다. 특히 분업을 기초로 하는 관계적인 교환(relational specialized
exchange)[102]에서는 개인 효용을 증진시키려는 동기가 크더라도, 당사자

---

98) Macneil(주 91), pp. 60-61.

99) Campbell, "Macneil and the Relational Theory of Contract", Campbell (ed.), The
　　Relational Theory of Contract: Selected Works of Ian Macneil, 2001, pp. 15-16.

100) Macneil, "Exchange Revisited: Individual Utility and Social Solidarity", Ethics, Vol.
　　96, No. 3, 1986, p. 567.

101) Macneil, "The Many Futures of Contracts", 47 S. Cal. L. Rev. 691, 1974, p. 697.

102) 맥닐은 교환(exchange)을 specialized exchange와 nonspecialized exchange로 나누

간에 교환잉여(exchange-surplus)[103]를 공유함으로써, 분업의 결과로 생긴 상호의존성에 기초하여 사회적 연대가 생긴다.[104]

3. 계약규범

맥닐은 이러한 이해를 토대로 계약에 참여하는 당사자들에게 기대되는 적절한 행동의 기준, 즉 계약의 규범(norm)에 대한 논의를 이어간다. 계약규범 또는 계약에 관한 가치(value-arena)는 계약에 참여하는 사람들의 목적과 수단, 계약 행동에 의한 원칙과 규칙과 같은 내재적인 규범과 계약에 대한 사회적 대응과 관련된 외재적 규범이 있다.

이 중 계약에 대한 외재적 규범은 국가의 실정법이 대표적이고, 그 외에도 업계에서 사업자 단체가 부과하는 사적인 규범, 관습이나 도덕 등을 포함한다. 이러한 외재적 규범은 내재화 과정을 거쳐서 계약에 영향을 미칠 수 있는 가능성이 크다. 예컨대 계약의 당사자들이 채무불이행으로 인한 법적 구제에 대하여 고려하는 경우, 이에 관한 계약법의 법리나 규칙이 내재화 과정을 거쳐 계약 내용에 반영될 수 있다. 그러나 맥닐이 보다 중요하게 다루고 있는 것은 내재적 규범으로, 이는 계약 행동이나 실천에 있어서 실질적인 기능을 하는 것이다. 업계의 관행이 오랜 기간 지속되는 경우 외재화 과정을 거쳐 해당 업계의 관습이 되는 경

어 설명한다. 전자는 분업에 의한 교환을, 후자는 분업에 의하지 않은 교환을 의미한다고 한다. Macneil(주 100), pp. 570-571 참조.

103) 교환잉여란 사회 구성원 간의 교환의 결과 늘어난 사회의 효용을 의미한다. 예컨대 A와 B가 어떤 사회의 구성원으로 각자가 자신의 개인적 효용을 증진하려는 동기로 고기와 생선을 교환하였다면, 사회 전체의 고기와 생선의 생산량에는 영향이 없지만 생산에 따른 효용은 사회 구성원의 관점에서 볼 때 증가하였는데, 각자의 구성원이 자신의 내어준 것에 비하여 자신이 받은 것을 더 많이 원했다는 점에서 그러하다. Macneil(주 100), pp. 572-573.

104) Macneil(주 100), p. 581.

우처럼, 내재적 규범도 외재화 과정을 거쳐서 외재적 규범을 기능할 수 있다.105)

계약의 내재적 규범은 크게 공통계약규범(common contract norms), 단발적 규범(discrete norms) 및 관계적 규범(relational norms)으로 구분할 수 있다.106)

가. 공통계약규범

모든 계약에 공통적으로 적용되는 내재적 규범으로는, (i) 역할의 보전(role integrity), (ii) 상호성(reciprocity), (iii) 계획의 실행(implementation of planning), (iv) 동의의 수행(effectuation of consent), (v) 유연성(flexibility), (vi) 계약적 연대(contractual solidarity), (vii) 원상회복, 신뢰, 기대이익(the restitution, reliance, expectation interests) 등 연결규범(linking norms), (viii) 권력의 창출 및 제한(creation and restraint of power), 즉, 권력규범(power norms), (ix) 수단의 타당성(propriety of means), (x) 사회 기반과의 조화(harmonization with the social matrix)가 있다.107)

이들 규범이 모두 계약 행동에 대한 필수적인 요소이지만, 이 중 가장 중요한 규범으로는 (vi) 계약적 연대와 (ii) 상호성을 든다. 인간은 이기적인 동시에 사회적인 존재인데, 이러한 두 가지 가치가 상충되는 상황에서는 다른 사람에게 의존할 수 있다는 믿음인 계약적 연대가 계속적인 상호성108)의 기획(projection)을 가능하게 한다. 이러한 공통계약규

---

105) Macneil(주 91), pp. 36-37.
106) Macneil(주 95), pp. 343ff. 구체적인 계약규범에 관한 설명은 저서마다 조금씩 차이가 있다. 이하에서 공통계약규범, 단발적 규범, 관계적 규범으로 열거한 개별 규범들은 가장 최근 저서인 "Values in Contract: Internal and External"에 근거한 것이다.
107) Macneil(주 95), pp. 347-348.
108) 상호성이란 간단히 말해 어떤 것을 주는 것의 대가로 어떤 것을 받는 원칙을

범들은 대상이 되는 계약이 단발적인지, 관계적인지에 따라 보다 중시되
는 규범이 다를 수 있고, 구체적인 맥락에 따라 각 규범의 변형이나 융
합이 일어날 수도 있다.[109]

나. 단발적 규범

단발적 계약에서의 계약규범은 공통계약규범 중 계약에서 마련된 계
획이 충실하게 수행될 것을 의미하는 (iii) 계획의 실행과, 당사자들의 동
의가 철저하게 존중되는 것을 의미하는 (iv) 동의의 수행을 심화한 것으
로, '단발성(discreteness)'과 '현재화(presentiation)'로 특징지워진다. 단발성
은 거래 시점 및 그 전후에 참가자간에 이루어지는 다른 모든 행위로부
터 거래를 분리하는 것을 의미하고, 현재화는 현재의 분배 결정에 영향
을 미치는 미래의 사건 등을 마치 현재에 존재하는 것처럼 인식하는 것
을 의미한다.[110] 이와 같은 단발적 규범은 전통적 계약법과는 잘 맞는
것이지만, 실제로 완전한 단발적 거래는 현실에 존재하지 않는다. 단발
적 계약에서 다른 공통계약규범은 단발적 규범의 영향으로 상당한 제한
을 받는다.[111]

의미한다. Macneil(주 95), p. 347.
109) Macneil(주 95), p. 349.
110) Macneil(주 95), pp. 349-350.
111) 예를 들어 '역할의 보전'은 당사자들이 자신의 효용을 극대화하는 전제가 되
는 재산에 대한 규칙과 법의 엄격한 테두리 내에서, 상대방의 동의의 범위에
서만 행사하도록 유지되고, '상호성'은 계약 성립을 위한 상호 동의로서만 의
미가 있을 뿐이다. '유연성'은 모든 것이 엄격하게 현재화되는 단발적인 거래
내부에서는 존재하지 않고 여러 개의 단발적 거래가 반복되는 경우에만 존재
할 수 있다. '계약적 연대'는 현재화된 계약적 연대를 실현하는 계약법을 통
해서만 유지된다. Macneil(주 95), p. 361.

다. 관계적 규범

관계적 규범은 '역할의 보전(role integrity)', '관계의 보존(preservation of the relation)', '관계적 이해관계 충돌의 조화(harmonization of relational conflict)', '수단의 타당성(propriety of means)', '초계약적 규범(supracontract norms)'들로, 공통계약규범 중에 주로 (i) 역할의 보전, (vi) 계약적 연대, (x) 사회 기반과의 조화를 강화한 것이다.[112]

관계적 계약은 장기간이 유지되고 주요 관계와 다양한 의무가 개입되는 경향이 있으므로, 일관성을 유지한다는 측면에서 역할의 보전은 매우 중요한 의미를 가진다. 또한 현대 계약에서 계량과 특수성, 정확성과 집중, 계획에 따르는 것과 변화하는 여러 상황에 대하여 유연성이 요청되는 것 간에 조화를 이루는 것이 중요하다.[113] 나아가 사회적 관계가 복잡할수록 수단의 타당성도 더욱 복잡하고 중요한 가치가 되고, 계속적인 계약 관계에서 발견되는 배분적 정의, 자유, 인간 존엄, 사회적 평등, 절차적 정의 등은 초계약적 규범으로 기능한다.[114]

II. 계속적 공급계약에의 시사점

1. 계속적 공급계약에 대한 이해

계속적 공급계약은 기존의 계약법이 예정하고 있지 않던 계약의 형

---

112) Macneil(주 95), pp. 361-362 참조.
113) Macneil(주 95), pp. 361-363.
114) Macneil(주 95), p. 350. 맥닐이 이러한 가치를 초계약적 규범이라고 하는 것은 계약 관계의 범위를 넘어서기 때문이 아니라, 그러한 가치들이 특히 계약적이지는 않기 때문이다. Macneil(주 91), p. 70 참조.

태이므로, 이를 고정적인 법적 시각이 아닌 일종의 사회적인 현상으로 바라보는 것은 유연한 분석을 가능하게 한다.

　관계적 계약이론에 의하면, 공급업자와 판매업자 간에 제품의 유통을 위하여 장기간 계속적으로 제품의 공급이 이루어지는 계속적 공급계약은 계약이 지속되면서 당사자들 간의 신뢰관계에서 유지·발전되므로, 관계적 계약의 하나로 이해할 수 있다. 관계적 계약의 특수성을 상기한다면, 계속적 공급계약과 관련하여 계약 체결 시점에 당사자들이 계약의 모든 조건을 완벽하게 합의하기 어렵다는 점이나, 당사자들의 관계나 계약 조건이 계약 진행과 더불어 형성되고 수정된다는 점, 향후 제반 사정들을 고려하여 당사자들 간의 계약 관계를 재조정할 필요가 있다는 점 등을 설명할 수 있다. 또한 계약에서 당사자들의 약정만을 중시하는 것이 아니라 당사자들의 관계 자체에 의미를 부여할 수 있게 되면, 장기간 지속되는 계속적 공급계약에서는 당사자들이 자신의 이익을 극대화하는 것에만 급급하지 않고, 공급업자의 제품을 시장에 알리고 더 많은 소비자에게 제품을 판매하는 것과 같은 공동의 목표를 가지고 영업계획을 공유하는 등 상호 협력에 나아갈 수 있다는 점이나, 이러한 분업의 결과로 생긴 상호의존성을 토대로 사회적 연대가 발생한다는 점을 이해할 수 있다.

　전통적 계약법에서 강조되었던 계약의 확정성이나 의사주의에 대한 요청이 절대적인 가치가 아닌 계약의 성질 중에 하나일 뿐이라면, 관계적 계약의 성격이 강한 계속적 공급계약에서는 당사자들의 관계 자체나 계약에 참여하는 당사자들의 목적, 계약과 관련된 일련의 행동 등이 보다 중요한 요소가 될 수 있다.[115)]

---

115) Macneil, "Economic Analysis of Contractual Relations: Its Shortfalls and the Need for a Rich Classificatory Apparatus", 75 Nw. U. L. Rev. 1018, 1981, p. 1029 참조.

2. 계약의 내재적 규범과 신의칙

관계적 계약이론에서는 민법과 같은 외재적 규범보다도 계약 행동에 의한 내재적인 원칙과 규칙인 내재적 규범을 중시한다. 이러한 내재적 규범은 계약의 실천 가운데 생긴 규범으로, 계약에 참여하는 당사자들에게 요구되는 계약의 가치이다. 관계적 계약이론에서 말하는 계약의 내재적 규범들을 기존의 계약법적인 원리와 동일한 가치로 받아들이기는 어렵다고 하더라도, 구체적인 문제를 해결할 때 그러한 규범들을 고려하는 것은 충분히 가능할 것이다. 특히 실정법과 같은 외재적인 규범과 현실 간의 간극이 있을 때에는 계약 관계에서 발생하는 내재적인 규범이 더욱 의미가 있다.

한편, 계약법에서는 규범과 현실 간의 괴리가 있는 경우 이러한 틈을 메움으로써 구체적인 타당성을 기하는 역할을 하는 것은 신의칙이다.[116] 추상적인 가치개념을 이용하여 실정법 등을 탄력적으로 운용할 수 있는 길을 열어놓은 것이다.[117] 통상 신의칙의 기능은 법의 취지나 계약상 당사자의 의도를 그 의미에 적합하도록 구체화하는 표준기능, 불성실하거나 부당한 권리행사를 제한하는 형평기능, 실정법 또는 계약내용을 보정하는 수정기능 등이 거론되고, 그 외에도 당사자들의 법률행위의 해석의 표준이 된다고 설명된다.[118] 우리 민법은 제2조 제1항에서 권리의 행사와 의무의 이행은 신의에 좇아 성실히 하여야 한다고 규정하여, 이러한

---

116) 권영준, "소멸시효와 신의칙", 재산법연구 제26권 제1호, 2009, 3면 참조.
117) 편집대표 곽윤직, 민법주해[I]-총칙(1), 박영사, 2010, 102면(양창수 집필부분).
118) 편집대표 김용담, 주석민법[총칙 (1)], 제4판, 한국사법행정학회, 2010, 131-135면(백태승집필부분); 민법주해[I](주 130), 100-104면(양창수 집필부분); 양형우, "재산법과 신의성실의 원칙", 법학연구 제8권 제1호, 연세대학교 법학연구소, 2001, 217-219면; 윤용석, "신의칙의 재조명", 재산법연구 제20권 제2호, 2003, 22면; 이연주, "신의성실의 원칙에 대한 고찰", 인권과정의 제418호, 2011, 74면 참조.

신의칙을 민법의 일반원리로서 선언하였다.

그런데 이러한 신의칙은 추상적인 일반 규정으로 가치의 보충을 요하는 법개념이다. 어떠한 기준이나 방침으로 가치보충이 이루어져야 하는지에 대하여 일의적인 개념이 있는 것은 아니지만, 여기에 적절한 기준이 설정되지 않는다면 신의칙의 적용은 단순히 형평의 원리에 기하여 법창조를 인정하는 결과에 이르게 되어 법적 안정성에 심각한 위협을 초래하게 될 것이다.[119] 이러한 우려를 막고 사안마다의 구체적인 타당성을 기하기 위하여, 관계적 성격을 가진 계약에 대하여 관계적 계약이론에서 검토한 계약의 내재적 규범을 신의칙 적용을 위한 기준으로 제시할 수 있을 것이다.[120] 맥닐은 내재적 계약 규범이 외재화를 통하여 외재적 규범으로 기능하는 것이 가능하다고 하였는데, 민법상 일반조항인 신의칙이라는 통로를 통하여 계약 규범이 실정법 가운데에 등장하게 되는 것이다.[121]

계속적 공급계약은 우리 민법이 일찍이 예상하지 못하였던 계약 형태로, 일회적인 계약과는 달리 당사자들이 계약 체결 당시에 모든 조건을 정하기 어렵고 계약이 진행되면서 그 조건이 성립되는 경우도 있고, 장기간 계약이 유지되면서 당사자들의 관계나 그 밖에 계약을 둘러싼 사정이 변하여 이에 따른 조정이 필요하기도 하다. 따라서 계속적 공급계약의 현상과 전통적인 계약법 간에는 상당한 간극이 있고, 구체적인 사안을 해결할 때에는 신의칙을 동원하여 형평을 기할 필요성이 크다.

---

119) 민법주해[I](주 117), 94면(양창수 집필부분).
120) 이영준, 민법총칙, 전정증보판, 박영사, 2007, 59면에서는 신의칙의 적용은 재량구속행위이고 자유재량행위라고 할 수 없다고 하면서, 사안의 유형화를 통하여 경험적인 것으로부터 규범적인 것으로 승화시키는 작업이 필요하다고 한다. 이러한 논의는 계약의 실천 가운데에서 생긴 계약의 내재적 규범을 신의칙 적용을 위한 기준으로 고려하는 것과도 연결될 수 있을 것이다.
121) 김재완, "현대 계약법상 신의칙의 법규범성과 그 적용의 확장에 관한 고찰", 외법논집 제35권 제2호, 2011, 157-158면; 변용완(주 88), 126면 참조.

계속적 공급계약의 권리와 의무를 구체화하고 계약상 부수적 주의의무를 도출해 내거나, 표면적으로 당사자의 권리가 인정된다고 하더라도 그러한 권리행사가 부당하다고 판단되면 이를 제한하는 경우는 물론, 법률행위 해석 시에도 위에서 살펴본 계약 규범은 신의칙의 가치보충을 위한 방향을 제시해 줄 수 있다. 또한 신의칙은 개별 계속적 공급계약의 사안마다 구체적인 권리와 의무를 발생시키는 실천적인 규범으로서의 역할을 수행하게 되는데, 이 때에도 역할의 보전, 관계의 보존, 관계적 이해관계 충돌의 조화, 수단의 타당성, 초계약적 규범 등의 규범을 그 기준으로 고려할 수 있을 것이다.

3. 구체적 사안에서의 신의칙 적용

계속적 공급계약의 계약 해석이나 분쟁 해결과 관련하여 신의칙을 적용할 수 있는 때에는 계약의 내재적 규범들이 구체적인 기준이 될 수 있다. 예를 들어 관계적 계약은 장기간에 걸치는 복잡한 거래 관계를 통하여 상호 이익을 실현하므로, 당사자 사이의 인적인 신뢰관계에 근거하는 상호 협력을 위한 유연성이 요구된다. 이러한 상호성, 유연성[122] 등은 계속적 공급계약의 해석의 기준이 될 수 있다.

또한 계속적 공급계약에 따라서는 당사자들의 권리나 의무가 개별 사안마다 신의칙에 따라 확대되는 경우가 있는데, 이 경우에도 계약 규범이 고려될 수 있다. 예를 들어, 원칙적으로 계약의 당사자들은 자기

---

122) 맥닐은 제련업자와 탄광업자의 장기 공급계약을 예로 들면서, 제련업자가 3년의 계약기간 동안 필요한 석탄을 모두 해당 탄광업자에게 구매하기로 하고, 가격은 지정된 시장의 분기별 변동조항에 따르기로 하였다면, 계약에 "일방 당사자가 변동 조항에 따른 가격에 불복하는 경우, 양 당사자 간에 다시 협상을 하도록 하고, 그로 인하여 합의를 이루지 못하면 제3자인 중재자의 결정에 따라 공정하고 공평한 가격을 설정하도록 한다"는 식의 조항을 두어 계약의 유연성을 기할 수 있다고 설명한다. Macneil(주 115), pp. 1025-1030.

책임에 따라 자유롭게 계약을 체결하는 것이므로 계약의 내용에 대하여
도 스스로 자료와 정보를 수집하여야 하지만, 일정한 계속적 공급계약을
체결할 때에 상대방에게 정확하고 충분한 정보를 제공하고 나아가 조언
하도록 하는 의무가 인정될 수 있다.[123] 특히 당사자 사이의 정보에 현
격한 차이가 있거나 전문 기술이 결합된 경우에 이러한 의무가 인정되
는 경우가 많을 것이다. 이러한 의무는 관계적 계약이론과의 관계에서
계약적 연대나 수단의 타당성 등의 계약 규범에 근거하는 것으로 이해
할 수 있다.

나아가 계속적 공급계약에서는 계약조건을 사후적으로 개정하기 위
한 교섭의무, 즉 재교섭의무가 신의칙상 인정될 수 있는지에 대한 논의
가 있다.[124] 이러한 논의는 역할의 보전, 관계의 보존, 관계적 이해관계
충돌의 조화 등의 관계적 규범과 특히 연관이 된다.

이하에서는 본 논문의 주제와 관련하여, 계약의 종료가 문제가 되는
경우에 관계적 규범을 고려하는 것을 살펴본다.

가. 계약관계의 유지와 조정

관계적 계약 중에는 대기업이나 우수한 대학 관계와 같이 계약이 종
료되지 않고 계속되는 경우가 있다. 혼인관계나 장기간 유지되어 온 대
리점 계약, 가맹점 계약 등의 계속적 공급계약은 종료될 수는 있지만 그
에 따른 상당한 충격이 예상된다. 관계적 계약이론에서는 이러한 경우에
는 단발적 거래에서처럼 명확한 권리 관계를 적용하여 계약을 해소하기

---

123) 변용완(주 88), 139-145면 참조.
124) 구체적인 내용은 권영준, "위험배분의 관점에서 본 사정변경의 원칙", 민사법
     학 제51호, 2010, 203면; 박영복, "재교섭을 통한 계약내용의 수정: 특히 재교섭
     의무론의 위치부여를 위한 시론", 민사법학 제50호, 2010, 449면 이하 등 참조.

보다는 역할의 보전, 관계의 보존 등의 관계적 규범을 적용하여 가급적 계약 관계를 유지하거나 변경하려는 노력이 필요하다.

또한 계속적 공급계약에서는 계약이 지속됨에 따라 당사자들이 계약 관계를 수정하려고 하는 경우가 있다. 이는 당사자들이 협력적으로 자신들의 업무를 조정하는 것처럼 수평적이고 비교적 작은 규모로 나타나기도 하고, 일부 영업을 매각하거나 새로운 계약서에 관하여 협상하는 것처럼 수직적인 관계를 통하여 좀더 전면적인 방식으로 이루어지기도 한다. 이러한 변화는 당사자들의 계약 관계에 영향을 미칠 것이고, 특히 당사자에게 변화가 강요되는 경우에는 분쟁이 발생될 가능성도 있다.

이와 관련하여 계약을 수정하는 데에 가장 중요한 요소는 현재의 상황(the status quo)이다. 급작스러운 변화를 꾀하기보다는 현재의 당사자들의 관계를 존중하고, 보수적으로 문제를 해결하는 것이 형평에 부합하는 경우가 많다. 급격한 변화를 통해서는 이해관계들 간에 조화를 이루기는 어렵고, 변화가 관계의 다른 부분들과 조화를 이루려면 현재의 상황과 일관성이 있어야 할 것이다. 다만, 현재의 상황이 매년 임금을 인상하는 것과 같이 일정한 방향성을 가지고 역동적으로 변화하고 있다면, 이러한 움직임에 부합하는 변화는 현재의 상황 자체를 보전하는 데에 필수적인 것으로 인정될 수 있다.[125]

나. 계약관계의 종료

계속적 공급계약이 종료되는 사유는 여러 가지가 있을 것이다. 그런데 만일 계약이 예상과 달리 너무 조기에 종료되어 일방 당사자에게 큰 부담을 주게 되는 경우에는 위에서 살펴본 바와 같이 가급적 계약을 유지하도록 노력하거나 상대방의 신뢰를 보호하기 위한 조치가 필요할 수

---

125) Macneil(주 89), pp. 897-898.

있다.

또한 계속적 공급계약이 종료되면 그로 인하여 기존의 당사자들의
계약관계에서 발생한 이해관계들을 청산하여야 하는데, 이와 관련하여
이미 계약 종료시 효과를 명확하게 규정하여 놓은 경우 이를 집행하는
것에는 단발적 규범을 적용할 수 있으나, 그러한 경우에도 배분의 정의
나 상호성, 유연성 등에 비추어 형평을 기하여야 할 것이다.126)

---

126) Macneil(주 89), pp. 899-901 참조.

제5절 소결

계속적 공급계약은 당사자 일방이 물품 또는 용역을 계속적으로 공급할 것을 약정하고 상대방이 그 대금을 지급할 것을 약정함으로써 성립하는 계약을 말한다. 이러한 계속적 공급계약은 전통적인 계약법이 예정하지 않았던 새로운 계약 유형으로 이를 계약법적으로 이해하기 위해서는 여러 관점에서 분석해 보는 것이 필요하고 또 유용하다.

계속적 공급계약의 특징을 잘 이해하고 그에 부합하는 계약법 이론을 정립하기 위해서는 우선 실제로 이 계약이 어떻게 발생하고 발전하여 왔는지를 이해하는 것이 중요하다. 이를 통하여 일반적인 계약과 비교하여 계속적 공급계약의 특징적인 모습을 착안해 낼 수 있다. 특히 기본계약과 개별계약이라는 이중적 계약구조는 계속적 공급계약의 본질을 이해하는 데에 도움을 준다.

나아가 장기간 계약을 유지하면서 당사자들의 관계가 형성·발전되고, 계약 체결당시의 당사자들의 의사 이외에 당사자들의 관계 자체에서 계약이 근거할 수 있다는 점은 계약에 내재된 규범 내지 신의칙이 보다 실질적인 역할을 할 수 있음을 시사한다.

제3장

계속적 공급계약의 종료 사유

제1절 계약의 종료 사유

계속적 공급계약도 계약의 무효 또는 취소에 의하여 계약이 종료될 수 있고, 당사자 일방이 이행을 중단함으로써 사실상 계약이 종료되는 것도 생각할 수 있다. 또한 당사자들이 의사의 합치로써 계속적 공급계약을 더 이상 지속하지 않겠다는 점을 명백히 하는 경우, 이는 적법한 계약의 종료 사유가 된다. 계약 해지에 관한 합의가 당사자들의 합리적이고 자율적인 의사에 기한 것이어야 함은 물론이다. 계약 체결 당시에는 공급자가 경제적으로 우위에 있는 등 상대방 입장에서 불공정한 조건을 받아들일 수밖에 없는 경우가 있을 것이나, 계약을 종료하는 단계에서는 상대적으로 이러한 불공정성이 개입될 가능성이 낮아진다. 이러한 합의해지는 이미 체결한 계약을 종료하는 또 다른 계약으로, 계약 자유의 원칙상 당연히 인정된다. 실무에서는 계약 해지에 대한 합의서를 체결하거나(termination agreement), 당사자간의 분쟁을 당사자들 간에 협의로 종료하면서 합의서(settlement agreement)를 체결하는 경우도 있고, 계약 종료를 협의하면서 향후 분쟁을 방지하기 위하여 합의서 형태의 별도 서면을 체결하기도 한다. 사안에 따라서는 상호간의 배상 또는 보상에 관한 사항, 재고나 잔존 채무의 처리에 관한 사항, 영업비밀 등 비밀유지 의무, 부제소 합의 등의 내용이 포함될 수 있다. 합의해제는 명시적으로뿐만 아니라 당사자 쌍방의 묵시적인 합의에 의하여도 할 수 있다는 것이 판례의 태도이다.[1]

이하에서는 이 가운데 당사자 일방이 유효하게 성립된 계약을 상대방의 의사와 무관하게 종료하는 경우에 한정하여 계속적 공급계약의 종료에 관한 논의를 진행하고자 한다. 이러한 계속적 공급계약의 종료

---

1) 대판 2010. 1. 28, 2009다73011; 대판 2011. 2. 10, 2010다77385; 대판 2007. 6. 15, 2004다37904·37911 참조.

사유는 존속기간의 만료와 존속기간 중 해지 사유의 발생으로 나누어 볼 수 있다.

Ⅰ. 존속기간과 관련된 종료 사유

1. 존속기간의 만료와 갱신거절

가. 존속기간의 합의와 기간의 만료

계속적 공급계약의 개념을 당사자들이 일정한 기간 동안 일정한 종류의 물품을 계속적으로 공급하고 이를 구매할 것을 약정한 것이라고 이해한다면, 기간의 만료는 계속적 공급계약의 특유한 종료 사유가 된다.

당사자들은 존속기간을 기간으로 정하거나 종기를 정할 수도 있고, 불확정기간이나 당사자 일방이나 제3자의 사망시 또는 폐업시까지로 정하는 것도 가능하다. 당사자들이 계약 체결 당시 혹은 그 이후에 존속기간을 합의하였다면, 존속기간의 만료로써 계약이 종료될 것이다. 존속기간 자체를 명확하게 규정하지 않았거나 불확정기간으로 규정한 경우, 존속기간이 만료하였는지 여부는 결국 계약 해석의 문제이다. 문언적인 표현뿐만 아니라, 계약 체결에 이르게 된 경위, 당사자들 사이에 확립된 관행, 계약 체결 이후의 당사자들의 행동, 계약의 성격과 목적, 관습 등의 제반사정을 모두 고려하여 존속기간을 판단하여야 할 것이다.[2]

---

2) 윤진수, "계약 해석의 방법에 관한 국제적 동향과 한국법", 비교사법 제12권 제4호, 2005, 53면 이하 참조.

나. 존속기간 만료 후 계약의 갱신과 거절

당사자들이 합의한 존속기간이 만료되면, 다른 의사 표시가 없는 이상 해당 계약은 종료될 운명이다. 특별한 사정이 없다면 일방 당사자가 계약을 갱신할 것을 청구하더라도 그러한 갱신 청구를 수용하여야 하는 의무는 없다. 일방 당사자가 정해진 존속기간의 만료 후에 상대방의 갱신 청구를 거절하더라도 이는 원칙적으로 계속적 공급계약의 적법한 종료 사유가 될 수 있다.

한편, 당사자들이 계속적 공급계약을 계속 유지하고자 하면, 계약기간이 종료된 이후에라도 계약이 갱신될 수 있다. 계속적 공급계약은 당사자들이 명시적으로 새로운 계약을 체결하거나 기존 계약을 연장하는 방식으로 갱신되기도 하지만, 묵시적으로 갱신되기도 한다. 예컨대 당사자들이 처음 계약을 체결하면서 계약서에는 존속기간을 명시하였으나 그 존속기간이 도래한 다음에는 별도로 계약서를 체결하지 않고 기존의 계약관계를 유지하는 경우에는 기존의 계약이 묵시적으로 갱신되었다고 볼 수 있을 것이다. 물론 당사자들이 기존의 계약 관계를 더 이상 지속하지 않기로 하고, 거래를 완전히 중단하는 대신에 당사자들의 필요에 따라 일시적 또는 단발적인 거래만을 하기로 합의하는 경우에는 기존의 계약이 묵시적으로 갱신되었다고 보기는 어려울 것이나, 추후에 이러한 점을 입증하기 위해서는 별도의 서면 합의를 남겨두는 것이 바람직하다.

갱신 계약에서 존속기간을 따로 정하지 않은 경우나 묵시적 갱신의 경우에 갱신된 계약의 존속기간을 어떻게 보아야 하는가? 다른 사정이 없다면, 갱신된 계약은 존속기간의 정함이 없는 것으로 볼 수 있을 것이다.[3] 그러나 존속기간의 정함이 없다고 일률적으로 판단할 것은 아니고,

---

3) 일본에서는 기간이 정해진 계약이 반복하여 갱신되면, 기간의 정함이 없는 계약으로 변성된다고 한다. 中田裕康, 繼續的取引の硏究, 有斐閣, 2000, 138면 참조. 유럽에서는 계속적 공급계약은 아니지만 대리점 계약과 유사한 대리상 계

구체적인 사실관계를 충분히 고려하여야 한다. 예컨대 기존에 당사자들이 매년 계약을 갱신하여 온 사정이 있다면 갱신된 계약에서도 1년을 존속기간으로 해석하는 것이 보다 합리적일 수 있다.

2. 존속기간을 정하지 않은 경우

가. 문제의 제기

존속기간을 정한 경우에 기간의 만료로써 계약이 종료되는 것에 대응하여, 존속기간을 정하지 않은 계속적 계약의 경우에는 당사자가 임의로 계약을 해지할 수 있는지에 대한 논의가 있다. 기간의 정함이 없는 계속적 계약이라고 하여 일방 당사자가 특별한 사유가 없더라도 자유로이 계약을 해지할 수 있도록 한다면 계약의 구속력은 상당히 약화될 수밖에 없다. 그러나 다른 한편으로 일방이 계약에서 벗어나고자 하는 경우라도 기간의 정함이 없다는 이유로 영원히 계약을 지속하여만 한다면 가혹할 것이다.

계속적 공급계약에서는 당사자들간의 계약에 존속기간을 명시하지 않거나, 처음 계약에서는 존속기간을 명시하였다고 하더라도 그 기간이 도과한 다음 계약기간에 대한 명시적인 합의 없이 계약을 계속하는 등 존속기간을 확정하기 어려운 경우를 어렵지 않게 볼 수 있다. 이러한 경우 일방 당사자가 다른 사유 없이도 계약을 해지할 수 있는지 여부는 중요한 쟁점이 될 수 있다.

약에 대하여, 일정한 존속기간을 정한 경우 그 기간이 만료된 이후에 계약이 지속되면 존속기간의 정함이 없는 계약으로 변경된다고 한다. Council Directive 86/653/EEC of 18 December 1986 on the Coordination of the Laws of the Member States relating to self-employed commercial agents, OJ L 382/17, 1986, Article 14.

나. 학설의 논의

먼저 존속기한의 정함이 없는 계속적 계약에 대하여는 특별한 해지 사유 없이도 일방 당사자가 계약을 해지할 수 있다는 주장이 있다.[4] 이에 따르면 해지는 해제와 달리 계속적 채권관계에서의 당사자에게 인정되는 일종의 '자유 내지 권한'이므로, 해지권(Kündigungsreht)이라는 표현보다는 해지권한(Kündigungsberechtigung)이라는 용어가 더 적절하다고 한다. 해지권한을 행사함에 있어서는 어떤 특별한 사유가 필요하지 않으며, 해지자는 그가 원하는 때에 언제든지 해지를 '통고'할 수 있고, 해지의 통고가 있은 뒤부터 해지의 효력이 발생할 때까지는 일정한 기간이 경과되어야 하는 것이 원칙이라고 한다.[5]

반면, 존속기간의 정함이 없는 계속적 계약이라고 하더라도 당사자가 임의로 계약을 해지할 수 있도록 하는 것은 계약의 구속력을 부정하는 것으로서 이는 우리 법에서 인정되지 않는다거나,[6] 계약의 존속기간에 관한 정함이 있는 경우와 그러한 정함이 없는 경우로 나누어 해지권의 발생요건을 살펴보는 것은 다분히 의제적인 분할이므로 계약 관계의 모든 사정을 종합적으로 판단하여야 한다는 반대 견해도 있다.[7] 당사자들 사이에 계약기간의 정함이 없다고 하더라도 논리필연적으로 해지권이 일반적으로 인정되는 것이라고 하기는 어렵고, 판례의 태도에 비추어 보면 일반적인 계약 해지권이 인정되는 것은 아니므로, 계약 유형에 따라

---

4) 양창수·김재형, 계약법, 제3판, 박영사, 2020, 618면; 김형배, 채권각론〈계약법〉, 신정판, 박영사, 264면.
5) 김형배(주 4), 264-265면.
6) 지원림, 민법강의, 제14판, 홍문사, 2016, 1350면.
7) 특히 계속적 보증계약에 관하여 박병대, "계속적 보증에 관한 고찰", 사법논집 제18집, 1987, 44-47면; 이재곤, "계속적 보증계약에 있어 보증인의 해지권", 대법원판례해설 제6호, 1987, 67-68면; 김광년, "계속적 보증계약과 보증인의 해지권", 민사판례연구[IV], 1982, 77-78면 참조.

계약상 급부의 모습이 특수하거나(임치) 당사자 사이에 신뢰관계가 특별히 강하게 요구되는 계약유형(조합 또는 위임)에 한하여 비교적 자유로운 해지권에 관한 규정들을 인정하여야 하여야 한다는 입장[8]도 있다.

다. 논의의 배경

계속적 계약에 대한 해지 사유로서 존속기간이 없는 경우의 임의적인 해지권을 인정하여야 한다는 주장은 주로 독일에서의 논의를 전제로 한다. 독일 이외에 프랑스,[9] 일본[10] 등 계속적 계약관계에 대한 논의가 활발한 국가들에서도 대체로 계속적 계약에 대하여 존속기간을 정하고 있는 때에는 원칙적으로 그 기간이 도과하면 계약이 종료되고, 존속기간을 정하지 않는 경우에는 일방 당사자가 의사표시로써 일정한 예고기간을 두고 계약을 종료시킬 수 있다는 점을 인정하는 것으로 보인다.

일찍이 기이르케는 존속기간의 정함이 없는 계속적 계약에서 일방 당사자가 계약을 해지할 수 있는 것을 계속적 계약에 있어서 사후적으로 계약의 기간을 설정하는 행위라고 하며, 계속적 계약에 있어서 "고유

---

8) 김영신, "계속적 계약관계의 해지에 관한 연구", 서울대학교 박사학위논문, 2008, 72면, 178면.
9) 박현정, "프랑스 민법학상의 신의칙에 관한 연구", 서울대학교 박사학위논문, 2006, 194면 이하 참조. 프랑스에서는 계속적 계약에 대하여 자유재량적 해지권이 인정되는 것이 원칙이나, 판례는 구체적인 사정에 따라 신의칙에 기하여 해지권을 제한할 수 있다는 입장을 취하고 있다고 한다.
10) 中田裕康(주 3), 136-137면 참조. 이에 따르면, 일본에서는 기간의 정함이 없는 계약의 경우, 영구 계약으로 유효하다고 인정된 경우나 묵시적인 기간의 합의가 인정된 경우를 제외하고는 일방 당사자가 계약 해지를 예고할 수 있다고 한다. 이는 개인의 자유보호 요청에 기초하는 것이라고 하는데, 상대방의 채무불이행 등의 다른 해지 사유를 요구하지는 않고, 다만 예상하지 못한 해지에 따른 상대방의 불이익을 막기 위하여 즉시 해지가 아닌 해지 예고를 인정하는 것이다.

한 의미의 해지"라고 평가하였다.[11] 일반적으로 독일에서는 존속기간의 정함이 없는 계속적 계약에서 당사자 일방의 의사표시에 의하여 계약관계를 해소하는 것을 "ordentliche Kündigung(통상해지)"라고 하는데, 이러한 경우 계약체결 후 상당한 기간이 경과하면 해지를 할 수 있고, 일정한 예고기간이 경과한 후에 해지 효력이 발생한다.[12] 일정한 존속기간이 있는 경우에는[13] 특별사정이 발생하거나 현저한 사정변경이 있는 경우 즉시 해지가 가능하다고 하며, 이는 "ausserordentliche Kündigung(특별해지)"라고 한다.[14] 통상해지라는 용어에서도 알 수 있듯이 존속기간의 정함이 없는 계속적 계약에서는 특별한 사유 없이도 당사자들이 계약 해지를 할 수 있다는 것이 일반적으로 인정되는 것으로 보인다. 대부분의 학설은 그 근거를 계약 자유의 원칙 또는 계약의 자기결정권에서 찾는데, 통상해지권은 계약 당사자들의 권한에 속하는 것이라고 한다.[15]

라. 검토

1) 계속적 계약에서 당사자들이 미리 존속기간을 합의하지 않았다는 사정만으로 일방 당사자가 임의로 계약을 해지할 수 있다는 것은 부당한 결론을 가져올 수 있다. 당사자들의 합의로써 존속기간을 정한 계약에서는 일방 당사자가 계약을 해지하기 위하여 특정한 사유가 있어야 하나, 존속기간을 정하지 않은 경우에는 별다른 이유 없이도 당사자가 일방적으로 계약을 해소시킬 수 있다는 것은 균형이 맞지 않는다.

---

11) Gierke, "Dauernde Schuldverhältnisse", JheringsJb. Bd. 64, 1914, S.380-383.

12) MüKoBGB/Bachmann, § 241 Rn. 92-93 참조.

13) 혹은 기간의 정함 여부를 불문하고 인정된다고 설명되기도 한다. MüKoBGB/Bachmann, § 241 Rn. 93 참조.

14) Oetker, Dauerschuldverhältnis und seine Beendigung, J.C.B. Mohr, 1994, S. 264-272; MüKoBGB/Bachmann, § 241 Rn. 93.

15) Oetker(주 14), S. 284ff.

존속기간이 없는 계속적 계약을 해지할 수 있는 것이 당사자의 자유 또는 권한이라거나 계속적 계약의 특성에서 비롯되는 해지 사유라는 것은 우리 법에서 명확한 근거를 찾기 어려워 보인다. 민법 등 법률에서는 개별 계속적 계약에 대하여 존속기간이 없는 경우 언제든지 해지통고를 할 수 있도록 규정하는 경우가 있다. 그런데 이들 규정을 살펴보면 개별 계약의 특성을 고려하여 조금씩 다른 방식으로 규정된 것을 알 수 있다. 예를 들어, 소비대차에서 대주는 상당한 기간을 정하여 반환을 최고하여야 하나 차주는 언제든지 반환할 수 있고(민법 제603조 제2항), 사용대차에서는 차주는 계약 또는 목적물의 성질에 의한 사용, 수익이 종료한 때에 반환하여야 하나 대주는 사용, 수익에 족한 기간이 경과한 때에는 언제든지 계약을 해지할 수 있다(민법 제613조 제2항). 임치에 대하여는 임치기간의 약정이 없으면 각 당사자는 언제든지 계약을 해지할 수 있는 것으로 규정되어 있다(민법 제699조). 이러한 규정들에 따른 해지는 각 계약의 특성과 규정의 태도에 따라야 하는 것이므로, 이를 계속적 계약에 대한 일반적인 법리라고 보기는 어렵다.

2) 그러나 다른 한 편으로, 계속적 계약에 존속기간이 없는 경우에는 당사자들간의 합의가 없거나 채무불이행이나 당사자들이 정한 해지 사유 등의 사정이 없으면 당사자들이 해당 계약에 영원히 구속되도록 하는 것은 당사자들의 활동의 자유를 과도하게 제약하는 결과를 발생시킬 수 있다. 당사자들이 계속적 공급계약을 체결할 때 존속기간을 정하지 않은 것이 큰 의미를 부여하지 않은 우연의 결과일 수도 있고, 계약이 언제까지나 유지될 것이라는 일방 당사자의 기대에 대하여 보호가치가 충분한지도 의문이다. 무제한적인 계약상 구속이 언제나 정당하거나 당사자들의 의사에 합치하는 것은 아닐 것이다.

3) 존속기간을 정하지 않은 계약을 종료하고자 하는 경우에는 단순히

존속기간을 정하지 않았다는 이유만으로 해지 통지를 하기보다는, 뒤에
서 살펴보는 법정 또는 약정해지 사유가 있는지 또는 더 이상 계약을 지
속할 수 없는 중대한 사유가 있는지 등 다른 계약의 종료 사유가 있는
지, 그 요건을 갖추었는지를 먼저 살펴보는 것이 타당하다. 그러한 사유
가 없다면, 계약 체결 과정에서 당사자들이 존속기간을 두지 않은 사정,
계약 체결부터 계약이 유지되어 온 전체 기간에 걸친 당사자들의 명시
적·묵시적 의사표시, 계약을 둘러싼 여러 상황 등을 고려하여 당사자들
의 합리적인 의사를 어떻게 해석할 수 있을지를 살펴보아야 한다. 계약
을 언제까지나 지속하는 것이 당사자들의 의사라고 볼 수 없다면, 상대
방에게 계약 유지에 관한 정당한 신뢰가 있는지, 그러한 신뢰는 대체로
어느 정도의 기간까지인지 등을 따져서 계약을 종료할 수 있도록 하는
것이 타당할 것이다.

Ⅱ. 존속기간 중 해지 사유의 발생 – 법정해지권

1. 해지 사유의 구분 및 법정해지 사유

가. 해지 사유의 구분

계속적 공급계약의 해지권은 계약 또는 법률의 규정에 의하여 발생
한다. 당사자들의 약정인 계약에 따른 해지권을 약정해지권, 법률의 규
정에 따른 해지권을 법정해지권이라고 한다. 법정해지권은 모든 채권계
약에 공통한 원인에 기하는 일반적인 것과 개별 계약에 특수한 원인에
기하는 것으로 나누어 볼 수 있다. 다만, 민법은 일반적인 해제권의 발
생원인으로, 이행지체와 이행불능 등의 채무불이행을 규정하고 있는데,
해지권에 대하여는 명시적인 규정이 없다. 민법 제544조 내지 제546조에

서 규정하는 일반적인 법정해제권을 계속적 공급계약의 해지에도 적용
할 수 있는지에 대한 문제는 아래 2. 이하에서 검토한다.

나. 개별 계약에 대한 법정해지권의 유추적용

개별적인 계속적 계약에 대하여 민법에서 해지권을 규정하는 경우가
있다. 즉, 민법상 전형계약인 사용대차, 임대차, 고용, 위임, 임치 등에
대하여는 각각의 계약 유형에 따라 당사자가 계약의 존속기간 중에 계
약을 해지할 수 있는 사유들이 정해져 있다. 이러한 법정해지 사유들이
계속적 공급계약에도 적용될 수 있을까? 이에 대하여는 법이 개별적으
로 해지권의 발생사유를 정하는 경우에도 이를 배타적 규정으로 볼 것
이 아니라 일반적인 법리의 예시로 보아야 한다는 견해[16]와, 민법상 개
별 계약에 대한 해지 사유들은 모든 계속적 채권관계에 유추적용될 수
있는 일반규정으로서의 성격을 가진 것도 있고 계약관계의 특수성을 고
려하여 특수한 경우에만 인정되는 해지가 있다는 견해[17]가 있다.

민법상 개별적 계속적 계약에 대한 법정해지 사유들은 일반적인 계
속적 계약의 해지 법리들이 각 계약의 특성에 맞도록 현출된 것으로 볼
수 있다. 계속적 공급계약의 해지를 검토할 때에는 이들 규정들이 기본
법리를 어떻게 구현하고 있는지를 참고하는 것은 의미가 있으나, 계약의
특수성을 충분히 고려하지 않고 개별적인 해지 사유를 계속적 공급계약
에 유추적용하는 것은 적절하지 않다고 생각된다.

이는 계속적 계약에 대한 각종 특별법에 해지 사유가 규정된 경우에
도 마찬가지이다. 예를 들어 상법 제92조 제1항에서는 존속기간을 정하
지 않은 대리상 계약에 대하여 각 당사자가 2월 전에 예고함으로써 계약
을 해지할 수 있고 규정하고 있다. 이는 대리상 계약이 민법상 위임계약

---

16) 양창수·김재형(주 4), 583면.
17) 김형배(주 4), 270면.

의 성질을 가지고 있다는 데에 기인한다. 다만, 민법상 위임인 또는 수임인은 언제든지 계약을 해지할 수 있으나, 이 원칙을 대리상 계약에 그대로 적용하면 영업이 중단되는 사태가 초래되어 기업유지가 어렵게 되므로, 2월 전에 예고하고 계약을 해지할 수 있게 한 것이다.[18] 그러나 대리점은 그 명칭과는 달리 공급업자의 영업을 대리하는 것이 아니라, 대리점 자신의 명의와 계산으로 스스로의 영업을 하는 자이므로, 공급업자와의 관계를 위임 계약과 유사하다고 보기는 어렵다. 이러한 점에서 위임 계약의 성격에서 유래한 대리상의 해지와 관련된 규정을 공급업자와는 독립적인 영업을 영위하는 대리점과의 계약에까지 유추적용하기는 어려울 것이다.[19] 또한 가맹사업법은 제13조에 따라 특정한 사유가 없는 경우에는 가맹점사업자는 10년을 한도로 가맹본부에 계약갱신을 청구할 수 있도록 하고, 제14조에서는 가맹본부가 가맹계약을 해지하려는 경우에는 가맹점사업자에게 2개월 이상의 유예기간을 두고 계약의 위반 사실을 구체적으로 밝히고 이를 시정하지 아니하면 그 계약을 해지한다는 사실을 서면으로 2회 이상 통지하여야만 하는 것으로 규정하고 있다. 그러나 가맹사업법은 적용대상을 일정한 규모의 가맹사업거래로 제한하고, 그러한 조건을 만족하는 가맹점을 보호하기 위하여 계약의 종료와 관련된 당사자들의 사적자치에 상당한 제한을 가하고 있는바, 이러한 규정을 다른 계속적 공급계약에 일률적으로 유추적용하기는 어려울 것이다.[20]

---

18) 이철송, 상법총칙·상행위, 제14판, 박영사, 2016, 463면, 482면.
19) 독일에서는 대리상 계약의 해지에 관하여 규정한 독일 상법 제89조를 대리점 계약이나 가맹점 계약에 유추적용할 수 있다는 견해가 있다. MüKoHGB/Hoyningen-Huene § 89 Rn. 6 참조. 그러나 독일 상법 제89조의 해지 사유는 1년차 계약은 1개월, 2년차 계약은 2개월, 3년차에서 5년차 계약은 3개월, 5년 이상된 계약의 경우는 6개월의 예고기간을 두어야 하고, 이 기간은 연장할 수는 있으나 단축할 수는 없다고 하므로, 우리 상법과는 규정 태도가 다르다.
20) 참고로, 대리점법이나 대규모유통업법 등 다른 유형의 계속적 공급계약을 정

2. 채무불이행에 기한 해지권 인정 여부

가. 학설의 대립

민법 제543조는 해제 및 해지권의 근거를 밝히고, 제550조는 해지권의 행사로 계약은 장래에 대하여 그 효력을 잃는다는 해지의 장래효에 대하여 규정하고 있다. 그런데 민법 제544조 내지 제546조에서 이행지체나 이행불능 등 채무불이행이 있는 경우 계약을 해제할 수 있다는 규정을 둔 것과는 달리, 해지에 대한 일반적인 규정을 두고 있지 않고, 위에서 살펴본 바와 같이 개별 계약에 대한 해지 사유를 규정하고 있을 뿐이다. 이와 관련하여 계속적 계약에 대하여 개별적인 법정해지 규정이 없는 경우에도 해지권의 발생을 인정할 수 있는지, 즉 해지에 대하여 민법 제544조 내지 제546조를 유추적용할 수 있는지에 관한 논의가 있다.

종래 통설은 해지에 대하여는 민법 제544조 내지 제546조의 규정을 유추적용할 수 없다는 입장인 것으로 보인다. 이에 따르면, 민법이 해제와 해지를 구별하고 있음에도 불구하고 이들 조항에는 해지에 관한 언급이 없고, 또한 동조가 준용되어야 할 경우에 관하여는 각종의 계약에 관하여 개별적으로 규정하고 있으므로 이들 조항이 적용될 여지는 없다고 한다.21) 최근에는 계속적 계약의 특징이 당사자의 신뢰관계를 기초로 하여 그 관계가 함부로 종료되어서는 안되기 때문에, 당해 계약의 목적달성 여부, 당사자 사이의 신뢰관계의 파괴 여부 등을 살펴서 해지권의 발생 여부를 따져야 한다는 견해도 있다. 채무불이행이 있다고 하더라도 당사자들의 신뢰관계가 더 이상 유지되기 어려운 경우에만 해지권

하고 있는 여타의 특별법에서는 가맹사업법상 계약 종료 규정과 유사한 규정을 찾을 수 없다.
21) 민법주해[XIII], 채권(6), 박영사, 2009, 265-268면(김용덕 집필부분); 이은영, 채권각론, 제5판, 박영사, 2005, 269-270면.

을 인정하여야 한다는 것이다.[22)]

이에 반하여 긍정설은 계속적 채권관계의 구별기준이 되는 급부의 계속성은 상대적 개념이므로 민법이 일시적 채권관계가 생길 뿐이라고 생각하는 계약에서도 계속적 채권관계가 발생할 수 있는데 이에 관하여 민법은 전혀 규정하는 바가 없다고 하면서, 계속적 계약이라고 하여 대표적인 계약의 해소 사유인 채무불이행에 대하여 해지권을 배제하는 것은 합리적인 근거가 부족하다고 한다.[23)]

나. 판례의 입장

계속적 공급계약과 관련한 판례 중에는 별도로 법률이 정한 해지 사유가 없고 계약에서 정한 해지 사유가 발생한 경우가 아니라도, 상대방의 채무불이행이 있는 경우 계약의 해지를 인정한 것이 있다.

1) 대판 2000. 6. 9, 98다45553, 98다45560, 98다45577

이 사안에서는 편의점 계약에서 규정한 판매대금의 일일 송금의무를 이행하지 않은 편의점에 대한 편의점 본부의 계약 해지가 문제되었다. 피고 편의점은 1994. 5. 23. 판매분부터 계약에서 정한 판매대금의 일일 송금의무를 이행하지 않았고, 이를 이유로 원고가 1994. 6. 9. 해지통고를 함에 따라 10일간의 최고기간이 경과한 1994. 6. 19. 이 사건 편의점 계약이 해지되었다고 판단되었다.

보다 구체적으로, 피고는 편의점 계약상 판매대금 일일 송금의무 규정은 공정거래법 제23조 제1항 제5호에서 정한 부당한 구속조건부 거래

---

22) 조일윤, "민법개정안 제544조의3(채무불이행과 해지)의 재검토", 민사법이론과 실무 제8권 제1호, 2004, 81-82면.
23) 곽윤직, 채권각론, 제6판, 박영사, 2003, 110-111면; 김주수, 채권각론, 삼영사, 1997, 149면 등.

행위에 해당하여 무효이고, 계속적 공급계약에서는 신의칙상 투하자본의 회수를 보장하기 위하여 계약을 존속시키기 어려운 부득이한 사유가 있는 경우에 한하여 중도에 계약을 해지할 수 있다고 하면서 일일 송금의무와 같은 사소한 의무위반을 이유로 계약을 해지할 수 없다고 주장하였다. 그러나 법원은 편의점 계약에서 원고에 의한 일괄적이고 체계적인 회계처리, 상품 구입·공급, 대금 결제 등을 계약의 중요한 내용으로 하고 있고, 이미 실현된 판매분에 한하여 송금의무가 있으므로, 일일 송금의무 규정은 피고의 자유로운 사업활동을 부당하게 구속하는 조건이라고 할 수 없고, 피고가 일일 송금의무를 이행하지 않은 기간이 1994. 5. 23. 판매분부터 같은 해 6. 19. 판매분까지로 장기간임에 비추어 그 위반 정도가 사소하지 않다고 하였다.

이처럼 법원은 계속적 공급계약의 해지 사유가 된 일일 송금의무 규정이 공정거래법에 비추어 불공정한지 여부 및 그 위반 정도가 사소한 위반에 불과한지 여부를 검토하였다. 이는 채무불이행으로 인한 계속적 공급계약의 해지를 인정하는 전제에서 그 요건들을 검토한 것으로, 특히 채무불이행이 경미한 것인지를 살펴본 것으로 이해된다. 또한 채무불이행을 이유로 계속적 공급계약을 해지하기 위해서는 최고가 필요하다는 점도 눈여겨볼 만하다.

2) 대판 1995. 3. 24, 94다17826

이 사안은 특수윤활유 등의 특약점 계약에서 공급업자가 경업금지의무를 위반한 특약점에 대하여 해지권을 행사할 수 있다고 한 것이다. 법원은 원고가 피고의 공급제품 이외의 제품을 취급 또는 판매하여서는 아니 된다는 취지의 경업금지의무가 해당 특약점 계약의 가장 주된 요소를 이루는 의무사항의 하나가 된다고 전제하고, 원고가 피고가 생산판매하는 동종의 제품을 직접 제조 판매하기 위한 사업의 시행계획을 적극 추진하면서 정당한 이유 없이 피고의 중지요구를 거절한 것은 특약점계약상의 경업금지의무를 위배하는 행위에 해당한다고 하였다. 나아가 법원은 이러한 경업금지의무의 위반행위로써 위 약정의 존속 기초가 된 당사자 간의 신뢰관계를 파괴하는 결과가 초래되어 사실상 위 계약관계를 그대로 계속 유지시키는 것이 현저히 곤란하게 되었다고 봄이 상당하다고 하여, 결과적으로 피고가 이를 이유로 원고에 대하여 이 사건 약정을 해지한 것은 적법하다고 판단하였다.

즉, 대법원은 "계속적 계약은 당사자 상호간의 신뢰관계를 그 기초로 하는 것이므로, 당해 계약의 존속 중에 당사자의 일방이 그 계약상의 의무를 위반함으로써 그로 인하여 계약의 기초가 되는 신뢰관계가 파괴되어 계약관계를 그대로 유지하기 어려운 정도에 이르게 된 경우에는 상대방은 그 계약관계를 막바로 해지함으로써 그 효력을 장래에 향하여 소멸시킬 수 있다고 봄이 타당할 것이다."라고 하면서, 계약상 경업금지의무를 위배하였다는 사정에서 나아가, 이로써 약정의 존속 기초가 되는 당사자 간의 신뢰관계를 파괴하는 결과가 초래되어 계약관계를 유지하기가 곤란하게 되었다고 하였다.

이처럼 판례는 채무불이행이 문제가 된 사안에서 채무불이행과 관련된 해지 사유를 검토하는 것에 그치지 않고, 계약의 기초가 되는 신뢰관계가 파괴되었는지 등 계약관계를 그대로 유지할 수 없는 중대한 사유가 있는지를 추가로 살펴보는 경우가 있다. 이 사안에서는 "계약의 존속 중에 당사자의 일방이 그 계약상의 의무를 위반함으로써 그로 인하여 계약의 기초가 되는 신뢰관계가 파괴되어 계약관계를 그대로 유지하기 어려운 정도에 이르게 되었다"고 하므로, 법원이 채무불이행을 이유로 계약의 해지를 인정하였다기보다는 아래 제3절에서 검토하는 바와 같이 계약을 더 이상 유지할 수 없는 중대한 사유가 발생한 것으로 보아 신의칙에 기하여 계약의 해지를 인정한 것으로 보는 것이 타당하다.

다만, 이러한 판례의 태도가 계속적 공급계약에서는 채무불이행 사유가 있다고 하여 이것만으로는 해지 사유로서 충분하지 않고 당사자 간의 신뢰관계가 파괴되는 정도가 되어야만 계약을 해지할 수 있다는 취지인지는 분명하지 않다. 이에 대하여는 아래 4.에서 자세히 살펴본다.

다. 검토

채무불이행은 계약법에서 인정되는 가장 일반적인 계약 해소 사유이다. 그런데 계속적 계약에서만큼은 개별적인 규정이 있거나 당사자가 명시적으로 해지 사유를 정한 경우에만 계약을 해소할 수 있고, 이러한 사정이 없다면 상대방이 계약상 주요 의무를 이행하지 않음에도 불구하고 계약관계를 유지하여야 한다는 것은 합리적이지 않다. 특히 비전형계약인 계속적 공급계약에 대하여는 민법에서 정한 법정해지권 규정이 없다는 점에 비추어 보면, 더욱 부당한 결론에 이를 우려가 있다. 따라서 긍정설의 입장이 타당하다는 생각이다.

한편, 기존에 부정설이 계속적 계약에 대하여 채무불이행 등의 일반적인 법정해지권을 부정한 것은 계속적 채권관계에서 상대방의 계약위반에 대한 계약 해소의 필요성 자체를 부정하였다기보다는, 계속적 채권관계의 특징을 고려하지 않고 민법 제544조에서 제546조까지의 규정을 그대로 적용하는 것을 우려한 것으로 이해된다. 따라서 채무불이행을 이유로 계속적 공급계약을 해지할 수 있다는 점을 부정하기보다는, 계속적 공급계약에서 상대방의 채무불이행을 이유로 계약을 해지하고자 하는 경우 계약의 특수성을 고려하여 그 요건을 검토하는 것이 보다 적절할 것이다.

이러한 점에서 민법개정안에서 계약해지 사유로서 채무불이행을 명시한 것에 대하여는 긍정적으로 평가할 수 있다.

3. 민법개정안의 검토

가. 민법개정안의 내용

민법개정안은 제554조의2에서 계속적 계약관계의 해지를 규정하는데, 제1항에서 채무불이행을 해지 사유로 명시하였다. 이는 일반적으로 독일 민법의 영향을 받은 것으로 설명되나, 구체적인 규정 내용은 차이가 있다.[24) 민법개정안의 관련 내용은 다음과 같다.

> 제544조의2(계속적 계약관계와 해지) ① 계속적 계약관계에서 당사자 일방이 채무의 내용에 좇은 이행을 하지 아니한 때에는 상대방은 계약을 해지할 수 있다. 이 경우에는 제544조 제1항 단서 및 제2항 내지 제4항을 준용한다.

---

24) 독일에서는 2002년 채권법 개정을 통하여 계속적 계약의 해지 사유를 명시하였는데, 이러한 독일 민법의 태도는 우리 민법 개정에도 많은 영향을 끼치고 있다. 이에 관한 독일 민법 제314조는 [중대한 사유에 기한 계속적 채권관계의 해지]라는 표제 하에 다음과 같이 규정한다. (이하 독일 민법의 번역은 대체로 양창수 역, 독일민법전(총칙·채권·물권), 2015년판, 박영사, 2015에 따름)
① 계속적 계약관계의 각 당사자는 중대한 사유가 있는 경우에는 해지 기간을 두지 아니하고 그 계약관계를 해지할 수 있다. 개별적인 경우의 모든 사정을 고려하고 양 당사자의 이익을 형량하면 해지 당사자에게 약정된 종료시기까지 또는 해지기간이 경과할 때까지 계약관계의 존속을 기대할 수 없는 때에는 중대한 사유가 있는 것이다.
② 그 중대한 사유가 계약상 의무의 위반인 경우에는, 그 시정을 위하여 정하여진 기간이 도과하거나 계고가 효과가 없었던 때에 비로소 해지를 할 수 있다. 제323조 제2항은 이에 준용된다. 쌍방 당사자의 이해를 형량하면 즉시의 해지를 정당화하는 특별한 사정이 있는 경우에도 시정기간의 설정이나 계고는 요구되지 아니한다.
③ 해지권자는 해지의 사유를 안 후부터 상당한 기간 내에만 해지를 할 수 있다.
④ 손해배상을 청구할 권리는 해지에 의하여 배제되지 아니한다.

제544조(채무불이행과 해제) ① 당사자 일방이 채무의 내용에 좇은 이행을 하지 아니한 때에는 상대방은 계약을 해제할 수 있다. 그러나 일방의 채무불이행이 경미하여 계약의 목적달성에 지장이 없는 경우에는 그러하지 아니하다.

② 제1항에 따라 계약을 해제하기 위해서는 상대방은 상당한 기간을 정하여 이행을 최고하고 그 기간 내에 이행이 되지 아니하여야 한다. 그러나 다음 각 호의 경우에는 최고를 요하지 아니한다.

1. 채무의 이행이 불능하게 된 때
2. 채무자가 미리 이행하지 아니할 의사를 표시하거나 채권자가 상당한 기간을 정하여 이행을 최고하더라도 그 기간 내에 이행되지 아니할 것이 명백한 때
3. 계약의 성질 또는 당사자의 의사표시에 의하여 일정한 시일 또는 일정한 기간 내에 이행하지 아니하면 계약의 목적을 달성할 수 없을 경우에 당사자의 일방이 그 시기에 이행하지 아니한 때
4. 지체 후의 이행 또는 추완이 채권자에게 이익이 없거나 불합리한 부담을 주는 때

③ 채무의 이행이 불능한 경우 또는 채무자가 미리 이행하지 아니할 의사를 표시하거나 이행기가 도래하더라도 채무가 이행되지 아니할 것이 명백한 경우에는 채권자는 이행기 전에도 계약을 해제할 수 있다.

④ 당사자 일방의 채무불이행이 채권자에게 주로 책임 있는 사유에 기한 경우에는 채권자는 계약을 해제할 수 없다. 채권자의 수령지체 중에 당사자 쌍방에게 책임 없는 사유로 채무불이행이 발생한 때에도 같다.

나. 채무불이행에 기한 해지의 요건

1) 채무불이행

민법개정안에 따르면, 당사자 일방이 채무의 내용에 좇은 이행을 하

지 아니하는 때에 상대방은 계속적 계약을 해지할 수 있다. 다만, 해제에서와 마찬가지로 채무불이행이 경미하여 계약의 목적달성에 지장이 없는 경우이거나, 채무불이행이 채권자에게 주로 책임이 있는 사유에 기한 경우에는 채권자는 계약을 해지할 수 없다.

2013년 민법개정안 이전에 2004년에 확정되었던 법무부 민법개정안에서는 "당사자 일방이 채무의 내용에 좇은 이행을 하지 아니하여 장래의 계약이행이 의심스러운 때에는" 계약을 해지할 수 있도록 하였으나, 2013년 민법개정안에서는 "장래의 계약이행이 의심스러운 때"라는 표현이 삭제되었다. 대신 계약 해제에 관한 제544조 제1항 단서를 준용하면서, 채무불이행이 경미하여 계약의 목적달성에 지장이 없는 경우에는 계약을 해지할 수 없도록 하였다. 이는 중대한 불이행 요건을 소극적으로나마 해지의 요건에 도입한 것으로 평가된다.[25] 여기에 "계약의 목적달성에 지장이 없는 경우"를 추가하였는데, 이 표현은 정기행위에 관한 해제를 정한 현행 민법 제545조와 매도인의 담보책임에 기한 해제에 관한 요건에서 가져온 것이다.[26] 따라서 이 규정을 해석할 때에는 본질적 불이행 또는 중대한 불이행을 해제 요건으로 하는 외국 법제[27]나 매도인

---

25) 민법개정위원회에서는 해제의 요건으로 중대한 불이행 개념을 채택할 것인지를 논의하였으나, 개정안에서 이를 정면으로 채택하는 대신 "일방의 채무불이행이 경미하여 계약의 목적달성에 지장이 없는 경우"에는 해제를 할 수 없는 것으로 하였다. 김재형, "계약의 해제·해지, 위험부담, 사정변경에 관한 민법개정안", 서울대학교 법학, 제55권 제4호, 2014, 21면 참조.

26) 김재형(주 25), 22-23면 참조.

27) 유엔통일매매법(CISG), 유럽계약법원칙(PECL), 유럽민사법 공통참조기준안(DCFR), 국제상사계약원칙(PICC)에서는 '본질적(fundamental) 불이행' 또는 '중대한(material) 불이행'을 해제 요건으로 정하고 있다. 특히 유럽계약법 원칙 제8:103조는 본질적 불이행에 대하여 다음과 같이 정의한다. (올 란도·휴 빌 편, 김재형 역, 유럽계약법원칙 제1·2부, 박영사, 2013, 522-523면)
"다음의 경우에는 의무의 불이행이 계약에 대하여 본질적이다.
(a) 의무의 엄격한 준수가 계약의 핵심에 해당하는 경우, 또는
(b) 불이행이 불이행의 상대방으로부터 계약상 기대할 수 있는 것을 중대하게

의 담보책임에서 정하고 있는 계약의 목적달성 기준이 참고가 될 수 있을 것이다. 계속적 공급계약에서 계약의 해지 사유가 될 수 있는 채무불이행이 어느 경우인지에 대하여는 추가적인 검토가 필요하다.

2) 최고

채무불이행에 기한 해지는 채무불이행에 기한 해제와 요건이 동일하다. 따라서 계속적 계약의 해지에 대하여도 원칙적으로 최고가 필요하고, 이행불능이나 이행거절, 정기행위의 경우, 지체 후의 이행 또는 추완이 채권자에게 이익이 없거나 불합리한 부담을 주는 때에는 최고 없이도 계약을 해지할 수 있다고 해석된다.

이러한 민법개정안의 태도에 대하여는 해지는 해제와 달리 최고가 아니라 해지통고의 법리가 적용되는데, 개정안이 해제를 위한 최고의 법리를 동일하게 적용하는 것은 혼란을 야기할 수 있다는 비판이 있다.[28] 그런데 채무불이행에 기한 해지를 인정하는 이상, 최고를 요하는 것이 이론적으로 무리가 있다고 생각되지는 않고 오히려 해지통고를 하는 것이 어색해 보인다. 예를 들어 계속하여 대금을 지체하고 있는 대리점에 대하여는 지체된 대금을 지급할 것을 최고할 수 있다. 상당한 최고 기간 동안 대금을 지급하지 않는 대리점에 대하여는 계약을 즉시 해지할 수 있다고 보아야 하고, 일정한 기간을 두어 해지 통고를 하여야만 하는 것은 아니다. 다만, 실제 적용에 있어서는 계약 해지에 이를 정도의 채무불이행이라면 당사자 간의 신뢰관계가 파괴되었거나 더 이상 계약을 유지할 수 없는 경우도 있을 것인데, 이러한 사정이 있다면 최고 없이도

박탈하는 경우. 다만 불이행자가 그 결과를 예견하지 못하였고, 합리적으로 예견할 수 없었던 때에는 그러하지 아니하다. 또는

(c) 불이행이 고의적이고, 이로 인하여 불이행의 상대방이 불이행자의 장래 이행을 기대할 수 없다고 믿을 만한 이유를 제공하는 경우"

28) 김동훈, "민법개정시안(2004년)의 계약해제·해지규정에 대한 검토", 송덕수 편, 민법개정안의견서, 삼지원, 2002, 191면.

해지할 수 있다.[29]

3) 귀책사유

2013년 민법개정안에서 또 하나 주목할 만한 사항은 채무불이행에 대한 해제 또는 해지의 요건으로 채무자의 고의 또는 과실을 요구하지 않는다는 점이다. 2004년에 확정되었던 민법개정안에서는 "계속적 계약관계에서 채무자가 채무의 내용에 좇은 이행을 하지 아니하여 장래의 계약이행이 의심스러운 경우에는 채권자는 상당한 기간을 정하여 그 이행을 최고하고 그 기간 내에 이행이 이루어지지 아니한 때에는 계약을 해지할 수 있다. 그러나 채무자의 고의나 과실 없이 그 이행이 이루어지지 아니한 때에는 그러하지 아니하다."고 규정하여 해지 요건으로 채무자의 고의 또는 과실을 요구하였던 것과는 차이가 있다.

계약 체결 이후 중대한 채무불이행이 발생한 경우, 상대방의 귀책사유를 묻지 않고 그 계약에서 벗어날 수 있는 권한을 부여하도록 하는 것은 계약법에 대한 최근 국제적인 경향에도 부합하는 것으로,[30] 장기간의 거래가 예상되는 계속적 계약에 있어서는 예견된 이행이 어려운 상황에

---

29) 민법개정안은 독일 민법과 달리 채무불이행의 경우에는 제1항을 적용하도록 하고, 그 외의 중대한 사유가 있는 때에 제2항을 적용하도록 하여 양자를 명확하게 구별하고 있다는 것을 지적하며 이를 비판하는 견해가 있다. 김재형(주 25), 35면. 그러나 채무불이행 사유에 추가로 다른 중대한 사유가 있다면 그것이 채무불이행으로 인하여 촉발된 것이라고 하더라도 제2항을 직접 적용할 수 있을 것으로 생각된다.

30) 해지 사유로서 채무불이행을 규정하고 있는 독일 민법 제314조 제2항은 각 계약당사자는 중대한 사유를 이유로 해지기간의 준수 없이 계속적 채권관계를 해지할 수 있다고 규정한 제1항의 내용과 관련하여 "중대한 사유가 계약상의 의무를 위반한 것인 경우 그 시정을 위해 설정된 기간이 도과한 후 또는 최고를 하였으나 성과가 없게 된 때에 비로소 해지할 수 있다"고 규정하여, 채무자의 고의 또는 과실을 요구하지 않는다. 또한 국제동산매매에 관한 협약(CISG) 제25조에서도 당사자 일방의 계약 위반으로 인한 계약의 해제 또는 해지시 귀책사유를 요건으로 하지 않는다.

서는 계약 관계를 종료할 수 있도록 할 필요성이 더 크다. 채무자의 고의나 과실이 있는지 여부는 채무불이행에 따른 손해배상책임 여부를 판단할 때에 고려하도록 하는 것이 합리적일 것이다.[31]

4. 계속적 공급계약에 관한 쟁점

가. 채무불이행의 정도

계속적 공급계약의 채무불이행 사유가 있는 경우 채권자는 이 계약을 해지할 수 있을 것이다. 다만 위 민법개정안의 태도에 따르면, 채무불이행이 경미하여 계약의 목적달성에 지장이 없는 경우에는 계약을 해지할 수 없다. 그러면 어느 정도의 채무불이행이 있어야 이를 이유로 적법하게 계속적 공급계약을 해지할 수 있을까?

이에 대한 명확한 기준이 마련되어 있는 것은 아니다. 판례는 채무불이행에 기한 계약 해제와 관련하여, "계약의 목적달성에 있어 필수불가결하고 이를 이행하지 아니하면 계약의 목적이 달성되지 아니하여 채권자가 그 계약을 체결하지 아니하였을 것이라고 여겨질 정도의 주된 채무이어야 하고 그렇지 아니한 부수적 채무를 불이행한 데에 지나지 않을 때에는 계약을 해제할 수 없다"고 한다.[32] 계약상의 의무 가운데 주된 채무와 부수적 채무를 구별하는 것이 언제나 용이한 것은 아닌데, "급부의 독립된 가치와는 관계 없이 계약을 체결할 때 표명되었거나 그당시 상황으로 보아 분명하게 객관적으로 나타난 당사자의 합리적 의사에 의하여 결정하되, 계약의 내용·목적·불이행의 결과 등의 여러 사정을 고려하여야 한다"는 것이 대법원의 입장이다.[33] 나아가 외관상 부수의무

---

31) 김재형(주 25), 33면.
32) 대판 2001. 11. 13, 2001다20394, 대결 1997. 4. 7, 97마575 등.
33) 대판 2005. 11. 25, 2005다53705·53712 등.

라고 하더라도 실질적으로 그것을 불이행함으로써 계약의 목적을 달성할 수 없게 된다면 그 불이행이 해제권을 발생시킬 수도 있다는 의견도 있고,[34] 개별 이행의무에 대하여도 사소한 불이행은 신의칙상 해제가 허용되지 않는다고 한다.[35]

이러한 일반론은 계속적 공급계약의 해지에도 적용될 수 있다. 이하에서는 계속적 공급계약의 계약적 특수성을 고려하여 계약의 목적달성에 지장을 주는 정도가 되는 채무불이행의 의미를 보다 구체적으로 살펴본다.

나. 이중적 계약구조에 기초한 검토

1) 계속적 공급계약을 이러한 기본계약과 개별계약의 이중적 구조로 파악하면, 채무불이행도 기본계약에서의 채무불이행과 개별계약의 채무불이행으로 나누어 볼 수 있다.

먼저 상대방이 기본계약에서 정한 의무 중 계약의 목적달성에 지장을 주는 중대한 의무를 위반하면 계속적 공급계약 자체를 해지할 수 있는 사유가 될 것이다. 예를 들어 대리점 계약을 체결할 때에 대리점의 경업금지 의무를 중요하게 규정하고 나아가 대리점에게 일정 지역에서 독점 공급권을 부여한 사정이 있었다면, 대리점이 대리점 계약에서 정한 경업금지 의무를 어긴 것은 계약 해지의 근거가 될 수 있다. 대리점 계약에서 대리점의 대금 지급 의무를 담보하는 것이 중요하여 대리점으로 하여금 일정한 담보를 설정할 의무를 부담하도록 하였는데, 공급업자의 최고에도 불구하고 판매업자가 이러한 담보 의무를 이행하지 않는다면

---

34) 지원림(주 6), 1323면.
35) 대판 1971. 3. 31, 71다352, 353, 354 등; 최수정, "해제권을 발생시키는 채무불이행 - 주된 의무와 부수적 의무의 구분에 대한 재검토", 저스티스 통권 제68호, 2002, 80면 참조.

공급업자가 계속적 공급계약을 해지할 수 있을 것이다.

한편, 개별계약에서는 목적물의 공급 및 대금의 지급이 주된 의무가 될 것인데, 이러한 개별 채무에 대한 불이행을 이유로 계속적 공급계약 자체를 해지할 수 있을까? 개별계약의 채무불이행이 있는 경우, 개별계약의 해제는 가능할 것이지만 원칙적으로 이것이 계속적 공급계약 자체를 해지할 사유가 되기는 어려울 것이다. 예를 들어 백화점에 특약매입 형태로 제품을 공급하는 납품업체가 어느 기에 공급한 상품의 품질에 문제가 있거나 납품기일을 맞추지 못하였다고 하더라도 백화점으로서는 해당 기에 관한 계약을 해제할 수 있을 뿐, 해당 납품업체와의 특약매입 계약 자체를 해지할 수는 없는 것이다. 다만, 이러한 불이행이 지속되는 등 계약 전체에 대하여 계약목적 달성에 지장을 주는 중대한 불이행이 되는 경우에는 계약 전체를 해지할 수 있다고 보아야 한다. 예를 들어 품질에 대한 개선 요청이 있었음에도 불구하고 이를 수차례 무시하거나 납품일자를 계속하여 지연하는 사정이 발생한다면 이는 특약매입 계약의 해지 사유가 될 수 있을 것이다.

2) 참고로 유럽계약법 원칙(PECL)은 제9:302조에서 계약이 개별 부분들로 이행하기로 되어 있고 각 부분에 대하여 반대이행을 할당할 수 있는 경우[36]에, 본질적인 불이행이 있다면 불이행의 상대방은 문제된 부분에 관하여 해제권을 행사할 수 있고, 불이행이 계약 전체에 대하여 본질적인 경우에만 계약 전부를 해제할 수 있다고 규정한다. 유럽계약법 원칙은 해제의 장래효를 인정하고 계속적으로 또는 분할하여 이행해야 할 계약이 그 중 일부가 이행된 후에 해제되는 경우에는 이미 이행된 부분을 원상회복시킬 필요 없이 장래에 향하여 해제된다고 하므로,[37]

---

36) 전형적으로, 각각의 이행에 대하여 개별적인 대금이 정해진 경우를 의미한다고 한다. 유럽계약법원칙 제9:302조 해설 A. 참조(올 란도·휴 빌 편, 김재형 역 (주 27), 622-623면).

계약 전체에 대한 해제는 통상 쌍방의 모든 장래 채무가 소멸한다는 의미이다.38)

이 규정은 계속적 공급계약에도 적용할 수 있을 것이다. 당사자 일방이 개별 부분을 이행하지 못하면 상대방은 그 부분의 이행을 수령할 의무에서 벗어나기를 원할 수 있다. 그러나 불이행 부분이 계약의 나머지 부분에 중대한 영향을 미치지 않거나 반복되지 않을 것이라면, 불이행의 상대방이 계약 전부를 해제(해지)할 수는 없을 것이다. 불이행이 계약 전체에 대하여 본질적인 경우에만 불이행의 상대방에게 계약 전체를 해제(해지)할 권리가 부여되어야 한다.39)

3) 이에 대하여 개별 채무의 불이행은 계약 전체에 대한 관계에서 일부 불이행이 되기 때문에, 현재의 불이행으로 된 부분을 해제할 수 있을 뿐만 아니라, 계약 전부 또는 미이행의 나머지 부분에 관하여도 해제 또

---

37) 유럽계약법원칙 제9:305조, 제9:309조 주석 4. 참조. 올 란도·휴 빌 편, 김재형 역(주 27), 646면.
38) 유럽계약법원칙 제9:302조 해설 B 참조. 올 란도·휴 빌 편, 김재형 역(주 28), 623-624면.
39) 이와 유사한 규정이 유엔통일매매법(CISG)에도 있다. 제73조 제1항은 물품을 분할하여 인도하는 계약에서, 일방 당사자가 어느 분할 부분에 관한 의무를 불이행한 것이 해당 부분에 관하여 본질적인 채무불이행을 구성한다면, 상대방은 그 분할 부분에 관하여 계약을 해제할 수 있다고 규정하고, 제2항은 일방 당사자가 어느 분할 부분에 관한 의무를 불이행한 것이 장래 이행 부분에 관하여 본질적인 불이행 불이행을 야기한 것이라고 판단될 수 있는 상당한 근거가 되는 경우, 상대방은 합리적인 기간 내에 장래에 대하여 계약을 해지할 수 있다고 규정한다. 나아가 같은 조 제3항에서는 어느 인도에 관하여 계약을 해제한 매수인은 이미 인도한 것과 장래에 인도할 부분에 관하여 그러한 인도가 상호 의존적이어서 계약 체결 당시의 당사자들이 의도한 목적에 맞지 않게 되었다면 이들을 해제할 수 있다고 한다. 이 규정은 분할공급계약뿐만 아니라, 계속적 공급계약에도 적용될 수 있는 것으로 해석된다. Staudinger/Magnus, Kommentar zum BGB mit Einführungsgesetz und Nebengesetzen. Wiener UN-Kaufrecht (CISG), Sellier - de Gruyter, 2013, Art. 73 Rn. 6, 7. 참조.

는 해지를 할 수 있다는 견해가 있다. 계약에 의거하여 채무자가 이미 일부의 이행을 끝낸 뒤에 일부지체나 일부불가능이 생긴 때에는 채권자는 원칙적으로 미이행의 부분에 관하여만 해지를 할 수 있으나, 예외적으로 이미 이행한 부분만으로는 계약의 목적을 달성할 수 없는 특별한 사정이 있는 때에는 이미 이행한 부분을 포함하여 계약 전체를 해제할 수 있다는 것이다.40) 그러나 실제로는 계속적 공급계약에서 이미 이행한 부분은 그 자체로 의미를 가지는 경우가 많으므로, 이미 이행한 부분까지 포함하여 계약 전체를 해제할 수 있는 경우는 생각하기 어렵다. 계속적 공급계약을 체결하였으나 채무자가 처음부터 이행의무를 게을리하고 있는 경우에는 계약 전체를 해제할 수 있음은 물론이다.41)

또한 계속적 채권관계에서는 1회의 이행이 지체되거나 불능이 된다고 하여 곧바로 채권관계가 유지되기 어려워지는 경우는 드물고 각 시점의 이행행위가 정기행위의 성질을 가지는 경우도 상대적으로 드물 것이라고 하면서, 예외적으로 이행 지체가 계속되거나 중대한 시점에 이행을 게을리하여 채권관계의 유지를 무의미하게 할 정도로 신뢰관계를 해칠 때에만 해지권이 인정된다는 견해도 있다.42) 개별계약 또는 개별 채무의 불이행은 원칙적으로 기본계약 또는 계약 전체의 해지 사유가 되지 않는다는 측면에서 타당한 면이 있으나, 계속적 채권관계의 종료를 위하여는 신뢰관계의 파괴라는 추가적인 요건이 반드시 필요하다는 취지라면 그에 관하여는 찬동하지 않는다.

다. 당사자들의 신뢰관계와의 관계

1) 계속적 공급계약 등 계속적 계약의 해지에 관한 판례는 채무불이

40) 곽윤직, 채권각론, 신정수정판, 박영사, 2000, 194-195면.
41) 대판 2013. 2. 14, 2010다91985 참조.
42) 김형배(주 4), 266면.

행에 관하여 판단하면서, 당사자들의 신뢰관계가 파괴되는 결과가 초래되었는지를 추가로 판단하는 경우가 많다. 계약을 해지하려면 경미한 채무불이행으로는 안되고, 계약의 목적달성에 영향을 미칠 정도의 채무불이행 사유가 있어야 한다. 장기간 지속되어 온 계속적 공급계약에서는 당사자 간에 상호 신뢰관계가 형성되고 그것이 계약의 근간이 될 수 있으므로, 많은 경우 계약을 해지할 수 있을 정도의 중대한 채무불이행이 있으면 신뢰관계가 파괴되어 더 이상 계약을 유지할 수 없는 경우에 이를 수 있다.

이러한 측면에서 계속적 계약은 비록 상대방의 채무불이행이 있다고 하더라도 그것만으로는 계약 관계를 해소할 수 없고, 당사자 간의 신뢰관계가 더 이상 유지되기 어렵게 된 경우에만 해지권을 행사할 수 있다고 보는 견해가 있다.[43]

2) 이러한 입장은 관계적 계약에 대하여 관계의 보존, 상충하는 관계적 이해관계들의 조화 등의 계약 규범을 중시하고, 계약의 내용은 당사자들의 당초 합의에 의하여만 확정되는 것이 아니라 계약의 진행과 함께 변화하는 것이라는 점을 강조하는 관계적 계약이론과도 통하는 측면이 있다.

즉, 계속적 공급계약과 같은 관계적 성격이 큰 계약에서는 관계의 보존 등의 규범이 강조되고 당사자들이 관계를 종료하는 것이 아니라 지속하고자 하는 특성이 있다고 하므로,[44] 채무불이행 사유가 있다고 하더라도 그것이 신뢰관계를 더 이상 유지하기 어렵게 되는 정도가 아니라면 계약을 종료하는 것에 대하여 보수적으로 접근하여야 한다고 볼 수 있다. 계약 체결 당시 당사자들이 합의하였던 계약상 의무는 계속적 공

---

43) 조일윤(주 22), 81-82면.
44) Macneil, "Contracts : Adjustment of Lory-Term Economic Relations under Classical, Neoclassical, and Relational Contract Law", 72 Nw. U. L. Rev. 854, 1978, p.896.

급계약이 지속되면서 확정되고 변화할 수 있는 것이므로, 전통적 계약법에서처럼 당사자들의 계약 당시 의사를 최우선시하여야만 하는 것은 아니라고도 설명할 수 있다.

3) 그러나 신뢰관계가 파괴되었는지 여부가 언제나 분명한 것은 아니고, 신뢰관계가 파괴되었는지를 분명하게 판단하기는 어렵더라도 채무불이행이 반복되거나 최고를 하여도 개선되지 않아서 계약 목적을 달성하기 어려운 정도에 이르렀다고 볼 수 있는 경우도 있다. 또한 계속적 공급계약이 아직 장기간 유지되지 않아서 당사자 간의 관계가 충분히 발전하지 못하였거나, 계약의 특성상 고도의 신뢰관계를 요하지 않는 경우도 있을 것이므로, 신뢰관계의 파괴를 계약 해지의 필수적인 요건으로 요구하는 것은 타당하지 않다고 생각된다.

물론 채무불이행의 경우에도 그러한 채무불이행 행위로써 또는 추가적인 이유가 있어서 신뢰관계가 파괴되어 계약의 존속을 기대할 수 없게 되었다면 계약관계를 해지할 수 있다고 할 것이고, 채무불이행에 더하여 신뢰관계 파괴 여부를 살펴본 판례의 태도도 이러한 취지에서 이해할 수 있을 것이다. 이 경우에는 이미 신뢰관계가 파괴되어 계약 관계를 더 이상 유지하기 어렵게 되었으므로, 최고를 할 필요도 없이 계약관계를 해지할 수 있다고 보아야 한다. 이러한 해지 사유는 채무불이행의 직접적인 효과로서라기보다는 신의칙에 기하여 인정되는 것으로서 2013년 민법 개정안에서는 중대한 사유에 의한 계약 해지에 대하여는 별도의 규정을 두고 있다. 이에 대하여는 제3절 III.에서 자세히 살펴본다.

Ⅲ. 존속기간 중 해지 사유의 발생 - 약정해지권

1. 해지 사유의 약정

계속적 공급계약은 장기간의 계약관계가 예상되기 때문에 당사자들이 더 이상 계약을 유지하지 않기로 하는 특별한 사유가 있다면 이를 미리 합의하는 것이 보다 의미가 있다. 분쟁을 최소화하기 위해서 당사자들 간에 충분히 협의하고 이를 계약에 반영하여 두는 것이 바람직하다. 이러한 약정은 반드시 계약 체결시 하여야 하는 것은 아니며, 계약 진행 중에 체결하는 별개의 계약에서 할 수도 있다.

계약 체결시에 당사자들이 향후 계약을 지속할 수 없게 될 가능성을 고려하여 해지 사유를 계약에 정해놓은 경우, 사후적으로 이러한 사유가 발생하면 해지권이 발생한다. 민법 제543조 제1항에서는 규정하는 "계약에 의하여 당사자의 일방이나 쌍방이 해지의 권리가 있는 때"는 이러한 약정해지권에 관한 규정이다. 당사자들이 해지권이 발생하는 경우를 미리 합의하였다는 점에서, 일방 당사자가 이러한 해지 사유에 기하여 해지권을 행사한다고 하더라도, 이는 그 당사자의 일방적인 의사에 기한 것이라기보다는 당사자들의 합의된 의사에 기한 것으로 이해할 수 있다. 따라서 약정해지권은 계약 자유의 원칙에 근거하여 인정된다고 할 수 있다. 당사자들은 계속적 공급계약에서 해지의 요건은 물론, 구체적인 해지권 행사의 절차, 해지의 효과 등을 규정할 수 있다.

2. 약정해지권의 분류

가. 해지권의 근거에 따른 분류

계약상 해지 사유는 크게 두 가지 종류로 나눌 수 있다. 하나는 특정한 해지 사유를 정하는 것이고, 다른 하나는 특별한 이유가 없더라도 일정한 통지기간을 두고 계약을 해지할 수 있도록 하는 것이다. 통상 영미에서는 전자를 termination for cause라고 하고, 후자를 termination without cause 또는 termination at will이라고 한다.[45] 일본에서는 존속기간의 정함이 없는 계속적 계약에서 일정한 기간을 두고 계약의 해지를 예고할 수 있다고 하는데, 계약에서 특별한 이유가 없이도 계약을 해지할 수 있음을 약정하는 경우는 당사자들이 이러한 해지권을 유보한 것이라고 설명한다.[46] 본 논문에서는 전자를 좁은 의미의 약정해지권(이하 '협의의 약정해지권' 또는 '약정해지권'), 후자를 임의해지권이라고 칭하기로 한다.

나. 협의의 약정해지권

당사자들은 계약 체결 당시에 계약의 중요한 부분을 구성하는 채무나 상황 등을 상정하여 계약에 그러한 계약상 의무를 위반하거나 전제되는 주요한 상황이 변경되는 경우, 혹은 계약을 더 이상 유지하기 어려운 특정한 사유가 발생한 경우에는 계약을 해지할 수 있는 것으로 정할 수 있다. 경우에 따라 이러한 약정해지권은 채무불이행 등의 법정해지권 사유가 되기도 할 것이지만, 중대한 채무불이행 등의 법정해지권의 요건이 언제나 명확하지는 않다는 점에서 당사자들이 중요하게 생각하는 계약상 의무나 전제 조건 등을 미리 약정하는 것은 의미가 있다. 또한 법정해지 사유가 아니라도 당사자들의 약정으로 해지 사유를 정할 수 있음은 물론이다.

대리점 계약 등 계속적 공급계약에서 약정해지 사유로서 일반적으로 규정되는 것들은 대금 등의 미지급, 파산, 지배권의 변경(change of

---

45) *The Franchise and Dealership Termination Handbook*, American Bar Association, 2004, pp. 14-17 참조.
46) 中田裕康(주 3), 137-138면.

control), 대리점주의 사망 또는 무능력, 사기, 법규 위반 등이 있으나,[47] 그 외에도 당사자들이 중요하다고 생각하는 해지 사유를 규정할 수 있다.

다. 임의해지권

계속적 공급계약에서는 존속기간의 유무와 무관하게 당사자 일방 또는 쌍방이 일정한 통지 기간을 두고 계약을 해지할 수 있도록 규정하는 경우를 흔히 볼 수 있다. 대리점 계약 등은 한 번 체결되면 장기간 유지되는 경우가 많은데, 존속기간을 확정하기 어려운 경우에는 계약기간을 장기로 하거나 정하지 않는 대신에 일정한 기간을 두고 계약을 해지할 수 있다. 일정한 기간(주로 1년)마다 계약이 자동 갱신되도록 하되, 더 이상 갱신을 원하지 않으면 계약 만료 전 일정한 통지 기간을 두고 계약을 종료할 수 있도록 규정하기도 한다.

원칙적으로 임의해지권을 규정하는 것은 계약자유의 원칙상 가능하다. 다만, 구체적인 사안에 따라서는 임의해지권을 행사하는 것이 상대방의 신뢰에 반하거나 부당한 것으로 판단될 수 있을 것인데, 이에 대하여는 제4장에서 살펴본다.

---

47) *The Franchise and Dealership Termination Handbook*(주 45), p. 17.

제2절 종료 사유의 확대

I. 추가적인 종료 사유의 필요성

1. 계속적 공급계약의 특수성

이상에서 살펴본 존속기간의 만료와 채무불이행을 이유로 하는 법정
해지 및 당사자들이 정해 둔 해지 사유에 의한 약정해지는 계속적 공급
계약의 기본적인 종료 사유들이다. 이들 종료 사유들은 당사자들이 사전
에 합의한 존속기간, 계약상 권리의무에 관한 사항, 해지 사유에서 기인
하는 것으로, 당사자들의 의사의 합치를 기본으로 하는 계약법에서 일반
적으로 인정될 수 있다.

그런데 계속적 공급계약의 계약법적 특수성을 고려하면, 이러한 기본
적인 종료 사유 이외에도 계약을 종료할 수 있는 경우를 생각해 볼 수
있다. 계속적 공급계약은 계약이 장기간 지속됨에 따라 당사자 사이의
신뢰관계가 형성되고 발전된다. 이러한 신뢰관계는 계약을 유지하는 데
필수적인 요소가 되는 경우가 많고, 어떠한 사유로 당사자들간의 신뢰가
파괴되면 당사자들에게 더 이상 계약을 유지하도록 강요하는 것이 의미
가 없다. 이러한 경우에는 계속적 공급계약을 종료하고, 그 동안의 상호
관계에서 발생한 이해관계를 적절하게 청산하는 것이 양자에게 바람직
할 것이다. 판례도 계속적 계약의 존속 중에 계약의 기초가 되는 신뢰관
계가 파괴되어 계약의 존속을 기대할 수 없는 중대한 사유가 있는 때에
는 계약을 해지할 수 있다는 점을 인정하고 있으며, 학설들도 대표적인
계속적 계약의 해지 사유로서 신뢰관계의 파괴를 든다.[48]

---

48) 편집대표 곽윤직, 민법주해[I]-총칙(1), 박영사, 2010, 155면 이하(양창수 집필부
  분); 양창수·김재형(주 4), 619-620면 등.

또한 계속적 공급계약이 장기간 지속되면 계약을 둘러싼 여러 사정
이 변경될 수 있다. 특히 계약의 전제가 되었던 사정이 예상하지 못하게
현저하게 변경되어 계약을 계속 유지하는 것이 부당한 결과가 되는 경
우도 발생할 수 있다. 계약에 구속되어 있는 당사자는 계약체결 당시에
예상하지 않은 사정이 그 후 발생하더라도 그 구속에서 벗어나지 못한
다는 것이 계약법의 기본 태도이지만, 계약체결 당시에 당사자들이 예상
하지 않았고 또한 예상할 수 없었던 사정이 발생한 경우 당사자들을 계
속 그 계약에 구속되도록 하는 것은 가혹하고 온당하지 않으므로, 구체
적인 사안에 따라서는 사정변경에 따른 해지권이 인정될 수 있다.[49]

2. 추가적인 종료 사유 인정의 근거

이와 같은 신뢰관계의 파괴와 사정변경을 계속적 공급계약의 해지
사유로 인정하는 근거는 신의칙에서 찾을 수 있다.

학설은 일정한 사유로 당사자의 신뢰관계가 파탄에 이르게 됨으로써
계약관계를 계속 유지할 수 있는 기초가 상실된 때에는 당사자들은 이
계약관계의 효력을 장래를 향하여 상실시키는 해지권을 가져야 한다고
하면서, 그러한 해지권은 계약이나 법률의 규정에 없더라도 신의칙에 기
하여 당연히 인정되어야 한다고 설명한다.[50] 독일에서는 신뢰의 기초가
파괴된 경우에는 신의칙의 한 형태로서 충실의무(Loyalitätspflicht)에 기초
하여 계약 해지가 인정된다고 한다. 계속적 채권관계의 실행에 있어서는
고도의 신뢰에 기초한 협력, 즉 자신의 이익을 추구하고 인수한 일을 실
행함에 있어서 특별한 주의와 고려가 요구되는 것이 일반적이고, 장기적
인 결합관계는 타인의 호의와 친선관계에 의존하는 바가 크기 때문에

---

49) 곽윤직(주 23), 92면; 편집대표 김용담, 주석민법[총칙(1)], 제4판, 한국사법행정
    학회, 2010, 173면 이하(백태승 집필부분).
50) 민법주해[Ⅰ](주 48), 156-157면(양창수 집필부분).

신의성실 및 충실의무가 중요한 의미를 가지게 된다. 따라서 이러한 것
이 당사자 일방의 행태에 의하여 파괴된 경우에는 상대방이 채권관계의
지속을 거부할 수 있어야 한다는 것이다.[51]

　　또한 사정변경의 원칙에 대하여는 계약 성립 당시의 사정이 현저하
게 변경되어 계약을 그대로 유지하고 강제하는 것이 신의칙과 공평에
반하는 부당한 결과를 가져오는 경우에 그 법률효과의 효과를 신의 및
공평에 맞도록 변경하거나 소멸시킬 수 있다고 하여, 이를 신의칙의 하
나의 분칙이라고 이해하는 것이 일반적이다.[52]

3. 해지 사유 유형화의 의의

　　판례는 "계속적 계약의 존속 중에 당사자 일방의 부당한 행위 등으로
인하여 계약의 기초가 되는 신뢰관계가 파괴되어 계약의 존속을 기대할
수 없는 중대한 사유가 있는 때에는 상대방은 계약을 해지할 수 있다"[53]
거나 "계약의 존속 중에 당사자의 일방이 그 계약상의 의무를 위반함으
로써 그로 인하여 계약의 기초가 되는 신뢰관계가 파괴되어 계약관계를
그대로 유지하기 어려운 정도에 이르게 된 경우에는 상대방은 그 계약
관계를 막바로 해지함으로써 그 효력을 장래에 향하여 소멸시킬 수 있
다고 봄이 타당할 것이다"[54]라고 하면서, 이러한 기준에서 계속적 계약
에 관한 해지권의 발생여부를 검토한 것이 많다. 또한 학설은 신뢰관계
의 파괴와 사정변경의 원칙이 모두 신의칙을 근거로 하므로, 계속적 계
약의 종료 사유를 설명하면서 이들을 특별히 구분하지 않고 서술하는

51) 민법주해[Ⅰ](주 48), 158면(양창수 집필부분); MüKoBGB/Bachmann, § 241 Rn. 94
　　참조.
52) 주석민법[총칙(1)](주 49), 173-174면(백태승 집필부분); 곽윤직(주 23), 92면.
53) 대판 2013. 4. 11, 2011다59629.
54) 대판 1995. 3. 24, 94다17826.

경우도 있다.[55]

실제로 고도의 신뢰에 기초한 협력이 요구되는 계속적 공급계약에 있어서 채무불이행이나 약정해지 사유가 있다면, 그로써 계약의 기초가 되는 당사자들 간의 신뢰관계가 파괴되었다고 볼 수 있는 경우가 많을 것이다. 또한 당사자들 간의 신뢰관계가 파괴되어 계약의 존속을 기대할 수 없는 경우와 현저한 사정변경으로 기존의 계약을 그대로 유지하는 것이 부당하게 되는 경우를 엄밀하게 구별하기 어려운 경우도 많다. 나아가 채무불이행으로 인한 해지나 중대한 사유에 의한 해지 및 현저한 사정변경에 의한 해지와 관련하여 개별 사안에서 종료의 요건을 갖추었는지를 검토할 때에는 계약의 성격, 목적은 물론, 계약의 지속과 함께 발전되어 온 당사자들의 관계, 계약 관계를 둘러싼 제반 사정 등을 고려하여야 하므로, 각각의 종료 사유들은 실질적인 심사 과정에서도 유사한 점이 있다.

그럼에도 불구하고, 각각의 종료 사유들을 나누어 분석하는 것은 계속적 공급계약의 종료에 관한 법리를 발전시키는 데에 의미가 있다. 종국적으로 계약의 종료가 적법한지 여부를 판단하는 것은 법원의 몫이지만, 당사자들이 어느 정도 그 결과에 대하여 예견가능성을 가지고 판결을 신뢰할 수 있으려면, 일반적인 법리에만 기대어 계속적 공급계약을 종료함이 상당한지 여부에 대한 결론에 이르기보다는 종료의 요건과 판단근거와 같은 기준을 명확하게 제시하는 노력이 필요할 것이다. 상대방의 채무불이행으로 인하여 신뢰관계가 파탄에 이르렀다고 하는 경우처럼 하나의 사안에서 여러 종료 사유들이 중복적으로 적용될 수 있는 경우라도, 가급적 각각의 해지 유형에 따른 요건을 검토하는 것이 바람직하다. 특히 본 절에서 검토하는 신의칙에 근거한 계약의 종료 사유들은 추상적인 일반조항인 신의칙이 실천적인 법규범으로서 기능할 수 있도

---

55) 민법주해[I](주 48), 154면 이하(양창수 집필부분) 참조.

록, 당해 사안이 문제되는 유형의 종류, 판단근거, 요건과 효과 등을 가급적 명확하게 함으로써 이른바 '일반조항에로의 도피'가 되지 않도록 주의를 기울여야 한다.

II. 현저한 사정변경

1. 학설의 논의

가. 논의의 배경

1) 사정변경의 원칙이란, 법률행위 특히 계약의 성립 당시에 있었던 환경이나 그 행위를 하게 된 기초가 되는 사정이 그 후 현저하게 변경되어, 당초에 정하였던 행위의 효과 내지 계약의 내용을 그대로 유지하고 강제하는 것이 신의칙과 공평의 원칙에 반하는 부당한 결과를 가져오는 경우에는, 당사자가 그 법률행위의 효과를 신의·공평에 맞도록 변경하거나 소멸시킬 수 있다는 원칙을 말한다.

이 원칙은 중세 카논법의 clausula rebus sic stantibus 이론에서 그 연원을 찾을 수 있는데, 이는 모든 계약에는 계약의 체결된 때의 사정이 그대로 있는 한도에서 그 계약이 유효하다는 것이 전제되어 있다는 것이다. 이후 전개된 영미법의 계약목적 부도달의 법리(The doctrine of frustration of contract), 프랑스의 불예견론(la théorie de l'imprévision) 및 독일의 행위기초론(Die Lehre von der Geschäftsgrundlage) 등은 개별 법제에서 사정의 변경에 대한 취급을 검토하기 위한 학설들이다.[56]

---

56) 곽윤직(주 23), 92-94면; 주석민법[총칙(1)](주 49), 173-175면(백태승 집필부분).

2) 영미의 계약목적 부도달의 법리는 계약을 체결하게 된 목적이 달성될 수 없으면 계약이 자동적으로 해소된다는 것으로 요약할 수 있다. 당사자에게 계약수정청구권이나 계약의 해제 또는 해지권이 인정되지 않는다. 영국에서는 계약 체결 후에 사정이 변경된 경우 당사자를 면책시키기 위한 근거로서 이 법리가 활용되며, 과실이 없는 이행불능의 경우도 포함된다. 반면, 미국에서는 이행이 가능하기는 하지만 비현실적인 경우만을 이 법리로 검토한다.[57)]

프랑스의 불예견론은 주로 계속적 계약에 있어서 불가항력 또는 우연한 사고로 볼 수 없는 사정으로 그 이행이 계약체결 당시에 채무자가 예견한 것보다도 훨씬 큰 부담이 되는 경우, 그 채무자에게 계약의 해제 또는 개정을 요구하는 권리가 인정된다는 것이다. 다만 이는 행정계약에서 공익목적으로 위하여 예외적으로 인정되는 것으로, 계약의 구속력을 정하고 있는 프랑스 민법 제1134조와의 관계에서 사적자치의 원칙이 적용되는 일반적인 민사 계약에서 불예견론은 부인된다는 것이 종래 판례의 태도였다. 그러나 최근에는 민사판결에서도 사정변경이 있는 경우에 신의성실의 원칙을 근거로 하여 계약준수 원칙에 관한 예외를 인정하는 판결이 나오고 있고,[58)] 특히 프랑스 민법전은 2016년 채권법 개정으로 사정변경의 원칙에 관한 조항을 도입하였다.[59)] 이는 민법제정 이후 시

---

57) 고세일, "미국 계약법의 사정변경 법리", 재산법연구 제31권 제2호, 2014, 31-35면 참조. 영미법상 계약목적 부도달의 법리에 관한 보다 자세한 설명은 김동훈, "영미계약법에서 사정의 변경과 위험분배의 원칙", 국민대 법학논총 제8집, 1996, 96면 이하 참조.

58) 정상현, "프랑스 민법상 불예견이론과 우리 민법에의 시사점", 민사법학 제41호, 2008, 495-510면; 김성수, "프랑스민법의 사정변경의 원칙 - 현행법과 개정안의 주요내용을 중심으로 -", 재산법학회 제31권 제3호, 2014, 38-42면; 이동진, "계약위험의 귀속과 그 한계 : 사정변경, 불능, 착오", 2019, 비교사법 제26권 제1호, 62-65면 참조.

59) 개정 프랑스 채권법은 2016. 2. 10. 국회를 통과하여 2016. 10. 1.자로 시행되었다. 사정변경의 원칙은 계약의 효력에 관한 장에서 다음과 같이 규정되었다.

대정신과 현대의 사회적 요청을 반영한 것으로 평가된다.[60]

독일의 행위기초론은 외르트만(Oertmann)이 창시하여 라렌츠(Larenz) 등에 의하여 발전되었다. 라렌츠는 행위기초를 그것의 부존재 또는 멸실이 계약의 효력에 영향을 미치는 계약의 기초에 있는 일정한 사태라고 하며, 주관적인 행위기초의 부존재나 멸실은 계약의 쌍방 당사자에게 공통하는 착오의 문제가 되고, 객관적 행위기초의 상실은 등가관계의 파괴 또는 계약목적의 도달 불가능을 초래하는 것이라고 한다.[61] 독일의 학설과 판례는 제1차 세계대전 이후 이러한 논의를 발전시켰으며, 2002년 독일 민법은 이를 명문화하였다. 독일민법 제313조는 계약의 기초가 된 사정이 계약체결 후에 현저히 변경되고, 만일 당사자들이 그 변경을 예견할 수 있었다면 계약을 체결하지 아니하였거나 다른 내용으로 계약을 체결하였을 것인 경우에, 개별적인 경우의 모든 사정, 특히 계약상 또는 법률상의 위험분배를 고려하면 당사자 일방에게 원래의 계약에 구속되는 것을 기대할 수 없는 때에는 계약의 수정을 청구할 수 있다고 하고

제1195조

① 계약을 체결할 때 예견할 수 없는 사정변경으로, 그 변경에 대한 위험을 인수하지 아니한 당사자에게 그 이행이 과도한 부담이 되는 경우, 그 당사자는 상대방에게 계약의 재교섭을 청구할 수 있다. 그는 재교섭 중에 자신의 의무를 계속 이행하여야 한다.

② 재교섭이 거절되거나 결렬되는 경우, 당사자들은 자신들이 정한 일자와 조건으로 종료할 것을 합의할 수 있고, 또는 공통의 합의로 법관에게 그것을 정할 것을 청구할 수 있다. 합리적인 시간 내에 합의되지 않는 경우 법관은 일방 당사자의 청구에 의하여 그가 정한 일자와 조건으로 계약을 수정하거나 종료하게 할 수 있다.

60) 정진명, "사정변경 원칙의 명문화 방안", 비교사법 제18권 제3호, 2011, 654-656면 참조.

61) 독일의 행위기초론에 대한 자세한 검토는 김상용, "사정변경의 원칙에 관한 비교 고찰", 현대민사법연구, 일헌 최병욱교수 정년기념, 법문사, 2002, 221면 이하; 박규용, "사정변경의 원칙과 행위기초론", 법학연구 제40권, 한국법학회, 2010, 85면 이하 참조.

(제1항), 나아가 계약의 수정이 불가능하거나 당사자 일방에게 기대할 수 없는 때에는 불이익을 입은 당사자는 계약을 해제 또는 해지할 수 있다고 한다(제3항). 계약의 기초가 된 본질적인 관념이 잘못된 것으로 밝혀진 경우도 사정의 변경과 동일하게 취급한다는 점에서 특색이 있다(제2항).

세계 제1차대전 전후에 독일 법학의 영향을 강하게 받은 일본에서는 각국 법의 비교연구를 통하여 사정변경의 원칙이라는 독자적인 이론을 구성하였다. 기존의 일본 민법은 사정변경의 원칙을 명문으로 규정하지는 않았으나, 학설과 판례는 신의칙의 적용례로서 사정변경의 원칙을 인정하여 왔다.[62) 일본민법개정위원회는 이러한 학설과 판례의 입장을 반영하여 사정변경의 원칙을 명문화하는 작업을 진행하였으나, 2017. 5. 26. 통과된 일본 개정 민법에는 사정변경의 원칙에 관한 내용이 포함되지 않았다.

참고로 비교적 최근에 제정된 모델법들인 유엔통일매매법(CISG), 국제상사계약원칙(PICC), 유럽계약법원칙(PECL), 유럽민사법 공통참조기준안(DCFR)에서는 사정변경의 원칙과 관련된 내용이 명시되어 있다. 예컨대 유럽계약법원칙은 제6:111조 제2항에서는 계약의 이행이 사정의 변경으로 인하여 현저하게 곤란해진 경우, (a) 사정변경이 계약의 체결 후에 발생하였고, (b) 사정변경의 가능성이 계약의 체결 시에 합리적으로 고려될 수 있는 것이 아니었으며, (c) 계약에 의하면, 불리해진 당사자가 사정변경의 위험을 부담하여야 할 것이 아닌 때에는 당사자들은 계약의 수정이나 종료를 위한 교섭을 개시하여야 한다고 규정하였다. 당사자들이 합리적 기간 내에 합의에 도달하지 못한 경우에는 같은 조 제3항에 따라 법원은 (a) 법원이 정하는 시기와 내용으로 계약을 종료시키거나, (b) 사정변경으로 생기는 손실과 이익을 당사자들 사이에서 정의롭고 공

---

62) 정진명(주 60), 656-660면 참조.

평하게 분배하기 위하여 계약을 수정할 수 있다.

나. 현행 민법의 규정과 학설의 입장

1) 현행 민법에는 사정변경의 법리에 기초하여 계약을 해소하거나(예컨대 민법 제661조의 부득이한 사유에 의한 고용계약의 해지), 계약을 수정할 수 있도록 하는 규정들(예컨대 민법 제628조의 차임증감청구권)은 산재되어 있으나,[63] 사정변경의 원칙에 대한 일반 규정은 두고 있지 않다. 사정변경의 원칙을 일반적으로 인정할 수 있는지에 대하여 종래 판례는 대체로 부정적인 태도를 취하여 왔으나, 학설은 신의칙에 근거하여 일반 원칙으로서 사정변경의 원칙을 인정하고 있다.[64] 대체로 그 인정 요건으로는 ① 계약의 성립 당시 그 기초가 되었던 사정이 현저히 변경되었을 것, ② 사정변경을 당사자가 예견하지 못하였고 예견할 수 없

---

63) 그 외에도 민법 제218조 제2항(수도 등 시설의 변경), 제286조(지료증감청구권), 제312조의 2(전세금증감청구권), 제557조(증여자의 재산 상태변경과 증여의 해제), 제627조(임대물의 일부멸실 등과 감액청구, 해지권), 제689조(위임의 상호해지의 자유) 등도 사정변경의 원칙을 바탕으로 하는 규정이라고 한다. 곽윤직 (주 23), 93면.

64) 곽윤직(주 23), 92-93면; 김형배(주 4), 71면; 김주수(주 23), 142면 이하 등. 다만, 기본적으로 사정변경의 원칙을 인정하면서도 천재지변, 전시상황과 같은 경우에만 제한적으로 인정되어야 한다거나(지원림(주 6), 1390면), 사정변경을 인정하는 법률의 규정이 있거나 전시 기타 심각한 위기상황이 발생하였을 것이라는 요건을 추가하여야 한다(이은영(주 21), 240-241면)는 견해도 있다. 이에 반하여 현행 민법의 해석상 사정변경의 원칙은 허용될 수 없다거나(김대정, "한국 계약법의 성립과 전개: 총론적 과제를 중심으로", 법학연구 제52권 제2호, 부산대학교 법학연구소, 2011, 281면 이하), 주관적 행위기초의 문제는 착오로, 객관적 행위기초의 문제는 이행불능으로 해결할 수 있으므로 굳이 사정변경의 원칙을 일반원칙으로 인정할 필요가 없다는 취지(이영준, "사정변경의 원칙에 관한 연구-독일의 행위기초론을 중심으로", 사법논집 제5집, 법원행정처, 1974, 110면)의 부정설의 입장도 있다.

없을 것, ③ 사정변경이 당사자의 귀책사유로 인한 것이 아닐 것, ④ 당초의 계약내용대로 구속력을 인정하는 것이 신의칙 내지 공평의 이념에 반하는 결과가 될 것이 요구된다고 한다.

사정변경의 원칙이 계약 체결시의 당사자들의 의사를 최우선시하는 전통적 계약법에 친한 개념은 아니다. 그러나 계약 체결 후에 그 기초가 되는 사정에 당사자들이 예상하지 못하였던 현저한 변경이 일어나서 당초의 계약에 당사자들을 구속시키는 것이 가혹한 경우에는 신의칙에 기하여 계약관계를 조정할 필요성이 인정된다. 특히 계속적 공급계약의 경우에는 계약 체결 이후 장기간의 계약관계가 유지되므로, 현저한 사정의 변경이 발생할 가능성이 더 크다고 할 것이다.

2) 다만 계속적 공급계약에서는 장기간 계약이 진행되면서 계약체결시에 전제되었던 사정이 다소 변경될 수 있다는 점은 당사자들도 어느 정도 예상할 수 있을 것이고, 가급적 당사자간의 관계를 보전할 필요가 있다는 점에서도, 현저한 사정변경을 인정하는 것에는 신중을 기하여야 한다. 경미한 사정의 변경이 있다고 하여 곧바로 계약을 해소할 수 있도록 하는 것은 거래의 안전을 지나치게 해하고 신의칙에도 부합하지 않는 것이다.

3) 사정변경이 인정되는 경우의 효과에 대하여는 학설의 태도를 크게 두 가지로 분류할 수 있다. 하나는 일본 민법의 사정변경의 원칙에 관한 이론을 토대로 계약의 해제 또는 해지를 중시하는 견해이고, 다른 하나는 독일의 행위기초론의 영향으로 계약의 유지를 강조하는 견해이다.[65] 후자는 변화된 상황에 맞추어 계약관계를 조정·유지하려는 노력이 선행되어야 하고, 계약을 장래에 대하여 종료시키거나 또는 처음부터 무효로

---

65) 주석민법[총칙 (1)](주 49), 176면(백태승 집필 부분).

하는 것은 최후의 수단으로 고려하여야 한다는 입장이다.[66] 이는 관계적 계약이론에서 장기간 지속되어 온 계약관계는 가급적 유지시키는 쪽으로 조정할 필요가 있다는 견해와도 맞닿아 있는 것으로 볼 수 있다. 그러나 구체적인 사실관계에 따라서는 계약관계를 수정하는 것이 무의미하거나 당사자 일방의 이해관계와는 맞지 않는 경우도 있을 것이므로, 반드시 계약관계를 조정하려는 노력이 선행되어야 한다고 일반화할 것은 아니다. 다수설은 이러한 취지에서 사정변경이 있으면 계약 내용을 수정하거나 계약을 해제 또는 해지할 수 있고, 해제권 또는 해지권을 행사하는 경우 손해배상의무는 발생하지 않는다고 한다.[67]

2. 판례의 태도

가. 기존의 입장

법원은 일반적으로 사정변경의 원칙에 대하여 부정적인 태도였다. 기존의 판례는 대개 화폐가치의 변동으로 계약 체결시와 이행기의 목적물 가격이 현저히 균형을 잃은 경우에 관한 사안들이었는데, 법원은 사정변경의 원칙이 현행법상 용인되지 않는다고 하면서 이 원칙의 적용을 배제하였다.[68] 다만, 계속적 보증에 있어서는 채무자의 자산상태가 현저히 약화되거나, 채무자의 지위나 신분에 현저한 변화가 생긴 경우 등에는 보증인을 보호하기 위한 방편으로 사정변경에 따른 해지를 인정하였다.[69]

---

66) 김형배(주 4), 75-76면.
67) 곽윤직(주 23), 94면.
68) 대판 1963. 9. 12, 63다452 등 참조.
69) 대판 1990. 2. 27, 89다카1381 등 참조. 그러나 예견가능성이나 위험분배라는 측면에서, 판례가 계속적 보증계약에 대하여 사정변경의 원칙을 근거로 계약의 해지를 인정한 것은 재고를 요한다. 판례는 직무로 인하여 보증책임을 부담한 자가 퇴직하는 경우에 보증계약을 해지할 수 있다고 하는데, 이는 보충적 해석

나. 사정변경 원칙의 인정과 그 요건

그런데 대법원은 대판 2007. 3. 29, 2004다31302에서 사정변경의 원칙이 매매계약에서도 적용될 수 있다는 점을 선언하면서, 다음과 같이 그 요건을 명시하였다. "이른바 사정변경으로 인한 계약해제는 계약 성립 당시 당사자가 예견할 수 없었던 현저한 사정의 변경이 발생하였고 그러한 사정의 변경이 해제권을 취득하는 당사자에게 책임 없는 사유로 생긴 것으로서, 계약내용대로의 구속력을 인정한다면 신의칙에 현저히 반하는 결과가 생기는 경우에 계약준수 원칙의 예외로서 인정되는 것이고, 여기에서 말하는 사정이라 함은 계약의 기초가 되었던 객관적인 사정으로서, 일방당사자의 주관적 또는 개인적인 사정을 의미하는 것이 아니라고 할 것이다. 또한 계약의 성립에 기초가 되지 아니한 사정이 그 후 변경되어 일방당사자가 계약 당시 의도한 계약목적을 달성할 수 없게 됨으로써 손해를 입게 되었다 하더라도 특별한 사정이 없는 한 그 계약내용의 효력을 그대로 유지하는 것이 신의칙에 반한다고 볼 수도 없다."

이 판례에서는 사정변경의 원칙에 기한 해제(또는 해지)의 요건으로 ① 계약성립 당시 당사자가 예견할 수 없었던 현저한 사정의 변경을 발생하였을 것, ② 계약의 기초가 된 객관적 사정일 것, ③ 사정의 변경이 해제권을 취득하는 당사자에게 책임 없는 사유로 발생한 것일 것, ④ 계약의 내용대로 구속력을 인정한다면 신의칙에 현저히 반하는 결과가 발생할 것을 들고 있다.

다만, 이 사안에서는 결론적으로 구체적 사실관계를 검토한 다음 사정변경에 의한 해제를 인정할 수 없다고 판단하였다.[70] 우리 법원은 일

이나 신의칙 등을 적용하는 것이 보다 타당할 것이다. 권영준, "위험배분의 관점에서 본 사정변경의 원칙", 민사법학 제51호, 2010, 214면; 김영신(주 8), 161-162면, 각주 315 참조.
70) 이 사안에서 원고는 이 사건 토지에 대하여 개발제한구역 지정이 해제되어 건

반론으로서의 사정변경의 원칙은 인정하지만, 아직까지 구체적 사안에서 이에 기초한 당사자의 주장이나 항변을 받아들이는 것에는 매우 신중한 태도를 취하는 입장으로 이해된다.

다. 계속적 계약에서의 적용

나아가 대법원은 이러한 판례의 법리는 계속적 계약관계에서 사정변경을 이유로 계약의 해지를 주장하는 경우에도 마찬가지로 적용된다는 점을 분명히 하였다.71)

축이 가능하게 될 것으로 알고 당시의 객관적인 시가보다 훨씬 비싼 가격으로 이 사건 토지를 피고 지방자치단체로부터 매수하였는데, 그 후 피고가 이 사건 토지를 공공공지로 지정함으로써 이 사건 토지 위에 건축을 할 수 없게 되고, 공공공지 개발계획에 따라 이 사건 토지가 수용될 상황이 되었다. 대법원은 원심의 판단과 달리 사정변경에 의한 해제를 인정할 수 없다고 하였는데, 그 이유로 당사자들이 어느 정도 이러한 사정변경을 예상할 수 있었다고 볼 수 있고, 나아가 이 사건 토지상에 건축이 가능하게 될 것이라는 점은 원고가 이 사건 토지를 매수하게 된 주관적인 목적에 불과할 뿐 이 사건 매매계약 성립의 기초가 되었다고 보기 어렵다고 하였다. 다만, 이 판례에 대하여는 이 사건 토지에 대하여 계약의 이행이 완료된 후에 공공공지로 편입이 되었는데, 계약의 이행이 완료된 이후에 사정변경이 있는 경우에는 계약을 해제할 수 없는 것이므로, 이를 이유로 사정변경의 원칙이 적용되지 않는다고 판단하면 충분할 것이라는 비판이 있다. 김재형, 민법판례분석, 박영사, 2015, 8면. 한편 이 사건에서는 원고가 이 사건 토지에 건축이 가능한 것으로 믿고 토지를 낙찰받았고 피고도 원고가 토지 위에 건축을 하기 위하여 토지를 매수한다는 사정을 알았으므로, 이 사건에서 건축의 가능 여부는 계약의 기초가 되었다고 볼 수도 있다. 이는 사정변경의 원칙과 관련하여 중요한 사항인데 법원이 이러한 점을 판단하지 않은 것도 타당하지 않다. 윤진수, "2007년도 주요 민법 관련 판례 회고", 서울대 법학 제49권 제1호, 2008, 323면 참조.
71) 대판 2011. 6. 24, 2008다44368; 대판 2013. 9. 26, 2012다13637; 대판 2013. 9. 26, 2013다26746; 대판 2017. 6. 8, 2016다249557.

1) 대판 2013. 9. 26, 2012다13637

이는 이른바 키코 계약에 관한 판결로, 여러 쟁점 중에 통화옵션계약을 사정변경을 이유로 해지할 수 있는지에 관하여도 다루어졌다. 계약의 해지를 주장한 원고는, 계속적 계약인 이 사건 각 통화옵션계약 체결 이후 환율의 내재변동성이 급격히 증가하였는데 이러한 계약의 기초가 된 객관적 사정의 변경은 당사자가 예견할 수 없었을 뿐만 아니라 당사자에게 책임 없는 사유로 생겼다는 점을 강조하였다. 또한 계약 체결 당시 전혀 예상할 수 없을 정도로 환율이 급등한 것은 환율이 일정 범위에서 안정적으로 변동하리라는 당사자들 공통의 주관적 행위기초에 중대하게 반하는 본질적 착오이므로, 신의칙에 의하여 이 사건 각 통화옵션계약을 해지할 수 있다는 취지로 주장하였다.

이에 대하여 법원은 위 2004다31302 판결에서의 법리를 확인하면서, 환율의 변동가능성은 이 사건 각 통화옵션계약에 이미 전제된 내용이거나 내용 자체이고, 원고와 피고는 환율이 각자의 예상과 다른 방향과 폭으로 변동할 경우의 위험을 각자 인수한 것이지, 환율이 일정 범위 내에서 유지됨을 계약의 기초로 삼았다고 볼 수 없고, 내재변동성이 계약 후 일반적인 예상을 훨씬 뛰어넘는 폭으로 증가하였다고 하여 당사자들이 그와 같은 가능성을 완전히 배제하고 있었다고 보기도 어렵다고 하여 내재변동성이 일정하거나 일정 범위 내에서 유지된다는 것이 이 사건 각 통화옵션계약의 기초가 된 객관적 사정이라고 할 수 없다고 하였다. 나아가 원고가 이 사건 각 통화옵션계약의 구조를 이해하고 그 계약을 체결한 이상 그 손해는 기본적으로 원고의 책임으로 부담하여야 하며, 피고는 이 사건 각 통화옵션계약 체결 이후 반대거래 등의 위험회피 행위를 하였으므로 해제(해지)를 인정하면 피고에게 불합리한 경제적 손실이 발생하게 되므로, 이 사건 각 통화옵션계약의 내용대로 구속력을 인정한다고 하여 신의칙에 현저히 반하는 결과가 되지 아니한다고 판단하였다.

법원은 사정변경의 원칙에 기한 해제 또는 해지의 요건으로 대체로 ① 현저한 사정의 변경이 발생하였을 것, ② 당사자들이 계약 체결 당시 예견하지 못하였을 것, ③ 사정의 변경이 당사자의 귀책사유에 의하지 않고 발생하였을 것, ④ 계약의 내용대로 구속력을 인정한다면 신의칙에 현저히 반하는 결과가 발생할 것 등을 들고 있다. 이는 통설적인 학설의 태도와 크게 다르지 않다. 특히 현저한 사정의 변경과 관련하여서는 계약의 기초가 된 객관적 사정이 변경된 경우에만 적용이 되고, 계약의 기초가 되었던 당사자 공통의 근본적인 관념이 사후적으로 잘못된 것으로 판명된 경우, 즉 주관적 사정이 변경된 경우에는 적용되지 않는다는 것이 법원의 입장으로 이해된다.[72]

2) 대판 2017. 6. 8, 2016다249557

이 사안은 호텔 휘트니스 클럽이 회원의 감소, 관리 비용의 증가 등으로 적자가 발생하자 이를 이유로 클럽 운영을 중단한 것과 관련하여, 회원들이 손해배상을 청구한 것이다. 피고 호텔은 적자가 누적되어 원고들과 체결된 클럽 이용계약을 해지하였다고 하면서, 그 해지 사유 중 하나로 사정변경으로 인한 해지를 들었다.

이와 관련하여 법원은 위 2004다31302 판결 및 2012다13637 판결을 인용하여 사정변경을 이유로 계약을 해지할 수 있다고 전제하면서, 사정변경에서 말하는 "사정이란 당사자들에게 계약 성립의 기초가 된 사정을 가리키고, 당사자들이 계약의 기초로 삼지 않은 사정이나 어느 일방당사자가 변경에 따른 불이익이나 위험을 떠안기로 한 사정은 포함되지 않는다"고 하였다.

이러한 점에 기초하여, "경제상황 등의 변동으로 당사자에게 손해가 생기더라도 합리적인 사람의 입장에서 사정변경을 예견할 수 있었다면

---

72) 주석민법[총칙 (1)](주 49), 180-182면(백태승 집필부분) 참조.

사정변경을 이유로 계약을 해제할 수 없다. 특히 계속적 계약에서는 계약의 체결 시와 이행 시 사이에 간극이 크기 때문에 당사자들이 예상할수 없었던 사정변경이 발생할 가능성이 높지만, 이러한 경우에도 위 계약을 해지하려면 경제적 상황의 변화로 당사자에게 불이익이 발생했다는 것만으로는 부족하고 위에서 본 요건을 충족하여야 한다"고 하여 계속적 계약에서도 엄격한 요건 하에서만 사정변경의 원칙을 적용할 수있다는 점을 분명하게 하였다.

구체적인 사실관계와 관련하여서는 피고가 적자 누적의 원인으로 들고 있는 회원 감소나 비용 증가 등의 사정은 계약의 기초가 된 사정이라고 보기 어렵고, 현저한 경제상황의 변동으로 인한 것이 아닌 한 원칙적으로 피고가 변경에 따른 위험을 떠안기로 한 것으로 보아야 한다고 하였고, 나아가 피고는 주된 사업인 호텔의 이용객을 위한 부가적인 서비스 차원에서 다소간의 적자를 감수하고 휘트니스 클럽을 운영하였으므로 적자 누적이 계약 당시 예견할 수 없었던 현저한 사정변경에 해당한다고 보기도 어렵다고 하여 사정변경으로 인한 계약의 해지가 인정되지않는다고 판단하였다.

이 사안에서 법원은 사정변경의 원칙을 적용하기 위해서는 당사자들이 계약의 기초로 삼은 사정이 변경된 경우여야만 하고, 또한 사정 변경에 대한 위험 분담에 대한 명시적·묵시적 약정이 있는 경우에는 사정변경을 이유로 계약을 해지할 수 없다는 취지로 이해된다. 이러한 요건들은 개별 사안에서 사정변경을 실제 적용하는 것과 관련하여 보다 명확한 기준을 제시하여 준다.

3. 민법개정안의 검토

가. 민법개정안의 내용

2013년 민법개정안에는 기존 학설과 판례 및 최근의 주요 외국의 입법례에서 인정하는 사정변경을 다음과 같이 명문화하는 내용이 포함되어 있다.

> 제538조의2(사정변경) 계약성립의 기초가 된 사정이 현저히 변경되고 당사자가 계약의 성립 당시 이를 예견할 수 없었으며, 그로 인하여 계약을 그대로 유지하는 것이 당사자의 이해에 중대한 불균형을 초래하거나 계약을 체결한 목적을 달성할 수 없는 때에는 당사자는 계약의 수정을 청구하거나 계약을 해제 또는 해지할 수 있다.

나. 사정변경에 기한 해지의 요건

민법개정안은 사정변경의 원칙을 인정하는 요건으로 ① 현저한 사정변경, ② 예견불가능, ③ 중대한 불균형 또는 계약목적의 달성불능을 명시하였다. 이는 기존의 학설이나 판례의 태도를 반영하고 있는 것으로 이해된다.

1) 현저한 사정변경

민법개정안의 문언에 따르면, '계약성립의 기초가 된 사정'이 '현저히 변경'될 것이 요구된다. 대법원은 사정변경에서의 사정이라는 것은 계약의 기초가 되었던 객관적인 사정이라는 점을 분명하게 하면서, 일방 당사자의 주관적 또는 개인적 사정이나 계약의 성립에 기초가 되지 아니

한 사정은 해당이 없다고 하였다.[73]

이러한 기초적인 사정이 현저하게 변경되는 경우에 사정변경의 원칙을 적용할 수 있다고 하는데, 어느 정도의 변경이 현저한 것인지에 대하여는 해석에 맡겨져 있다. 사정변경의 원칙 적용에 있어서 계약의 수정을 우선 요구하는 독일 민법과 달리 바로 계약을 해소할 수 있도록 규정한 민법개정안의 태도에 비추어 보면, 현저한 변경인지 여부를 살펴보는데에 보다 신중을 기하여야 할 것이다. 이에 대하여는 아래 3)의 요건에서 좀더 살펴보기로 한다.

2) 예견불가능

사정변경의 원칙을 적용함에 있어서 당사자가 예견할 수 없었을 것을 요구하는 것은, 당사자가 예견할 수 있었던 경우에는 그 당사자는 계약을 체결하지 않거나 그에 대비할 기회가 있었기 때문이다. 즉, 당사자들이 전혀 예상하지 못했던 상황이 발생한 것인지 여부를 검토하는 것이라기보다는, 가정적인 원인과 결과를 고려하여 당사자가 그러한 상황이 발생할 것을 예견하였다면 계약을 그대로 체결하였을 것인지 여부를 검토하여야 한다. 이는 위험배분이라는 관점으로도 설명할 수 있다. 즉, 사정변경에 관한 논의는 누구도 예견하지 못하였던 현저한 상황 변화로

---

73) 독일 민법 제313조 제2항에서는 "계약의 기초가 된 본질적인 관념이 잘못된 것으로 밝혀진 경우도 사정의 변경과 동시된다"고 하여 주관적인 사정도 행위기초론으로 설명한다. 우리 민법에서도 이러한 독일 민법의 태도를 들어 주로 공통의 동기 착오에 대하여는 행위기초 상실 이론을 적용하여야 한다는 견해가 있다(송덕수, 착오론: 법률행위에 있어서의 착오를 중심으로, 고시원, 1991, 73면 이하). 그러나 독일 민법과 달리 명문의 규정을 두고 있지 않은 우리의 경우, 공통의 동기 착오의 문제는 계약의 해석 또는 착오론으로 해결하는 것이 타당하다고 생각된다. 윤진수, "계약상 공통의 착오에 관한 연구", 민사법학 제51권, 2010, 175면 이하 참조. 사정변경의 원칙은 계약 당시의 사정에 대한 착오에 대한 문제가 아니라, 계약이 성립된 이후 사정이 현저하게 변경된 것이라는 점에서 양자를 동일하게 처리하는 것이 적절하지 않은 경우도 있을 것이다.

인한 위험을 어떻게 분배할 것인지에 관한 문제가 될 수 있다.[74]

예컨대 위에서 살펴본 통화옵션계약 사안에서 법원은 당사자들은 환율의 변동가능성을 어느 정도 예상할 수 있었고, 나아가 그것이 당해 계약에 전제된 내용이거나 계약의 내용 그 자체가 된다고 하였다. 또한 당사자들은 통화옵션계약을 통하여 각각의 예상과 달리 환율이 변동하는 경우의 위험을 각자 인수한 것이라고 하면서, 피고는 당해 계약을 체결한 후 반대계약 등을 통한 위험회피 행위를 하기도 하였다는 점을 함께 고려하였다.

3) 중대한 불균형 또는 계약목적의 달성불능

우선 민법개정안에서의 중대한 불균형은 쌍무계약에서 예견하지 못한 사정변경으로 인하여 쌍방의 의무가 현저하게 불균형하게 되어 계약이 교환으로서의 의미를 상실하게 되는 경우를 의미한다. 장기간의 계약을 예정하는 계속적 계약에서는 계약을 둘러싼 사정이 어느 정도 변경될 것은 당사자들이 예상할 수 있거나 위험을 인수할 수 있으므로, 경미한 불균형만으로는 현저한 사정변경이 있다고 볼 수 없을 것이다. 계약목적의 달성불능은 채무의 이행은 가능하나 그에 의하여 기대된 계약목적이 달성되지 못하게 된 경우로, 이것이 누구의 위험에도 속하지 않는 경우를 의미한다.[75]

4) 기타 요건에 관한 검토

학설은 이에 더하여 사정변경이 (해지하는) 당사자의 책임으로 돌릴 수 없는 사유에 의하여 발생한 것이어야 한다고 하며, 이는 신의성실의 원칙상 당연한 것이라고 한다.[76] 이에 따르면, 당사자의 유책사유로 자

---

74) MüKoBGB/Finkenauer, § 313 Rn. 59-60 참조.
75) MüKoBGB/Finkenauer, § 313 Rn. 76-80 참조.
76) 곽윤직(주 23), 94면; 김형배(주 4), 74면 등.

산상태가 급격히 악화되었거나, 이행지체 중에 사정변경이 발생한 경우 이러한 사정에 책임이 있는 당사자는 해지권을 행사할 수 없다.

또한 사정변경의 원칙에 따라 계약을 해지하는 경우, 계약의 전제가 되는 사정이 현저하게 변경되어 계약을 더 이상 유지할 수 없게 되었다는 취지에 비추어 채무불이행에서와 같이 최고는 필요하지 않다고 봄이 타당하다.[77]

다. 사정변경의 효과

1) 계약의 수정, 해제 또는 해지권의 병렬적 인정

2013년 민법개정안에서는 이러한 현저한 사정변경이 있는 경우, 당사자가 취할 수 있는 조치로 계약 수정의 청구, 계약의 해제 또는 해지를 병렬적으로 제시하고 있다. 이는 2004년 민법개정위원회의 민법개정안에서 우선 당사자로 하여금 변경된 사정에 따른 계약의 수정을 요구할 수 있도록 하고, 상당한 기간 내에 계약의 수정에 관한 합의가 이루어지지 아니한 때에는 계약을 해제 또는 해지할 수 있도록 한 것과는 대비된다.

이러한 2013년 민법개정안의 태도에 대하여는 어떤 경우에 계약의 수정이 인정되고, 어떠한 경우에 해제 또는 해지가 인정되는지에 대한 지침을 제공하지 못한다는 비판이 있다.[78] 즉, 2013년 민법개정안의 내용에 따르면, 구체적으로 사정변경의 원칙을 적용하는 경우 어떤 식으로 문제 해결이 되는지가 불분명하다. 특히 당사자가 계약의 수정을 청구하는 경우 어디까지 수정이 허용될 것인지, 수정을 청구한 경우에 어떤 절차를 거쳐서 계약 수정을 할 수 있는지, 상대방으로서는 교섭에 임할 의무가 있는지, 합리적인 기간 내에 합의에 도달하지 못한 경우에는 계약

---

77) 곽윤직(주 23), 94면.
78) 김재형(주 25), 54면.

을 그대로 지속하여야 하는지 아니면 법원을 통하여 계약 내용을 수정
할 수 있는지 등은 추가적인 논의가 필요하다. 먼저 사적자치의 존중이
라는 측면에서 교섭의무를 인정할 수도 있겠지만, 교섭이라는 사실상의
행위에 대하여 의무를 부담하도록 하는 것이 부자연스럽고, 현실적으로
교섭을 강제할 수단을 생각하기 어려우며, 교섭을 강제하는 경우 거래비
용만 높일 뿐 그 실익이 크지 않다는 견해가 타당하다고 생각된다.79) 계
약의 수정이나 해제, 해지에는 종국적으로 법원이 관여할 필요가 있을
것이다. 법률에서 조정의 구체적인 고려 요소를 정함이 없이 당사자의
수정청구권만을 규정한다면, 수정 범위가 지나치게 넓어질 수 있을 것이
므로, 법원의 적절한 개입이 바람직하다고 할 것이다.80)

2) 계약의 해석과의 관계

계속적 계약에서 해지 사유를 살펴볼 때에는 당사자들의 의사를 기
초로 한 계약 해석에서 시작하여야 함이 마땅하다. 계약의 문언에서 출
발하여, 객관적으로 계약의 의미를 밝히려는 노력을 기울여야 하고, 주
관적 또는 규범적인 해석을 통하여도 메꾸어지지 않는 계약의 흠결 내
지 공백이 있는 경우에는 당사자들의 가정적인 의사를 기초로 보충적
해석을 할 수도 있을 것이다. 특히 사정변경의 원칙이 적용되는 국면은
보충적 해석과도 중복되는 점이 있다.

실제로 독일 법원은 유사한 사안을 해결하면서 보충적 해석의 법리

---

79) 수정 청구에 대하여 당사자들이 교섭 의무가 있는지에 대하여는 사적자치의
    존중이라는 측면에서 그러한 의무를 부담하도록 하는 것이 바람직하다고 볼
    수도 있겠지만, 교섭이라는 사실상의 행위에 대하여 의무를 부담하도록 하는
    것이 부자연스럽고 위반에 대한 효과적인 제재 수단을 찾기 어려우며, 계약 자
    유는 계약을 체결하지 않을 자유도 포함하는 점을 고려할 때 강제는 거래비용
    을 높일 뿐 그 실익이 크지 않다는 견해가 타당하다고 생각된다. 권영준(주
    69), 241-242면 참조.
80) 김재형(주 25), 54-55면 참조.

를 적용하기도 하고, 행위기초론의 법리를 적용하기도 하였다.[81] 이와
관련하여서는 행위기초론(사정변경의 원칙)과 보충적 해석과의 관계를
어떻게 볼 것인가 하는 논의가 있다.[82] 우선 행위기초가 상실된 경우에
도 당사자들이 만약 그 사정을 알았더라면 어떻게 합의하였을까를 탐구
함으로써 문제를 해결할 수 있다고 하여 행위기초론 또는 사정변경의
원칙을 인정할 필요가 없다는 입장이 있다.[83] 그러나 통설과 판례는 두
제도의 독자성을 인정하는 것을 전제로, 당사자의 의도와 밀접한 계약의
보충적 해석을 우선하여야 한다고 한다.[84] 즉, 계약에서 만일 당사자가
그러한 사정을 알았더라면 계약을 체결하지 않았을 것 이외의 다른 보
충적 해석을 위한 착안점이 발견되는 경우에는 당사자들의 가정적 의사
에 기한 보충적 해석을 통하여 그 공백을 채우는 노력을 하여야 하고,
그러한 사정이 없는 경우에는 사정변경의 원칙이 적용될 수 있다는 것
이다.[85]

　　사정변경의 원칙은 신의칙에서 도출되는 것으로, 일반조항으로의 도
피를 막고 사적자치의 원칙을 존중하는 차원에서 계약의 해석이 우선되
어야 한다는 점은 원칙적으로 동의할 수 있다. 계약의 해석으로 해결될
수 있는 상황이라면, 사정변경의 원칙을 적용하지 않는 것이 타당하다.

---

81) 예컨대 BGHZ 81, 135 판례는 화폐가치의 하락을 우려하여 지료로 호밀을 제공
　　하기로 약정하였는데 호밀가격의 변동이 일반 생계비의 상승을 따르지 못하게
　　된 경우, 당사자들의 가정적 의사를 탐구하여 (보충적 해석으로서) 생계비 증
　　가에 따른 지료 인상을 인정하였다. 반면, BGHZ 77, 194 판례는 유사한 경우에
　　사정변경의 원칙을 인정하였다.
82) 구체적인 논의는 윤진수, "법률행위의 보충적 해석에 관한 독일의 학설과 판
　　례", 판례월보, 1990. 7, 14면 이하; 엄동섭, "법률행위의 해석에 관한 연구", 서
　　울대학교 박사학위논문, 1992, 215-219면 참조.
83) Brox/Walker, Allgemeines Schuldrecht, 40. Aufl., C.H. Beck, 2016, § 27, Rn. 13.
84) Palandt/Heinrichs, BGB § 242 Anm. 6Ca; MüKoBGB/Finkenauer, § 313 Rn. 143-145;
　　BGHZ 9, 273; 40, 91; 63, 132; 81, 135.
85) 주석민법[총칙(1)](주 49), 182-184면(백태승 집필부분).

그러나 사정변경의 원칙은 처음 계약을 체결할 때의 사정에 당사자들이 예상하지 못했던 현저한 변경이 있게 되는 경우에 문제가 되는 것이므로, 이를 모두 계약의 공백으로 보는 것은 무리가 있다. 보충적 해석은 어디까지나 당사자들이 그 계약에서 예정할 수 있었던 사항을 규정하지 못하였을 때, 즉 계약의 흠결에 대한 의사해석의 문제라고 할 것이므로, 사정변경의 원칙은 보충적 해석과는 다른 차원에서 논의되어야 한다. 따라서 당사자들의 약정 내용이나 명시적 또는 묵시적 의사표시 등 구체적인 상황에 따라 달라질 수는 있겠으나, 계약 체결 이후 경제상황 등의 급격한 변동에 따라 계약서에서 명시한 급부채무의 내용을 그대로 적용하는 것이 부당하게 된 경우에는 사정변경의 원칙을 적용하는 것이 보다 적절한 경우가 많을 것이다.

4. 계속적 공급계약에의 적용

가. 사정변경의 원칙에 의한 해지 가능성

사업자들 간의 계속적 공급계약이 오랜 기간 유지되면 그에 따라 계약을 둘러싼 여러 사정이나 당사자들 간의 관계가 변경될 가능성이 높다. 경우에 따라서는 계약 성립의 기초가 된 사정과 관련하여 당사자들이 계약 체결 당시에 전혀 예상하지 못한 현저한 변화가 생겨서 이에 따라 변경된 당사자들의 이해관계를 조정하거나 부득이하게 발생한 위험을 분배하여야 하는 경우가 있을 것이다. 장기간 계약이 지속될수록 이에 비례하여 상황의 변동 가능성이 높아지고, 이를 사전에 예견하거나 회피하기가 어려워질 것이므로, 일시적 또는 일회적 계약에 비하여 계속적 공급계약에서 사정변경으로 인한 계약의 해지를 인정할 실익이 크다. 특히 판례의 입장에 따른다면, 당사자들의 행위와는 직접 관련이 없는 객관적인 사정에 관하여 당사자들이 예상하지 못하였던 현저한 변경이 발생한 경우, 사정변경의 원칙에 따라 계약을 종료시킬 수 있을 것이다.

다만, 동시에 계속적 공급계약이 장기간 유지되면 적어도 일방 당사자에게 있어서는 계약의 지속에 대한 이해가 클 수 있고, 장기간의 계약을 체결하는 당사자들은 계약관계를 둘러싼 제반 사정들이 어느 정도는 변경될 수 있다고 인식할 수 있을 것이다. 따라서 계속적 공급계약에서 신의칙에 기한 해지권은 쉽게 인정하여서는 안되고, 개별 계약의 모든 점들을 따져서 신중하게 적용할 필요가 있다.

이하에서는 계속적 공급계약에서 문제가 될 수 있는 구체적인 경우들을 중심으로, 사정변경을 이유로 한 계약 종료 사유가 될 수 있을지를 생각해 보겠다. 아직까지 판례들이 충분히 축적되지는 않았고, 실제 사안에서는 제반사정을 종합적으로 고려하는 작업이 필수적으로 진행될 것이므로, 아래 결론은 잠정적인 것에 불과하다.

나. 구체적 사안의 검토[86]

1) 물가, 원부자재가격, 환율의 급변 등 경제적 상황의 변경

계속적 공급계약에서 취급하는 제품의 가격이나, 물가, 환율 등이 급격하게 변하여 등가관계가 파괴되는 정도에 이르면 계약을 해지할 수 있을 것이다. 다만 장기 계약에서 가격 등이 갑작스럽게 변경될 가능성은 상존하는 것이므로, 일반적으로 예상할 수 있는 범위에서의 계약상 위험은 당사자들이 인수하였다고 보는 것이 합리적이다.[87] 따라서 계약

---

86) 이하에서 예시하는 사정변경 상황은 川越憲治, 継続的取引契約の終了: 販売店契約·下請契約·継続的供給契約をめぐって(別冊NBL19号), 東京商事法務研究会, 1988, 89면 이하 및 MüKoBGB/Finkenauer, § 313 Rn. 183 이하를 참고하거나, 실무에서 자주 문제가 되는 계속적 공급계약 사안을 기초로 재구성한 것이다.

87) 이와는 달리 가격의 약간의 차이가 있다고 하더라도 거래업계의 상식으로 보아 계속적 거래관계를 해소하여야 한다고 인정되면 해지권을 인정하여야 한다는 견해가 있다. 川越憲治(주 86), 89면. 그러나 이러한 견해는 계약 해지 요건

의 해지 사유가 되기 위해서는 당사자 쌍방의 의무가 현저한 불균형을 이루는 정도가 되어야 하는데, 이는 일의적으로 기준을 정할 수는 없고 개별적인 계약에서 구체적으로 판단될 문제이다.[88] 지금까지의 판례의 태도는 해지가 인정될 정도의 등가관계의 파괴는 매우 엄격한 기준으로 판단하는 것으로 이해된다.[89] 이는 독일의 경우에도 마찬가지인데, 당사자들이 화폐가치나 물가 변동에 대하여는 예상할 수 있었거나 그 해결 방안을 규정하는 경우가 많다는 점에 기인한다.[90]

당사자들로서는 가격의 변동이 있더라도 계약 자체는 계속 유지하고

으로서 현저한 사정의 변경을 요구하는 학설과 판례의 태도에 비추어 인정하기 어렵다.

88) 이와 관련하여 경제적인 급부 곤란을 이행불능으로 볼 수 있는지에 대한 논의가 있다. 우선 단순히 채무자의 물품 조달비용이 현저히 증가하였다는 사정만으로는 이행불능을 인정할 수 없을 것이나, 그것이 비상한 곤란과 결합되어 채무자를 실제로 경제적 파멸로 이끄는 결과가 될 경우나 사정변경 후에 원래의 내용대로의 급부를 하는 것이 원래 약속하였던 것과 내용적으로 완전히 다른 것으로 평가되는 경우에는 불능이 되는 것으로 인정할 수 있다는 견해가 있다. 양창수·김재형(주 4), 404-405면. 이에 반하여 이러한 경우에도 이행불능이 아니라 사정변경의 원칙 또는 행위기초의 상실이론으로 해결하여야 한다는 견해가 있다. 김상용, 채권총론, 개정판, 법문사, 2003, 128면; 김증한·김학동, 채권총론, 제6판, 박영사, 1998, 101면; 김형배, 채권총론, 제2판, 박영사, 1998, 191면 등 참조. 특히 이행을 합리적으로 기대할 수 없는지 여부는 계약외재적인 '사회통념'이라는 기준이 아니라, 명시의 합의 기타 계약의 취지에 따라 판단되어야 한다고 하면서, 결국 이행불능 여부는 계약에 있어서의 위험 분담 관계의 문제라는 견해는 박영복, "책임제한사유로서의 불가항력과 사정변경", 외법논집 제35권 제4호, 2011, 87면 이하 참조. 이에 따르면, 가격의 등귀 등에 의하여 채무자에게 이행 비용이 당초 예상에 반하여 크게 되었더라도 계약이행에 의하여 채권자가 얻는 이익도 크게 되었다면 위험 분담의 측면에서 이행불능으로 볼 수는 없고, 이러한 계약의 균형의 파괴에 대처하기 위하여는 사정변경의 원칙의 법리를 적용하여야 한다고 한다. 본 논문에서는 이러한 경제적 이행곤란에 대하여는 사정변경의 원칙을 적용할 수 있다는 견해에 따른다.

89) 대판 1955. 4. 14, 4286민상231; 대판 1963. 9. 12, 63다452; 대판 1974. 4. 30, 73다1465 등.

90) MüKoBGB/Finkenauer, § 313 Rn. 186 참조.

자 하는 유인이 있는 경우가 많을 것이므로, 일차적으로는 계약의 수정을 시도할 가능성이 크다. 계속적 공급계약 자체의 해지가 문제되려면, 계속적 공급계약의 중요 대상에 대한 가격 등이 급격하게 변경되었어야 하고, 부수적인 상품 가격 일부가 변경되었을 뿐이라면 계약의 해지는 불가능하다. 또한 주요 상품에 대한 가격 등의 급등이 비교적 단기간의 한시적인 영향에 그친다면 부분적인 계약의 수정 사유가 될 수는 있으나, 계약의 해지 사유가 되기는 어려울 것이다.

2) 시장의 변화

계속적 공급계약이 장기화되면서 처음 계약을 체결할 때와 시장 상황이 달라지는 경우를 생각해 볼 수 있다. 일반적으로 시장에서의 수요·공급의 변화나 이에 따른 경쟁 상황의 변경은 어느 정도 예견가능한 것으로, 당사자들이 감수하여야 할 위험 범위라고 할 수 있다.

그런데 예외적으로 이러한 변화가 예견할 수 있는 범위를 벗어나 계약을 그대로 유지하는 것이 부당한 정도라면, 해지를 생각해 볼 수 있다. 예를 들어 시장에서 공급업자가 취급하는 제품의 상품성이 완전히 없어져 버렸거나,[91] 시장에서 제품의 유통 방식이 전혀 새로운 방식으로 바뀌어 버렸다면, 기존의 계속적 공급계약을 유지하는 것이 무의미할 것이다. 다만 이러한 정도의 변경은 통상 단기간에 갑작스럽게 나타나기보다는 장기간 동안 서서히 일어나므로, 계속적 공급계약 관계를 유지하는 당사자들로서는 변화에 맞추어 계약을 수정하여 유지하다가 종국적으로 계약의 해지를 고려하는 경우가 많을 것이다.

장기적인 계속적 공급계약을 운영함에 있어서 소비자들의 수요 변화, 기술 개발 등의 이유로 공급업자가 취급하는 제품이 변경되는 경우는

---

91) 川越憲治는 계속적 거래관계에서 중요한 목적이 되어 있는 상품이 당사자에게 책임 없는 원인으로 시장에서 존재하지 않거나, 계속적 거래관계를 유지하는 데 양적으로 부족하면 해지권이 발생한다고 한다. 川越憲治(주 86), 90면.

흔히 볼 수 있다. 특별한 사정이 없으면 공급업자가 제품을 변경하는 것이 계약의 해지 사유가 되기는 어렵다. 그러나 이 경우에도 공급업자는 판매업자가 제품의 변경에 대비할 수 있도록 미리 제품 변경에 대하여 통지하는 것이 바람직하다. 만일 공급업자가 기존의 제품과 완전히 무관한 종류로 변경하거나 아무런 통지 없이 갑작스럽게 제품을 변경하여 판매업자가 더 이상 사업을 하기 어렵게 되었다면 계약을 해지할 수 있는 중대한 사유가 있다고 판단될 수 있을 것이다.

3) 법규의 변경

특정 제품의 판매를 위하여 판매업자가 공급업자의 제품을 판매하기 위하여 관련 법규에 따라 일정한 요건을 갖추어야 하는 경우가 있다. 그런데 계속적 공급계약 관계가 지속되던 중에 예상하지 못하게 법규가 개정이 되어 판매업자가 그러한 자격을 가질 수 없게 되거나, 추가적인 요건을 갖추어야만 하는데 이를 위하여 막대한 시간과 비용이 든다면 사정변경의 원칙이 적용될 가능성이 있다.[92] 예를 들어, 판매업자가 계속적 공급계약에 따라 해외 공급업자가 제조한 식품을 공급받아 국내 소비자들에게 판매하고 있었는데, 관련 법규가 개정되어 해당 식품의 일정 성분을 더 이상 식품에서 사용할 수 없게 되었다면 계약의 해지를 고려할 수 있다. 당사자들이 이러한 변경을 예상하지 못하였고, 대체 성분을 사용하려면 많은 시간과 비용이 들어서 추가적인 상품 개발을 하는 것이 합리적이지 않은 경우, 당사자들이 기존 계약에 그대로 구속되는 것은 부당할 것이다. 예상하지 못한 법률의 변경은 당사자가 부담하여야 하는 일반적인 위험이라고 할 수 없다.[93]

---

92) 만일 법규의 변경으로 채무이행이 법적으로 불가능하게 된 경우에는 사정변경의 원칙이 아니라 이행불능(과실이 없는 경우에는 위험부담)의 문제가 될 것이다. 박영복(주 88), 87면 참조.
93) MüKoBGB/Finkenauer, § 313 Rn. 230.

다만, 당사자들이 관련 분야의 법규나 판례가 변경될 수 있다는 점을 인식하였거나, 나아가 관련 위험에 대한 분배에 관하여 미리 협의하였다면 사정변경의 원칙이 적용되기 어렵다.[94] 위의 예에서 해외 공급업자로서는 국내 관련 법규의 내용과 그 변경을 잘 알기 어려우므로, 판매업자가 법규에 맞는 제품을 요청하도록 하고 관련 법규의 변경이 있는 경우에는 즉시 이를 판매업자에게 알리고 협의하도록 정할 수 있다. 이러한 약정이 있다면, 판매업자는 법규 변경이 있는 경우 계약에서 정한 절차에 따라야 할 것이다.[95]

4) 계약 전제의 변경

판매업자가 공급업자로부터 물건을 공급받아서 이를 제3자에게 공급하는 경우를 생각해 보자. 제품의 특성상 그 자체로는 소비되지 않고 다른 제품의 생산에 필요하여 제3자에게 공급될 것이 예상되거나, 공급업자와 판매업자간의 계속적 공급계약에서 이와 같은 공급 구조가 전제되어 시장에서의 제품 평판이나 가격, 공급량 등을 고려하여 계속적 공급계약의 조건을 협의하였을 수도 있다. 만일 판매업자와 제3자 간의 계약이 예상하지 못하게 갑자기 해지되어 버렸다면, 이는 공급업자와 판매업

---

94) MüKoBGB/Finkenauer, § 313 Rn. 233, 238 등.
95) 이 문제는 계약에서 정함이 없더라도 법률행위의 보충적 해석에 의하여 해결할 수 있다는 견해도 있다. 양 당사자의 실제의 의사를 확정하는 것이 아니라 법률행위 당시 및 보충적 해석을 할 당시에 있어서의 사정, 신의칙과 거래관행에 의하여 인정되는 양 당사자의 가정적 의사를 확정하는 것으로서, 법규 변경 등으로 프랜차이즈 계약 등 계속적 공급계약의 이행이 곤란하게 된 경우에는, 계약을 수정하고 예외적으로 계약을 해지할 수 있다고 한다. 결국 사정변경의 원칙을 적용하는 경우와 결론은 같으나, 보충적 해석에 의한 문제 해결이 가능하므로 구태어 사정변경의 원칙을 적용할 필요는 없다는 입장이다. 구재군, "프랜차이즈 계약에 관한 연구", 서울대학교 법학박사학위논문, 2000, 143-144면. 그러나 계약 체결 이후에 예상하지 못하게 법규가 변경된 경우라면 보충적 해석을 통한 문제 해결에는 한계가 있을 것이다.

자 간의 계약을 해지할 수 있는 사유가 될 수 있을까?

원칙적으로 판매업지가 자신의 계약을 해지당한 것은 계약의 당사자가 아닌 공급업자와는 무관한 사정이다. 그러나 판매업자와 제3자 간의 계약이 판매업자와 공급업자 간의 계약에 전제가 된 사정이 있다면, 판매업자가 계약을 해지당한 것이 공급업자와 판매업자 간의 계속적 공급계약에도 연쇄적으로 영향을 미칠 수 있다. 이러한 경우 판매업자가 공급업자와의 계속적 공급계약을 해지할 수 있는지 여부는 판매업자가 제3자와의 계약을 해지당한 것에 판매업자의 귀책 사유가 있는지, 제3자와의 계약 해지로서 더 이상 공급업자에게 공급을 받는 것이 의미가 없어졌다고 볼 수 있는지(대체 거래선을 쉽게 찾을 수 있는지, 해당 제3자 이외에도 다른 거래선이 있는지 여부 등) 등 개별 사안의 모든 구체적인 사정들이 고려되어야 할 것이다.[96)]

Ⅲ. 계약의 존속을 기대할 수 없는 중대한 사유

1. 학설의 논의

가. 중대한 사유에 기한 해지권

일반적으로 계속적 공급계약을 포함한 계속적 계약의 특유한 해지 사유로 거론되는 것은 당사자간의 신뢰관계가 더 이상 유지될 수 없는

---

96) 계속적 계약관계에 있어서 당사자 간의 공통 전제의 상실이 있는 경우에는 묵시적 의사표시의 해석에 따라 해지 합의에 대응되는 해지권이 유보된 것으로 해석할 수 있을 것이라는 견해가 있다. 川越憲治(주 86), 91면 참조. 그러나 일률적으로 묵시적 의사표시를 인정할 수는 없으며, 당사자의 공통 전제가 깨어지는 경우를 모두 의사표시 해석의 문제로 포섭하기는 어려울 것으로 생각된다.

경우이다. 계속적 계약관계에 있어서는 당사자 사이의 고도의 신뢰관계
를 기초로 장기에 걸치는 법률관계가 형성되며, 이러한 신뢰관계는 계약
의 목적이 달성될 때까지 유지되어야 한다. 그런데 일정한 사유로 말미
암아 당사자의 신뢰관계가 파탄에 이르게 되었다면, 그 계약관계가 계속
유지되기는 어려울 것이다. 학설은 이러한 경우 당사자들은 이 계약관계
의 효력을 장래를 향하여 상실시킬 수 있어야 한다고 하며, 그러한 해지
권은 계약 자체나 법률의 규정이 없더라도 신의칙에 따라 인정되는 것
이라고 설명한다.[97]

나. 논의의 배경

  독일에서는 계속적 채권관계에서 상호 신뢰관계가 파괴된 경우에는
신의칙, 특히 충실의무(Loyalitätspflicht)에 기초하여 계약 해지를 인정하
여 왔고, 판례도 당사자들의 인적인 협동, 친선관계가 요구되는 계속적
법률관계에 있어서는 중대한 사유가 있으면 언제라도 이를 해소할 수
있다고 판단하였다.[98] 이러한 점은 독일 민법 개정에 반영이 되었는데,
독일 민법 제314조 제1항은 "계속적 계약관계의 각 당사자는 중대한 사
유가 있는 경우에는 해지기간을 두지 아니하고 그 계약관계를 해지할
수 있다. 개별적인 경우의 모든 사정을 고려하고 양 당사자의 이익을 형
량하면 해지 당사자에게 약정된 종료시기까지 또는 해지기간이 경과할
때까지 계약관계의 존속을 기대할 수 없는 때에는 중대한 사유가 있는
것이다."라고 명시하였다. 채무불이행의 경우와는 달리 계약 해지에 최
고가 필요 없고, 당사자 또는 상대방의 책임 여부가 해지권 행사에 직접
적인 요건이 되지는 않는다.[99]

---

97) 민법주해[I](주 48), 156-157면(양창수 집필부분).
98) BeckOK BGB/Lorenz, § 314 Rn. 12.
99) 상대방의 과책은 필요하지도 충분하지도 않고, 해지자에게 과책이 있다고 하

2. 판례의 태도

법원은 계속적 계약은 당사자 상호간의 신뢰관계를 기초로 하는 것
이라고 하면서, "계약의 기초가 되는 신뢰관계가 파괴되어 계약의 존속
을 기대할 수 없는 중대한 사유가 있는 때에는 상대방은 계약을 해지함
으로써 장래에 향하여 효력을 소멸시킬 수 있다"고 반복적으로 판시하
고 있다.[100] 그 중 계속적 공급계약의 해지에 관하여는 다음의 판례들이
있다.

가. 상대방의 채무불이행이 개입된 경우

1) 대판 1995. 3. 24, 94다17826

이는 위에서 채무불이행과 관련하여 살펴본 특약점 계약의 해지에
관한 사안이다. 원고에게 특약점 계약상의 경업금지의무를 위배하는 채
무불이행 사유가 있었던 것인데, 법원은 이러한 경업금지의무 위반으로
약정의 존속 기초가 된 당사자 간의 신뢰관계를 파괴하는 결과가 초래
되어 사실상 계약관계를 그대로 계속 유지시키는 것이 현저히 곤란하게
되었다고 보았다.

구체적인 사실관계를 살펴보면, 공급업자인 피고는 원고를 자신이 생
산 또는 수입판매하는 특수윤활유 등 전제품의 판매 특약점으로 지정하
고 원고에게 울산, 포항, 광양 등 각 지역에 총판권을 부여하였고, 원고
는 피고가 공급하는 것 이외의 제품을 취급·판매하지 않기로 하는 경업

여 해지권이 반드시 배제되는 것도 아니라고 한다. Palandt/Grüneberg, BGB
   § 314 Rn. 7.
100) 대판 1995. 3. 24, 94다17826; 대판 2010. 10. 14, 2010다48165; 대판 2013. 4.11,
   2011다59629 등. 그 외에도 대판 1978. 3. 28, 77다2298 이래 계속적 보증에 대
   한 판례도 다수 존재함.

금지 의무를 부담하였다. 이후 원고 직원의 구매부정사건을 이유로 울산 영업소에 대한 영업을 피고가 인수하는 과정에서도 당사자들은 원고의 경업금지의무를 가장 주된 의무사항의 하나로 인식하였다. 그런데 원고 는 울산영업소의 영업양도에 따른 자신의 사업경영 부진을 타개하고자, 피고가 직접 공급납품하는 압연유의 생산을 위하여 타사와 기술제휴를 하고, 원고 스스로 피고가 생산판매하는 제품과 동종의 특수윤활유를 제조판매하고자 준비를 하였고, 피고가 이러한 사실을 확인하고 그 중단을 요구하였으나 이를 거절하였다.

제반 사정을 종합하면, 당사자들에게 있어서 원고가 피고의 공급제품 이외의 제품을 취급 또는 판매할 수 없다는 취지의 경업금지의무는 원고의 가장 주된 의무 중 하나였던 것으로 이해된다. 또한 원고의 위반 정도를 살펴보면, 이미 타사와의 기술제휴가 있었고, 직접 제품을 제조하기 위한 준비에 들어갔으며, 나아가 피고의 위반행위 중단에 대한 요구를 거절하기까지 하여 피고로서는 더 이상 계약을 지속하기 어렵다는 결론에 이르게 된 것으로 보인다. 이러한 상황에서는 계약을 바로 해소할 수 있도록 하는 것이 타당할 것이다.

2) 대판 2006. 3. 10, 2002두332

이 사안에서는 가맹본부가 가맹점사업자의 계약상 의무 위반을 이유로 가맹점 계약을 해지한 것이 공정거래법에 따라 불공정한 것인지가 문제되었다.

구체적으로, 가맹점사업자는 영업점에 다른 회사 제조의 주스를 비치하고 판매하였고, 방송사와의 인터뷰에서 콜라가격 등과 관련하여 허위 내용으로 인터뷰를 함으로써 가맹본부의 명예를 실추시켰는데, 이는 모두 가맹점 계약을 위반하는 것이었다. 이에 대하여 법원은 지정된 상품이 아닌 상품의 비치·판매와 허위인터뷰는 가맹점 계약의 본질적인 부분을 해하는 것으로서 계속적 거래관계를 지속하기 어려운 중대한 사유에 해당하고, 나아가 위와 같은 행위로 인하여 가맹본부와 가맹점사업자 사이의 신뢰관계는 이미 붕괴되었다고 판단하였다.

나. 상대방의 채무불이행이 전제되지 않은 경우

1) 대판 2013. 4. 11, 2011다59629[101]

이 사안은 아파트입주자대표회의(이하 '입주자회의' 또는 '피고')와 도시가스 주식회사(이하 '도시가스 회사' 또는 '원고')가 체결한 도시가스 공급계약에 관한 사안이다. 이 사안에서는 아파트 입주자대표회의가 도시가스 회사와 체결한 도시가스 공급계약이 당사자 사이의 신뢰관계 파괴를 이유로 한 입주자대표회의의 해지에 의하여 적법하게 해지되었는지가 주된 쟁점이 되었다.

도시가스 회사는 입주자회의가 일방적으로 이 사건 계약의 이행을 거절하여 계약을 부당하게 파기하였다는 이유로 이 사건 계약을 해지하고 채무불이행으로 인한 손해배상으로 가스배관 설치비용 상당의 손해와 이 사건 계약을 이행하였다면 얻을 수 있었던 영업이익 상당의 손해에 대한 배상을 구하였다. 이에 대하여 입주자회의는 원고가 정압기 설치를 하지 않았고 원고의 대표와 입주자회의의 대표가 형제라는 등을 이유로 하여 원고의 해지 의사표시 전에 당사자 사이의 신뢰관계 파괴를 이유로 입주자회의가 계약을 해지하였으므로 이미 이 사건 계약이 적법하게 해지된 것이라고 주장하였으나, 법원은 그러한 사정만으로는 당사자 간의 신뢰관계가 파괴되었다고 볼 수 없다고 판단하였다.

---

101) 이 사안 이외에 계속적 공급계약이 아닌 계속적 계약의 해지에 관한 판례로는 송전탑 및 송전선 설치를 위한 부지 임대차 계약 사안(대판 2010. 10. 14, 2010다48165), 공무원 채용계약 사안(대판 2002. 11. 26, 2002두5948; 대판 2010. 9. 9, 2010두8638) 등이 있다. 이들 판례에서는 신뢰관계가 파괴되는 등 중대한 사유가 있는지 여부를 살펴보았다.

다만, 원심[102]에서는 원고가 도시가스 공급을 위하여 필수적인 정압기를 설치하지 못하고 있다는 점을 근거로 입주자회의가 정당하게 해지하였다고 하였으나, 대법원은 원고가 정압기를 설치하지 못한 것은 일부 입주자들이 반대하였기 때문이라는 점을 지적하였다. 나아가 원고로서는 계약 후 상당한 기간 동안 아파트에 도시가스를 공급할 것이라는 신뢰를 가지고 이를 전제로 아파트 외부 경계까지 도시가스 배관공사를 하고 아파트 단지 내 정비사업비용을 지급하는 등의 투자를 하였고, 입주자회의 측은 정압기 설치를 위한 부지사용동의서를 작성해주는 등 원고에게 위 계약이 상당기간 지속되리라는 점에 대한 신뢰를 부여한 점 등을 고려하면 계약의 존속을 기대할 수 없는 중대한 사유를 이유로 하는 계약의 해지가 인정된다고 하기 어렵다고 하였다.

이 사안에서는 위의 대판 1995. 3. 24, 94다17826나 대판 2006. 3. 10, 2002두332과는 달리 상대방의 채무불이행이 직접 문제가 되지 않았다. 대법원은 계속적 계약에서 계약의 존속을 기대할 수 없는 중대한 사유가 있는지 여부에 대하여 "계속적 계약 중 계약의 이행을 위하여 일정 규모의 설비가 필요하고 비교적 장기간의 거래가 예상되는 계속적 공급계약 해지의 경우, 계약의 존속을 기대할 수 없는 중대한 사유가 있는지는 계약을 체결하게 된 경위, 공급업자와 수요자 사이의 관계, 공급계약의 내용, 공급업자가 계약의 이행을 위하여 설치한 설비의 정도, 설치된 설비의 원상복구 가능성, 계약이 이행된 정도, 해지에 이르게 된 과정 등 제반 사정을 종합적으로 고려하여 판단하여야 한다"고 하여 그 판단 요소들을 제시한다. 이는 여타의 계속적 공급계약 사안에서도 유효한 기준이 될 수 있다.

---

102) 광주고판(제주) 2011. 6. 29, 2010나417.

3. 민법개정안의 검토

가. 민법개정안의 내용

채무불이행에 기한 해지 부분에서 살펴본 바와 같이 2013년 민법개정안은 계속적 계약관계의 해지에 관하여 다음과 같은 내용을 포함하고 있다.

제544조의2(계속적 계약관계와 해지) ① 계속적 계약관계에서 당사자 일방이 채무의 내용에 좇은 이행을 하지 아니한 때에는 상대방은 계약을 해지할 수 있다. 이 경우에는 제544조 제1항 단서 및 제2항 내지 제4항을 준용한다.
② 제1항 이외의 중대한 사유로 계약의 존속을 기대할 수 없는 때에는 당사자 일방은 계약을 해지할 수 있다.

나. 중대한 사유로 인한 해지의 요건

1) 계약의 존속을 기대할 수 없는 중대한 사유

민법개정안 제554조의2 제2항에서는 중대한 사유로 계약의 존속을 기대할 수 없는 때에 계속적 계약을 해지할 수 있다고 규정한다. 채무불이행이 있는 경우에 한하여 계약의 해지를 인정하였던 2004년 민법개정안과는 다른 점이다.

이번 민법개정안에는 계약의 존속을 기대할 수 없을 정도의 중대한 사유가 있으면 해지의 대상이 될 수 있다고만 되어 있을 뿐이어서 계약 해지의 대상이 될 수 있는 중대한 사유를 어떻게 해석할 수 있을지가 문제된다. 이 조문은 독일 민법의 태도를 참조한 것인데, 독일 민법 제314조 제1항 2문에서는 개별적인 경우의 모든 사정을 고려하고 양 당사자의

이익을 형량하면 해지 당사자에게 약정된 종료시기까지 또는 해지기간
이 경과할 때까지 계약관계의 존속을 기대할 수 없는 때에는 중대한 사
유가 있는 것이라고 하였다. 중대한 사유에 기한 해지권의 인정 근거가
신의칙이라는 점에서, 구체적인 사안에서의 형평을 기하여야 할 것이다.
따라서 계약의 존속을 기대할 수 없을 정도의 중대한 사유를 판단하기
위해서는 개별적인 사건의 모든 사정을 고려하고, 계약을 지속하는 것과
관련한 양당사자의 이익을 따져 이를 비교하는 것이 필요하다. 즉, 해지
를 하는 자의 이익은 그가 계속적 채권관계에 속박당할 것이 기대되지
않는다고 할 정도로 중대하게 침해되어야 하고, 개별 사안의 특별한 사
정과 계약유형이 고려되어야 한다. 개별 사안을 평가할 때에는 반드시
해지 상대방의 이익에 대하여도 고려하여야 한다.[103] 특히 장기간 상호
관계가 형성되어 온 계속적 공급계약을 해지하는 것은 신중을 기할 필
요가 있으므로, 구체적 사정을 따져서 단순히 신뢰관계가 약화된 정도로
는 중대한 사유라고 하기 어렵고, 신뢰관계가 더 이상 회복될 수 없을
정도로 파탄에 이르렀다면 해지를 인정할 수 있을 것이다.

한편, 현행 민법에서는 '중대한 사유'로 인하여 계약을 해지할 수 있
다는 규정은 없으나, 일부 전형계약에서는 '부득이한 사유'가 있는 경우
해지권을 인정한 예를 찾아볼 수 있다. 고용과 임치의 경우 기간의 약정
이 있더라도 '부득이한 사유'가 있는 때에는 계약을 해지할 수 있도록 하
였고(제661조, 제698조), 조합에서도 조합원은 '부득이한 사유'가 있으면
존속기간을 정하였더라도 탈퇴할 수 있고, 해산을 청구할 수 있다(제716
조 제2항, 제720조).

민법 규정 중 '부득이한 사유'에 대한 판례의 입장은 대체로 다음과
같다. 먼저 민법 제661조 소정의 '부득이한 사유'는 고용계약을 계속하여
존속시켜 그 이행을 강제하는 것이 사회통념상 불가능한 경우를 말하고,

---

103) MüKoBGB/Gaier, § 314 Rn. 10.

고용은 계속적 계약으로 당사자 사이의 특별한 신뢰관계를 전제로 하므로 고용관계를 계속하여 유지하는 데 필요한 신뢰관계를 파괴하거나 해치는 사실도 부득이한 사유에 포함되며, 따라서 고용계약상 의무의 중대한 위반이 있는 경우에도 부득이한 사유에 포함된다.104) 다음으로, 존속기간의 정함이 있는 조합의 경우에는 민법 제716조 제2항의 규정에 의하여 조합원은 원칙적으로 존속기간 중에는 탈퇴할 수 없고 부득이한 사유가 있는 경우에 한하여 예외적으로 탈퇴할 수 있는데, 그와 같은 부득이한 사유에 해당하는지 여부는 조합원 일신상의 주관적인 사유 및 조합원 개개인의 이익뿐만 아니라 단체로서의 조합의 성격과 조합원 전체의 이익 등을 종합적으로 고려하여 판단하여야 한다고 한다.105) 구체적인 사안에서 대법원은 증권시장의 안정을 도모함을 목적으로 하여 설립된 증권시장안정기금의 공익단체로서의 성격과 설립목적, 업무내용 등에 비추어 볼 때 증권시장안정기금의 출자 조합원인 회사가 자금사정 악화 등 회사의 주관적인 사정만으로는 이를 증권시장안정기금에서 탈퇴할 수 있는 부득이한 사유에 해당한다고 볼 수 없다고 판단하였다. 또한 민법 제720조의 조합의 해산청구 사유인 '부득이한 사유'란 경제계의 사정변경에 따른 조합 재산상태의 악화나 영업부진 등으로 조합의 목적달성이 매우 곤란하다고 인정되는 객관적 사정이 있는 경우 외에 조합당사자간의 불화 대립으로 인하여 신뢰관계가 파괴됨으로써 조합업무의 원만한 운영을 기대할 수 없는 경우도 이에 포함된다고 하면서, 동업조합의 계약이 있은 얼마 후 출자금 일부의 이행기일 때문에 시비가 벌어지고 폭행 등 사건으로 형사처벌까지 받은 지경에 이르렀다면 두 조합원간의 출자를 둘러싼 반목 불화는 사업의 원만한 운영을 도저히 기약할 수 없는 성질의 것이라고 보아야 할 것이라고 인정하기도 하였다. 이 사안에서는 신뢰관계의 파괴에 책임이 있는 당사자, 즉 유책당사자라도

---

104) 대판 2004. 2. 27, 2003다51675.
105) 대판 1997. 1. 24, 96다26305.

해산청구권이 있다고 하였다.[106]

이상을 종합하면, 개별 계속적 계약에서 해지 사유로 규정한 '부득이한 사유'는 일의적인 개념은 아니고, 신뢰관계가 파괴되어 계약을 지속할 수 없는 경우나 개별 유형별로 중대한 의무 위반이 있거나, 더 이상 계약을 유지하기 곤란한 객관적인 사정이 있는 경우 등이 인정되는 것으로 이해된다. '부득이한 사유'의 개념을 특정하기 어렵고, 계약 유형에 따라서도 조금씩 의미가 달라질 수 있다는 점에서 계속적 계약의 일반적인 해지 사유인 '중대한 사유'와의 관계를 단정하기는 어렵다. 그러나 '부득이한 사유'가 있는지 여부를 판단하기 위하여는 개별 사안의 구체적인 사실관계는 물론, 개별 계약 유형의 특수성도 충분히 고려하여야 한다는 기본적인 접근 방식은 '중대한 사유'를 검토할 때에도 유의미한 것으로 생각된다.[107]

2) 최고를 요하지 않음.

민법개정안 제544조의2 제2항은 제1항과 달리 해제 조항을 준용하지 않으므로, 중대한 사유로 계약의 존속을 기대할 수 없는 경우에 해당하여 계약을 해지하는 경우에는 최고할 필요가 없다.[108] 채무불이행을 이유로 하여 계약을 해지하는 경우에는 최고를 함으로써 계약 지속에 대한 가능성을 열어두는 것이 필요하지만, 신뢰관계가 완전히 깨져버린 경우에는 최고는 무의미하므로 바로 계약이 해지되도록 하는 것이 타당하다.

---

106) 대판 1991. 2. 22, 90다카26300; 대판 1993. 2. 9, 92다21098 등도 동지.
107) 김재형(주 25), 34면 참조.
108) MüKoBGB/Gaier, § 314 Rn. 15 참조.

다. 주요 쟁점

1) 채무불이행이 있는 경우 적용이 배제되는지 여부

개정안 제544조의2 제1항에서는 채무불이행으로 인한 해지에 관하여 규정하고, 제2항에서는 제1항 이외의 중대한 사유로 인한 해지에 관하여 규정하는바, 중대한 사유로 인한 해지는 채무불이행을 배제하는 것처럼 해석될 수 있다. 이에 대하여는 채무불이행 여부를 묻지 않고 중대한 사유로 인한 해지를 가능하게 하는 독일 민법과 규정 태도가 다르다는 점을 비판하는 견해도 있다.[109]

그러나 계속적 공급계약에서 채무불이행이 있고, 그러한 채무불이행이 중하여 당사자 사이에 신뢰관계가 파괴되는 결과에 이르렀다면, 단순한 채무불이행 이외의 중대한 사유라고 보아 제2항을 적용하는 것이 가능할 것이다. 따라서 이 경우에는 채무불이행이 있을 뿐만 아니라 계약의 존속을 기대할 수 없는 중대한 사유가 있다고 할 수 있으므로, 최고 없이도 계약을 해지할 수 있다.

2) 책임이 있는 당사자가 해지권을 행사할 수 있는지 여부

중대한 사유에 의한 해지 조항은 당사자들 간의 신뢰관계가 파괴되어 더 이상 계약을 유지할 수 없는 상태가 되는 등 계약의 존속을 기대할 수 없는 중대한 사유가 있다면 당사자 일방이 즉시 계약을 해지할 수 있도록 하는 것이 그 취지이다. 이러한 중대한 사유와 관련하여 책임이

---

109) 김재형(주 25), 34-35면. 송덕수, "계약의 해제·해지와 사정변경의 원칙에 관한 2012년 민법개정안의 성안경과와 내용", 법학논집 제17권 제1호, 2013, 45면에서도 민법개정안은 채무불이행의 경우에는 제544조의2 제1항을 적용하면 충분하다는 이유에서 제2항을 "제1항 이외의 중대한 사유"로 인한 경우에만 적용되도록 하였다고 하면서, 채무불이행의 경우에도 제1항이든 제2항이든 그 요건을 증명하여 선택적으로 적용될 수 있도록 하는 것이 바람직하다고 비판한다.

있는 당사자는 해지권을 행사할 수 있을까?

　독일의 학설과 판례는 중대한 사유에 의한 해지권에서 책임(Verschulden)은 고려되지 않는다고 한다.[110] 그러나 계약을 존속할 수 없는 중대한 사유가 있는지 여부를 판단함에 있어서는 모든 상황을 종합적으로 평가하게 되는데, 이 경우 해지자의 책임 있는 사유도 중요하게 고려될 수는 있을 것이다.[111] 또한 개별적인 사건의 모든 사정을 고려하고 계약을 지속하는 것과 관련한 양당사자의 이익을 따져 이를 비교한 결과 책임이 있는 당사자라고 하더라도 계약을 해소시킬 수 있다는 결론에 이르렀다고 하더라도, 그로 인하여 상대방에게 손해를 끼친 경우에는 그로 인한 손해배상을 부담하도록 하여야 한다.[112]

라. 현저한 사정변경과의 구별 여부

　1) 중대한 사유에 의한 해지권은 계약에 관한 신뢰와 계약에 관하여 변화된 상황의 영향간의 긴장관계라는 사정변경의 원칙에서의 특징을 공유한다. 양자는 모두 신의칙을 근거로 한 계속적 계약의 해지 사유로서, 서로 중복되거나 명확하게 구별하기 어려운 경우가 많다.[113]

---

110) Palandt/Grüneberg, BGB § 314 Rn. 7.
111) MüKoBGB/Gaier, § 314 Rn. 10. 이에 따르면 일반적으로 해지의 근거가 되는 상황은 해지 상대방의 위험 범위에서 기인하여야 한다고 하면서, 해지 상대방과는 거리가 멀고 해지자의 고유한 이해 범위에서 기인하는 이유로서 해지하려면, 일상적인 교환관계가 아닌 당사자들 사이의 특정한 친밀한 신뢰관계가 존재하는 등의 예외적인 경우에만 해지가 가능하다고 한다.
112) 민법은 특정 계속적 계약 유형에 대하여 당사자가 계약을 적법하게 해지할 수 있는 경우라고 하더라도 손해배상책임을 인정하는 경우가 있다. 예를 들어 계속적 계약의 하나인 위임계약의 경우 각 당사자는 언제든지 계약을 해지할 수 있는데, 부득이한 사유 없이 상대방에게 불리한 시기에 계약을 해지한 경우에는 그 손해를 배상하여야 한다. (민법 제689조 참조)
113) 독일의 채권법 개정 논의시, 논의초안(Diskussionentwurf eines Schuldrechtsmodernisierungsgesetzes)에서는 행위기초의 교란으로 인한 해지(현행 독일 민법 제313

2) 이 두 가지 계속적 계약의 종료 사유들의 관계를 어떻게 이해할 것인지에 대하여는 독일에서도 학설이 통일되어 있지 않다. 대표적인 견해로는 ① 중대한 사유로 인한 해지를 규정하고 있는 독일 민법 제314조가 행위기초의 교란으로 인한 계약의 변경 또는 해지를 규정하고 있는 독일 민법 제313조에 비하여 특별 규정으로서 우선한다는 것, ② 먼저 계약의 수정을 청구하도록 하고 그것이 불가능하거나 기대될 수 없는 경우에만 해지를 할 수 있는 것으로 규정하여 단계적인 법 효과를 예정하고 있는 제313조가 제314조보다 더 우선한다는 것, ③ 양 당사자 간의 신뢰관계가 파괴된 경우에는 제314조가 적용되고, 그렇지 않은 경우에는 제313조가 적용된다는 것, ④ 계약 수정에 대하여는 제313조 제1항이 우선 적용되고, 그것이 불가능하거나 기대될 수 없는 경우의 계약 해제에 대하여는 제313조에 대하여 특별 규정인 제314조가 적용된다는 것, ⑤ 제313조와 제314조는 상호 독립적이고 동등하게 병존한다는 것 등이 있다.114)

이 중 다수의 지지를 받는 학설은 앞의 두 가지인데, 먼저 중대한 사유에 기한 해지 조항을 우선적으로 적용하여야 한다는 견해는 독일 민법 제314조가 계속적 계약에 관하여 적용되는 특별 조항이라는 점을 근거로 든다. 이 견해에 따르면 중대한 사유로 인한 해지 요건은 행위기초의 교란으로 인한 해지에 대한 독일 민법 제313조 제3항의 요건에 비하여 덜 엄격하기 때문에 결과적으로 계속적 계약의 해지는 제314조를 따른다고 할 수 있다.115)

조 제3항)에 관한 논의에서 중대한 사유에 기한 해지(현행 독일 민법 제314조)에 해당하는 내용이 포함되기도 하였다. 그러나 토의정리안(Konsolidierte Fassung des Diskussionentwurfs eines Schuldrechtsmodernisierungsgesetzes)부터는 양자를 독립으로 규정하였고, 이러한 내용이 실제 채권법 개정에 반영되었으므로, 양자의 해지 요건은 상호 독립적으로 검토하여야 한다고 한다. MüKoBGB/Finkenauer, § 313, Rn. 168-170.
114) MüKoBGB/Gaier, § 314 Rn. 14; MüKoBGB/Finkenauer, § 313 Rn. 168.

이에 반하여 독일 민법 제313조를 우선 적용하여야 한다는 견해는 그렇게 해석하는 것이 입법자의 의도에 부합하고, 장기간 유지되어 온 계약을 바로 해지하기 이전에 계약의 수정이 먼저 이루어지는 것이 바람직하다는 점 등을 근거로 든다.[116]

3) 민법개정안에서는 중대한 사유에 의한 해지 조항이 '중대한 사유로 계약의 존속을 기대할 수 없는 때에는 당사자 일방은 계약을 해지할 수 있다'고 하여 매우 폭넓게 규정되어 있으므로 계속적 계약에 대하여는 사정변경의 원칙에 관한 규정을 별도로 적용할 여지가 없거나, 사정변경의 원칙은 계약의 해소가 아닌 수정의 경우에만 의미가 있다는 식의 설명도 생각해 볼 수 있다.

그러나 우리 판례에 따르면 대체로 사정변경의 원칙은 통상 당사자들의 행위가 개입되지 않은 객관적인 사정변경에 대하여 적용되고, 중대한 사유에 기한 해지는 당사자들의 계약의 토대가 되는 신뢰관계의 파괴와 같이 주관적인 사정이 주로 다루어지는 점에 비추어 보면 양자를 일의적인 기준에서 판단하기보다는 요건과 효과면에서 구분하여 이해하는 것이 바람직하다. 특히 계약의 존속을 기대할 수 없는 중대한 사유에 대하여는 사례가 많이 축적되지 않았고 연구도 충분하지 않은 상황이므로, 당사자들의 행위에 의한 것이 아니라 객관적인 사정이 변경된 경우라면 비교적 긴 시간 동안 법리가 발전되어 온 사정변경의 원칙에 따라 계약을 종료할 수 있는지를 따져보는 것이 바람직할 것이다. 사정변경의 원칙에 따라 계약을 해지하는 경우에는 상대방에게 손해배상책임을 물

---

115) MüKoBGB/Gaier, § 314 Rn. 14 참조. 다만, 변경된 상황에 대하여 당사자들이 계약을 수정하여 계약 관계를 계속하는 것이 합리적인 경우에는 계약을 해지할 수 있는 중대한 사유가 없다고 보아야 한다고 한다. 따라서 위의 ④의 견해와 동일한 결론에 이르는 것으로 볼 수 있다.
116) MüKoBGB/Finkenauer, § 313 Rn. 169-170 참조.

을 수 없게 된다. 그 외에 상황 변경과 관련하여 당사자들의 행위가 개
입되거나 당사자들의 예측가능성이 부정될 수 없는 경우에는 계약을 지
속할 수 없는 중대한 사유가 있다고 볼 수 있는지를 검토하여야 한다.
이러한 분석에 따르면, 사정변경의 원칙에 따라 계속적 보증계약을 해지
할 수 있다고 판단한 판례 사안 중에 상당수는 사정변경의 원칙보다는
중대한 사유에 기한 해지가 가능한지를 살펴보는 것이 적절하다. 계속적
보증계약을 해지할만한 상당한 이유가 있는지 여부에 대하여 보증을 하
게 된 경위, 주채무자와 보증인 간의 관계, 보증계약의 내용, 채무증가의
구체적 경과와 채무의 규모, 주채무자의 신뢰상실 여부와 그 정도, 보증
인의 지위변화, 주채무자의 자력에 관한 채권자나 보증인의 인식 등 제
반 사정을 종합적으로 고려하여 판단하는 판례의 태도117)도, 이는 중대
한 사유에 의한 해지 여부를 판단하는 방식과 유사하다. 중대한 사유에
의한 해지의 경우에는 사정변경을 이유로 한 해지와는 달리 신뢰관계
파괴 등에 책임이 있는 당사자는 손해배상책임을 부담할 수 있다.

4. 계속적 공급계약에의 적용

가. 중대한 사정에 의한 해지 가능성

상호 신뢰를 바탕으로 하여 장기간 지속하는 계속적 공급계약에서
계약적 연대가 파괴되었다면 당사자들이 상호 협력으로 나아갈 것을 기
대할 수 없으므로, 변경된 상황에 맞추어 양 당사자의 이해관계를 조정
할 수 있도록 계약관계의 해소를 인정하여야 할 것이다. 다만, 계속적
공급계약이 장기간 유지되었거나 합리적인 기대에 근거하여 투자를 한
경우와 같이 계약 당사자에게 계약관계를 지속시키고자 하는 이해관계

---

117) 대판 2003. 1. 24, 2000다37937 등

가 있을 수 있다. 따라서 계속적 공급계약에서 계약을 지속할 수 없는 중대한 사정이 있는지 여부는 개별 계약의 모든 점들을 따져서 신중하게 적용하여야 한다.

다만 아직까지 당사자들의 신뢰관계가 파괴되는 것이 어떠한 의미인지는 대하여는 깊은 논의가 이루어져 있지 않고, 판례도 충분하지 않은 실정이다. 그 의미는 앞으로 구체적인 사안들이 축적되면서 규명되어야 할 것이다. 이하에서는 계속적 공급계약에서 특히 일방 당사자의 행위가 개입되거나 일방 당사자 측의 사정을 이유로 계약을 종료하고자 하는 구체적인 사안들에 대하여, 계약을 종료할 수 있는 중대한 사유를 인정할 수 있는지를 생각해 보고자 한다.

나. 구체적인 사안의 검토

1) 계약상 기대되는 행위의 해태 또는 위반

계약상 주요 의무를 위반하는 경우에는 채무불이행에 기한 계약의 해지 여부가 문제될 수 있고, 더 나아가 채무불이행으로 인하여 당사자 간의 신뢰관계가 더 이상 회복될 수 없을 정도로 파괴된 경우에는 중대한 사유에 의한 계약의 해지가 가능하다는 점은 앞에서 살펴본 바와 같다.

당사자들이 계약에서 의무로 정한 것은 아니지만, 당사자 일방이 계속적 공급계약을 체결하면서 합리적으로 기대되는 행위를 하지 않거나 그에 반하는 행위를 하는 경우에도 당사자 간의 거래관계가 더 이상 유지되기 어려울 정도로 신뢰관계가 파괴되었다고 판단될 수 있다. 예를 들어 공급업자의 제품을 공급받는 판매업자가 경쟁제품을 동시에 취급한다고 하더라도, 계약에서 경업금지 의무를 규정하지 않은 이상, 그 자체만으로 신뢰관계가 깨어졌다고 보기는 어렵다. 오히려 판매업자가 경쟁제품을 취급하였다는 이유로 계약을 해지하면, 공정거래법상 부당한 거래거절 등으로 위법하다고 판단될 수 있다. 그러나 판매업자가 영업상

취득한 공급업자의 비밀 자료를 공급업자의 경쟁자에게 전달하여 공급
업자에게 심각한 손해를 끼치거나, 공급업자의 비밀 자료를 이용하여 자
신의 제품을 개발하고 공급업자의 제품의 판매에는 소홀한 사정이 있다
면 계속적 공급계약을 그대로 유지하기 어려울 정도로 신뢰관계가 깨어
진 것으로 판단될 수 있다.118)

현저한 매출 감소로 이어질 수 있는 계약상 의무 위반은 경우에 따라
서 계약 해지의 근거가 되는 중대한 사정이 될 수는 있으나, 일정한 매
출 의무를 달성하지 못했다는 이유만으로 계약을 해지할 수 있는 중대
한 사유가 되지는 않는다. 일정한 매출 의무를 달성하지 못하는 경우 계
약을 해지할 수 있다고 계약에 규정해 두었다고 하더라도, 이는 대리점
법 또는 공정거래법상 불공정한 해지 사유에 해당한다고 판단될 수 있
고, 이로 인한 해지가 계약에 근거한다는 이유만으로 정당화되는 것은
아니다.119)

2) 법규 위반

판매업자가 공급업자의 제품의 판매와 관련하여 법규에 위반되는 행
위를 하더라도, 판매업자가 이에 대한 법적인 책임을 지면 족하고 공급
업자에게는 법적인 영향이 없는 것이 일반적이다. 이러한 경우에는 상대
방의 법규 위반이 있더라도, 그것만으로 계속적 공급계약을 해지할 수
있는 사유가 되기는 어려울 것이다.

---

118) 공정거래법상 부당한 거래거절에 관한 판례 중에는 중간도매상으로서 공급
업자에게 제품을 대리점 가격보다 저렴하게 공급받고 있던 판매업자가 경쟁
사 제품을 판매하는 별도의 유통망을 구축한 경우, 공급업자가 판매업자와의
계약을 해지한 것은 공급업자의 부득이한 조치라고 판단한 것이 있다. 대판
2005. 5. 26, 2004두3038 참조.
119) 판매목표 강제 행위는 대리점법 제8조에서 금지되고, 공정거래법 제23조 제1
항의 불공정거래행위에도 해당할 수 있다(공정거래위원회 예규 제241호 불공
정거래행위 심사지침 V. 6. 다. 참조).

그런데 일정한 경우에는 법규 위반이 계속적 공급계약의 상대방에게
도 직간접적인 영향이 있을 수 있다. 예를 들어 의약품 도매상이 의료기
관에 약사법에서 금지되는 판매촉진 목적의 경제적 이익을 제공한 경우
해당 도매상이 처벌을 받는 것에 그치지 않고, 해당 제품에 대한 보험약
가의 인하 또는 급여정지의 요인이 되는 등 공급업자가 법적인 불이익
을 받을 수 있다.[120] 제약업계에서 불법 리베이트는 민감하고 중대한 문
제로, 판매업자와 같은 제3자가 제품을 공급하면서 법규를 위반하더라
도 해당 제품이나 공급업자의 평판에도 심각한 영향을 줄 수 있음은 물
론이다. 또 다른 예로는 공급업자가 제품을 생산함에 있어서 법규에 정
해진 기준을 준수하지 않아서 소비자의 안전에 문제가 생긴 경우를 들
수 있다. 이 경우 판매업자는 추후 공급업자에게 구상권을 행사할 수 있
음은 별론으로 하고, 관련 법규에 따라 판매한 제품을 회수하고, 소비자
에 대하여 피해 보상을 하는 등 법적 책임을 지게 될 수 있다. 상대방의
법규 위반으로 영업에 중대한 지장이 초래된 경우에는 다른 제반 상황
을 고려하여 계속적 공급계약의 해지를 인정할 필요가 있다.

3) 규제기관에 대한 신고나 고객에 대한 신용 훼손 등

계속적 공급계약의 당사자 사이에 분쟁이 예상되거나 이미 분쟁이
발생한 경우, 일방 당사자가 기존의 거래에서 발생하였던 상대방을 규제
기관이나 수사기관 등에 신고하는 것은 어렵지 않게 볼 수 있다. 장기간
의 계약기간에서 공급업자의 불공정거래행위가 있었다고 주장하면서 공
정거래위원회에 신고하거나, 공급업자가 판매업자에게 불법적인 리베이
트를 요구하였다고 하여 수사기관이나 규제기관에 고소를 하거나 민원
을 제기하기도 한다. 고객이나 시장에 공급업자에 대한 신용을 훼손할
수 있는 소문을 내거나 언론 보도를 통하여 이러한 내용을 내보냄으로

---

120) 국민건강보험법 제41조의2, 국민건강보험법 시행령 별표4의2 참조.

써 상대방에게 큰 타격을 주는 경우도 있다.

만일 신고 등의 내용이 상당한 근거를 가지고 있는 것으로서 공익적인 측면에서도 가치가 있는 것이라면, 일방 당사자의 신고 등은 적법한 것으로서 보호되어야 하고,[121] 이를 이유로 계약을 해지할 수는 없을 것이다. 그러나 사실이 아니거나 무리한 주장이라는 것을 인식하면서 신고 등을 하거나, 반복적으로 여러 기관에 무리하게 민원을 제기하거나, 악의적인 주장과 허위 사실을 유포하는 경우에는 계약관계를 유지하기 어려울 정도로 신뢰관계가 파괴되었다고 판단될 수 있을 것이다.[122]

4) 당사자, 주주, 주요 임직원의 변경 등

일반적으로 당사자 사이의 신뢰관계가 요구되는 계속적 공급계약에서 당사자가 누구인지는 중요한 요소이다. 당사자들이 장기간 계약관계를 형성할 것을 예정하고 있으므로, 일회적 또는 일시적 계약관계에 비하여 높은 정도의 신뢰관계가 요구되는 것이다.[123] 그런데 실제 계약에

---

121) 공정거래법 제23조의3은 공정거래위원회에 불공정거래행위 등을 신고하였다는 이유로 거래의 정지, 물량의 축소 등의 불이익을 주어서는 안 된다고 하여 보복조치의 금지를 규정하고 있고, 공익신고자를 보호하기 위하여 제정된 공익신고자 보호법도 공정거래법 위반 등 일정한 공익침해행위의 공익신고자에 대한 계약해지 등의 불이익조치를 금지하고 있다.

122) 참고로 대법원은 특정 제약회사와 계속적 상품공급계약을 체결하여 제품을 공급해 온 대리점이 계약을 일방적으로 해지당한 다음, 해당 제약회사를 비방하는 취지가 내용의 주조를 이루고 있는 글을 작성하여 국회의원이나 언론사, 다른 제약회사 홈페이지 등에 게재한 행위는 형법상 명예훼손죄에 해당하고, 형법 제310조의 위법성조각사유나 제20조의 정당행위에 해당하지 않는다고 판단한 바 있다. 대판 2004. 5. 28, 2004도1497.

123) 계속적 계약의 하나인 임대차계약의 경우, 민법은 원칙적으로 임차권의 양도를 금하고, 임차물의 전대를 허용하지 않으며, 다만 임대인의 동의가 있는 경우에만 유효하게 양도 또는 전대할 수 있도록 하였다(제629조 제1항). 임차인이 임대인의 동의 없이 임차권을 양도하거나 임차물을 전대한 때에는 임대인은 임대차계약을 해지할 수 있다(제629조 제2항). 민법이 이러한 태도를 취하

서 당사자가 얼마나 중요한지는 일률적으로 말할 수는 없고, 개별 사안의 구체적인 사실관계에 따라 다를 수 있다. 예를 들어 맥주 공급업자가 식당에 계속적으로 맥주를 공급하는 계약에서는 식당이 대금을 문제없이 지급하기만 한다면 식당 주인이 누구인지는 크게 중요하지 않을 수 있다. 반면, 공급업자가 잘 알지 못하는 새로운 시장에 진출하면서 해당 시장에 정통하거나 이미 유통망을 갖추고 있는 판매업자와 대리점 계약을 체결하는 경우에는 판매업자가 누구인지는 매우 중요한 요소가 될 수 있다.

계속적 공급계약의 당사자 등이 변경되었다는 이유로 계약을 해지할 수 있는지 여부는 개별 계약에서 그것이 얼마나 중요한지를 먼저 검토할 문제이다. 예컨대 가맹계약에서 가맹점사업자가 일정한 자격요건을 갖추거나 가맹본부로부터 교육훈련 등을 받고 그 평가에서 통과할 것을 전제로 하였다면, 가맹점사업자가 계약기간 중에 사망하는 경우 원칙적으로 그 계약은 종료된다고 보아야 할 것이다.[124] 반면, 계약 당사자가 아닌 주주나 주요 임직원이 변경된 사정만으로는 일반적으로 계약을 해지할 수 있는 중대한 사유가 되기는 어려울 것이다. 다만, 상대방이 계약을 해지하기 위해서는 계속적 공급계약상 경업금지 의무 또는 비밀유지 의무가 있는데 판매업자의 새로운 주주가 공급업자의 제품과 경쟁관계가 있는 다른 제품을 생산하는 자로서 공급업자의 판매를 정상적으로 판매할 수 없게 되는 특수한 사정이 있거나, 판매업무를 담당할 특정 임직원의 존재를 전제로 계약을 체결하였는데 그 임직원이 퇴사한 경우와 같이 특수한 사정이 있는 경우에는 계약의 해지를 주장해 볼 수 있을 것

는 것은, 물건의 사용·수익의 방법은 사람에 따라서 큰 차이가 있으므로, 임차인이 누구인지가 중요한 의미가 있기 때문이라고 한다. 곽윤직(주 23), 206면.
124) 미국 판례인 Iannuzzi v. Exxon Co., U.S.A., Div. of Exxon Corp., 572 F. Supp. 716 (D.N.J. 1983) 참조. 이와 관련하여 최영홍, "가맹계약의 해지에 대한 규제와 그 한계", 비교사법 제14권 제2호, 2007, 257면에서는 가맹점 운영권은 상속이 대상이 아니라고 한다.

이다.125)

5) 재무상황의 악화, 파산 등

계속적 공급계약에서는 하나의 개별계약의 불이행이 있다고 하더라도 그것이 다른 개별계약에 직접 영향을 미치지 않는 것이 원칙이다. 그러나 대금을 지급하지 못하고 있는 판매업자에게 계속하여 제품을 공급하면 그만큼 손해가 확대될 수 있으므로, 공급업자는 이를 방지하기 위한 적절한 조치를 하고자 할 것이다. 판례는 민법 제536조 제2항 및 신의성실의 원칙에 근거하여 공급업자에게 이미 이행기가 지난 전기의 대금을 지급받을 때 또는 전기에 대한 상대방의 이행기 미도래 채무의 이행불안 사유가 해소될 때까지 선이행의무가 있는 다음 기간의 자기 채무의 이행을 거절할 수 있다고 하였다.126) 나아가 상대방의 재무상황이 악화된 것을 이유로 계약을 해지할 수 있을까? 일률적으로 볼 수는 없을 것이지만, 상대방의 재무상황이 상당히 악화되고 개선될 가능성이 낮은 경우에는 당사자간의 계속적 공급계약을 해지함으로써 불안정한 상태에서 해방될 수 있도록 하여야 할 것이다. 이와 관련하여 공정거래법상 부당한 거래거절에 관한 판례이기는 하지만, 법원이 주류의 계속적 공급계약과 관련하여 상당한 미지급채권이 쌓여 있는 상태에서 어음발행 및 어음금지급 의무를 해태한 판매업자와의 거래를 중단한 것은 손해가 확대되는 것을 방지하기 위한 조치로서 정당하다고 판단한 것이 있다.127)

당사자 일방이 도산절차가 개시될 정도로 재정상태가 악화된 경우

---

125) 이러한 사정이 당사자들에게 계약을 계속할 수 없는 중대한 사유가 되는 경우에는 계속적 공급계약에서 특히 판매업자 측의 변경이 있는 경우(판매업자의 주요 주주 등 지배권이 변경되는 경우 포함) 계약을 해지할 수 있도록 하거나, 공급업자에게 사전에 동의를 받거나 통지하도록 하는 등의 소위 change of control 조항을 두기도 한다.

126) 대판 2001. 9. 18, 2001다9304, 대판 1995. 2. 28, 93다53887 등.

127) 대판 2004. 7. 9, 2002두11059.

계속적 공급계약을 해지할 수 있는지도 생각해 볼 문제이다. 우선 파산제도의 취지나 관련 법규와의 관계에서 해지권 행사를 제한하여야 한다는 견해가 있다. 즉, 해지권을 인정하면 관리인이나 파산관재인에게 미이행 쌍무계약에 대한 선택권을 부여한 채무자 회생 및 파산에 관한 법률의 취지를 몰각한다거나,[128] 채권자 사이의 형평을 도모하면서 채무자의 총재산을 청산하여 총채권자에게 공평한 만족을 주려는 파산절차의 목적에 어긋난다고 한다.[129] 그러나 계속적 공급계약과 같이 당사자들의 신뢰관계가 중시되는 계약에서는 일방 당사자가 도산절차에 들어갔는지 여부가 매우 중요할 수 있고, 도산절차에 들어갈 정도로 재정상태가 악화된 상대방과의 장기간의 계약관계를 유지할 것을 강제하는 것은 형평에 맞지 않는다는 점에서 구체적 사안의 제반 사정들을 살펴서 계약 해지가 가능할 수 있다고 보는 것이 타당하다고 본다.[130] 대법원도 도산해지조항과 관련하여 계속적 계약관계에서 당사자의 일방 또는 쌍방이 해지권을 유보하는 약정을 한 경우, 그 약정에서 정한 요건을 갖추어 계속적 계약을 해지함으로써 장래에 향하여 그 효력을 소멸시킬 수 있다는 점을 언급한 바 있다.[131]

---

128) 남효순, "도산절차와 계약관계-이행미완료 쌍무계약의 법률관계를 중심으로-", 남효순·김재형 편, 도산법강의, 법문사, 2005, 30-31면; 백창훈·임채홍, 회사정리법(상), 제2판, 한국사법행정학회, 2002, 361면.
129) 박병대, "파산절차가 계약관계에 미치는 영향", 파산법상의 제문제(상), 재판자료 제82집, 법원도서관, 1999, 438면.
130) 김재형, "2007년 민법 판례 동향", 민법론 IV, 박영사, 2011, 428면 참조.
131) 대판 2015. 5. 29, 2012다87751. 다만, 실제 사안에서는 이러한 해지가 인정되는 것은 계속적 채권관계를 발생시키는 계약에 한한다고 하면서, 이미 채무자가 이행을 마쳤으므로 더 이상 계속적 채권관계가 아니어서 해지의 효력이 없다고 판단하였다.

제3절 소결

일방 당사자가 계속적 공급계약을 적법하게 종료할 수 있는 일반적인 사유로는 존속기간이 만료된 경우 이외에도 상대방의 채무불이행이 있거나 당사자들이 약정으로 정한 해지 사유가 발생하는 경우를 생각해 볼 수 있다. 이러한 종료 사유들은 당사자들이 정한 존속기간이나 해지 사유, 계약상 의무 등에 기초한 것으로 기본적으로는 당사자들의 합의에서 비롯되는 종료 사유들로 보아도 무방할 것이다.

그런데 장기간 상호 신뢰관계 하에서 유지·발전되어 온 당사자들의 관계를 해소함에 있어서는 이러한 계약 당시의 당사자의 의사뿐만 아니라 계약 체결 후의 당사자들간의 관계나 계약을 둘러싼 여러 상황의 변화를 적절하게 반영할 수 있어야 한다. 따라서 당사자들의 계약의 기초가 된 사정에 계약 당시에는 전혀 예상하지 못했던 현저한 변경이 있거나, 신뢰관계가 파탄 상태에 이르러 더 이상 계약을 지속할 수 없는 지경에 이르렀다면, 일반적인 종료 사유가 없더라도 신의칙에 기하여 계약을 해소할 수 있도록 하는 것이 타당하다. 이 두 가지 해지사유는 그 근거를 신의칙으로 하고 태양에 있어서도 유사한 점이 있지만, 개별적인 요건과 효과면에서 차이가 있으므로, 구체적인 사안이 어디에 해당하는지를 나누어 판단할 실익이 있다.

제4장

계속적 공급계약의 종료 제한

제3장에서 살펴본 종료 사유들은 계속적 공급계약이 적법하게 종료되었는지 여부를 살펴보는 데에 중요한 기준점이 된다. 그런데 실제로는 일방 당사자의 계약 종료가 그 요건을 갖추었다고 하더라도 계속적 공급계약의 종료를 둘러싼 분쟁이 발생하는 경우가 많다. 계속적 공급계약을 종료당하는 당사자는 상대방의 계약 종료가 계약에 근거한 것이라도 당사자들이 계약 당시에 정한 종료 사유 자체가 부당하다거나, 상대방의 일방적인 종료는 계약에 대한 정당한 신뢰를 저버리는 것이라고 주장하기도 한다. 이러한 당사자의 주장처럼, 계속적 공급계약의 종료가 그 요건을 갖춘 경우에도 계약의 특수성이나 당사자들 간의 관계 등을 고려하여 계약 종료 자체를 제한할 수 있을까?

법원은 대체로 당사자들의 의사에 기초한 계약의 종료 사유가 있으면 이를 존중하는 입장이나, 일부 판례에서는 종료의 제한가능성을 살펴본 것이 있다. 그런데 이들 판례는 약관법이나 경쟁법에 근거한 것이 대부분이고, 계속적 계약의 종료를 제한할 수 있는지를 계약의 종료라는 계약법의 문제로 인식하는 데에는 이르지 못한 것 같다. 약관법이나 경쟁법의 시각에서 계약의 불공정성을 시정하는 것도 중요한 일이지만, 계약의 종료를 제한할 수 있는지는 시장에서의 자유롭고 공정한 경쟁 이외에도 계약법 일반의 여러 가치들이 함께 고려되어야 할 문제이다. 이하에서는 기존의 판례와 비교법적인 논의를 정리한 다음, 계약의 종료를 제한할 필요성과 그 근거 및 각각의 유형별로 계속적 계약의 종료를 제한하는 문제를 어떻게 다루어야 할 것인지를 살펴본다.

제1절 계속적 공급계약의 종료 제한에 관한 국내 논의

Ⅰ. 약관의 규제에 관한 법률(이하 '약관법')에 의한 제한

1. 약관법에 의한 계약 종료의 제한

계속적 공급계약을 체결하는 당사자들이 대등한 관계에 있지 못하고, 당사자 일방이 상대방에 대하여 우월적인 지위에 있는 경우에는 불공정한 약정이 이루어질 우려가 있다. 이러한 우려는 약관에 의한 거래에서 두드러지게 나타나므로, 당사자 간의 이해관계를 정당하게 조정하기 위하여 불공정한 약관의 효력이나 내용을 통제할 필요가 있다.

계약으로 편입되고 그 의미가 해석에 의하여 확정된 약관조항이라도, 그것이 일정한 사유에 해당하는 경우에는 효력을 가지지 못한다.[1] 예를 들어 계속적인 채권관계의 발생을 목적으로 하는 계약에서 그 존속기간을 부당하게 단기 또는 장기로 하거나 묵시적인 기간의 연장 또는 갱신이 가능하도록 정하여 고객에게 부당하게 불이익을 줄 우려가 있는 조항은 약관법 제9조 제6조에서 정하는 개별적인 불공정약관조항이다. 약관법 제6조 제1항은 신의성실의 원칙을 위반하여 공정성을 잃은 약관조항이 무효라는 점을 밝히고 있는데, 제2항에 따라 고객에게 부당하게 불리한 조항, 고객이 계약의 거래형태 등 관련된 모든 사정에 비추어 예상하기 어려운 조항, 계약의 목적을 달성할 수 없을 정도로 계약에 따르는 본질적 권리를 제한하는 조항 등은 공정성을 잃은 것으로 추정된다.

따라서 당사자들이 정한 계약기간이나 계약의 종료에 관한 조항, 채

---

1) 권오승, 경제법, 제12판, 법문사, 2015, 565-565면 참조.

무에 관한 조항이 불공정약관조항으로 판단된다면, 이에 근거하여 계속
적 공급계약을 적법하게 종료할 수는 없을 것이다. 이러한 측면에서 약
관법은 계속적 공급계약의 종료 사유를 제한하는 효력이 있다. 다만, 약
관법 제16조 본문에 따라 해당 조항이 무효로 판단되더라도 계약 자체는
나머지 부분만으로 유효하게 존속할 것이므로, 계속적 계약의 종료가 제
한된다는 구체적인 의미는 결국 계약의 해석과 연결되는 문제가 될 것
이다.

약관은 그 명칭이나 형태 또는 범위에 상관없이 계약의 한쪽 당사자
가 여러 명의 상대방과 계약을 체결하기 위하여 일정한 형식으로 미리
마련한 계약의 내용을 말하므로, 대리점 계약이나 가맹점 계약과 같은
사업자 간의 계속적 공급계약에 대하여도 적용될 수 있다. 다만 약관법
을 적용하기 위해서는 해당 계속적 공급계약이 약관에 의하여 이루어졌
어야 함은 물론이다. 개별 협상에 따라 체결된 계약에 대하여는 약관법
에 의한 종료 제한이 문제되지 않는다. 또한 대법원은 "국제사법 제27조
에서 소비자보호를 위해 준거법 지정과 관련하여 소비자계약에 관한 강
행규정을 별도로 마련해 두는 점이나 약관규제법의 입법목적을 고려하
면, 외국법을 준거법으로 하여 체결된 모든 계약에 관하여 당연히 약관
규제법을 적용할 수 있는 것은 아니"라고 하였으므로,[2] 외국 공급업자와
국내 판매업자 간의 국제적 계속적 공급계약에서 준거법을 외국법으로
한 경우에는 약관법이 적용되지 않을 수 있다.

2. 관련 판례

대판 2003. 1. 10, 2001두1604는 공정거래위원회의 불공정약관 시정명
령처분을 취소하여 달라는 원고의 청구를 기각한 것이다. 이 사안에서는

---

2) 대판 2010. 8. 26, 2010다28185.

사업자가 마련한 자동차 대리점계약의 약정해지 조항이 문제가 되었는데, "사업자와 판매대리점 중 어느 일방의 당사자가 대리점계약을 해지하고자 할 경우에는 상대방에게 그 뜻을 계약해지 예정일로부터 2개월 전에 서면으로 예고하여야 한다"고 되어 있었다. 이 조항에 대하여 대법원은 "형식적으로는 당사자 쌍방에게 동등하게 해지권을 유보한 것처럼 보이나, 판매대리점은 투하자본 때문에 계약을 임의로 해지하기가 어려운 반면, 사업자는 필요에 따라 2개월의 유예기간만 두면 언제든지 계약의 해지가 가능하므로, 실질적으로는 사업자의 이익을 위하여 기능하는 조항이라고 할 수 있는바, 당사자간의 신뢰관계의 파괴, 부득이한 사유의 발생, 채무불이행 등 특별한 사정의 발생 유무를 불문하고 사업자가 2개월 전에 서면예고만 하면 언제든지 계약을 해지할 수 있도록 규정하고 있으므로, 약관규제법 제6조 제2항 제1호 소정의 '고객에 대하여 부당하게 불리한 조항'으로서 불공정한 약관으로 추정된다."고 판단하였다.

이 사안에서는 특히 사업자와 대리점 간의 규모, 사업상 독립성 등을 고려하여 사업자가 대리점에 비하여 계약당사자로서의 우월적 지위가 현저하다는 점이 고려된 것으로 이해된다.3) 우월적 지위가 현저한 사업자가 준비한 약관에서는 특별한 사정이 없더라도 일정한 통지 기간을 두고 계약을 해지할 수 있도록 규정하는 임의해지권에 대하여 상당한 제한이 될 수 있음을 알 수 있다.

다만, 실제 계약의 해지가 문제가 된 것이 아니고 공정거래위원회의 사전적인 추상적 규범통제 사안이었으므로, 계속적 공급계약의 종료가 어떻게 제한될 수 있는지에 대한 구체적인 판단에는 이르지 않았다. 실제로 계속적 계약을 위한 약관에서 당사자들이 일정한 통지기간을 두고 해지할 수 있다는 조항을 두었을 때의 그 사법적인 효력을 따지는 것은 보다 신중을 기하여야 할 것으로 생각된다. 해당 조항을 일률적으로 무

---

3) 이 사안의 원심인 서울고판 2001. 1. 11, 99누1344 참조.

효로 돌리기보다는, 계약 당사자 간의 관계, 계약에 대한 의존도나 투자, 계약 기간 등의 제반 사정을 종합하여, 해당 조항이 불공정한지 여부, 특히 해당 통지기간이 적절한지 여부를 검토하여야 할 것이다.

Ⅱ. 공정거래법에 의한 제한

1. 공정거래법에 의한 계약 종료의 제한

1) 일방 당사자가 대리점 계약 등 계속적 공급계약을 종료하고자 할 때에 상대방이 공정거래법에 근거하여 그러한 종료가 불공정하다는 주장을 하는 경우가 많다. 특히 최근에는 이러한 분쟁을 공정거래위원회를 통하여 해결할 수 있다는 일반의 인식도 높아졌고, 절차나 비용상 이점 때문에 공정거래위원회나 한국공정거래조정원을 통하여 분쟁을 해결하려는 경우가 증가하고 있다. 계약의 종료와 관련하여 분쟁이 지속되는 것은 계약을 종료하고자 하는 쪽에 부담이 되기 때문에 당사자간의 합의로서 계약을 종료하고자 하는 경우가 많은데, 공정거래위원회 등에 신고하거나 신고를 취하하는 행위[4]가 협상 목적으로 활용되기도 한다.

2) 계속적 공급계약의 종료가 불공정한지 여부에 대하여는 공정거래법 제23조제1항의 불공정거래행위가 주로 문제가 된다. 계속적 공급계약의 유형에 따라서는 개별법에서 그 거래의 특수성을 고려하여 불공정거래행위를 규정하는 경우들이 있다. 예를 들어 대리점법 제6조 이하에서

---

4) 다만 당사자의 신고는 조사 개시 사유일 뿐이므로(공정거래법 제49조 제2항 참조), 당사자가 신고를 취하한다고 하여 공정거래위원회가 반드시 사안을 종결하는 것은 아니고 혐의점이 있다고 판단한다면 신고 취하와 무관하게 조사를 계속할 수 있다.

는 공정거래법상 불공정거래행위 중 거래상 지위의 남용에 해당하는 유형들을 별도로 규정하고 있는데, 이는 공정거래법 제23조 제1항 제4호에 우선하여 적용된다.[5] 또한 가맹사업법이 적용되는 계약에 대하여는 제12조 내지 제14조에서 거래거절, 고객유인, 구속조건부 거래에 해당하는 별도의 규정을 두고 있으므로 이에 관한 공정거래법 규정이 적용되지 않는다.[6] 대규모유통업법도 제7조 이하에서 거래상 지위의 남용과 구속조건부 거래행위에 관한 규정을 두었는데, 이들 조항은 이에 관한 공정거래법 제23조 제1항 제4호 및 제5호에 우선하여 적용된다.[7] 다만 이들 규정들은 기본적으로 공정거래법상 불공정거래행위 가운데 개별 유통계약에서 빈번하게 발생하는 것들을 유형화한 것이어서, 공정거래법에 따른 논의가 여전히 유효하다고 할 것이다.

3) 일반적으로 계속적 공급계약의 종료를 직접 문제 삼는 경우에는 공정거래법 제23조 제1항 제1호의 기타의 거래거절이 문제가 되고, 그 외의 행위에 대하여는 공정거래법 제23조 제1항 각호의 개별 불공정거래행위 조항이 적용될 수 있다. 예컨대, 공급업자가 대리점의 실적 미달을 이유로 대리점계약을 해지한 경우, 계약을 해지당한 것 자체에 대하여는 기타의 거래거절이, 계약해지의 근거가 된 판매목표 강제에 대하여는 공정거래법 제23조 제1항 제4호의 거래상 지위의 남용이 문제될 수 있을 것이다.

기타의 거래거절은 여러 사업자가 공동으로 거래거절 행위를 하는 공동의 거래거절과 구별되는 개념으로, 부당하게 특정한 사업자에 대하여 거래의 개시를 거절하거나, 계속적인 거래관계에 있는 특정사업자에 대하여 거래를 중단하거나, 거래하는 상품 또는 용역의 수량이나 내용을

---

5) 대리점법 제4조 참조.
6) 가맹사업법 제38조 참조.
7) 대규모유통업법 제4조 참조.

현저히 제한하는 행위를 말한다.[8] 특히 계속적 공급계약의 종료에 대하여는 부당한 거래 중단이 문제가 될 수 있다.

4) 이러한 공정거래법상 불공정거래행위에 관한 규정은 약관법과는 달리 사업자가 주체인 경우 특별한 제한 없이 적용되고, 준거법이 외국법이라고 하더라도 적용된다는 점에서 강행규정이다. 위 1.에서 살펴본 대판 2010. 8. 26, 2010다28185에서는 외국의 공급업자와 국내 판매업자 간에 체결된 국내 배급 및 판매대리점 계약에서 준거법이 외국법임을 이유로 약관법의 적용을 배척하였으나, 계약 해지가 공정거래법상 불공정거래행위인 '불이익제공'이나 '기타의 거래거절'에 해당하는지 여부는 자세히 검토한 다음, 이러한 불공정거래행위에 해당하지 않는다고 판단하였다. 나아가 공정거래법은 국외에서 이루어진 행위라도 국내시장에 영향을 미치는 경우에는 당연히 적용이 된다.[9]

5) 그런데 공정거래위원회는 해당 행위가 공정거래법에 위반되는지 여부를 판단할 뿐이고, 실제 권리 구제는 손해배상[10]이나 가처분 결정 등의 법원의 판단에 따라 정해지는 것이므로 분쟁의 종국적인 해결에는 한계가 있다. 또한 사적인 영역에서의 당사자들의 분쟁 조정을 위하여 공정거래법을 적용하는 것은 시장에서의 공정하고 자유로운 경쟁을 촉진하고자 하는 공정거래법의 법 목적이나 보호법익에 비추어 무리한 법 적용이 되지 않도록 유의할 필요가 있다. 특히 계속적 공급계약의 종료와 관련된 분쟁에서 가장 문제가 되는 공정거래법 제23조 제1항 제1호의 부당한 거래거절 조항에 대하여는 경쟁제한적 효과가 없거나 불분명한

---

8) 공정거래법 제23조 제1항 제1호, 공정거래법 시행령 제36조 제1항 [별표 1의2] 제1호 (나)목.
9) 공정거래법 제2조의2 참조.
10) 공정거래법 제56조 참조.

경우에까지 다른 사업자에게 다소 불리하다는 이유만으로 경쟁법 위반
으로 처분하는 것은 기업의 사업활동을 부당하게 위축시켜 결과적으로
경쟁력 있는 사업자 위주로 시장이 재편되는 시장경제의 본래적 효율성
을 저해하게 할 위험성이 있다는 비판이 있다.11)

2. 공정거래법 위반 행위의 사법상 효력

1) 일반적으로 공정거래위원회는 불공정거래행위와 관련하여 필요한
시정조치 및 과징금 명령을 부과할 수 있을 뿐이고, 그러한 행위의 사법
상 효력에 대하여까지 판단하지는 않는다. 계속적 공급계약의 일방적인
종료 행위가 공정거래법을 위반한 것으로 판단되는 경우, 계약의 사법상
효력에는 어떠한 영향을 미치는지에 대하여는 학설과 판례의 견해가 통
일되어 있지 않다.

2) 우선 민법에서 개별 공정거래법 위반행위의 사법상 효력을 직접
논의하는 경우는 찾기 어렵지만, 강행법규 위반행위의 사법상 효력에 대
하여는 일반적으로 다음과 같이 설명한다. 위반시 법률행위의 효력을 무
효로 하는 효력규정과 제재에만 그치고 그 법률행위의 효력을 무효로
하지 않는 단순한 단속규정의 구별이 쉽지 않으나, 일반적으로 자본주의
가 고도로 발전함에 따라 제기되는 여러 모순점을 시정하고자 경제적
약자를 보호하고 공정하고 자유로운 경쟁을 유도하기 위하여 제정된 경
제관련법은 효력규정으로 이해하여야 한다거나,12) 금지법규에 위반한
법률행위의 효력은 법률의 규정 입법취지와 목적을 고려하여 이익형량

---

11) 김차동, "단독거래거절에 의한 불공정거래행위의 규제원리", 권오승 편, 공정거
    래와 법치, 법문사, 2004, 689면.
12) 편집대표 김용담, 주석민법[총칙 (2)], 제4판, 한국사법행정학회, 2010, 480면(윤
    진수·이동진 집필부분) 참조.

과 가치평가를 통하여 결론을 내려야 하는 것이지만, 금지법규에 위반한 법률행위는 원칙적으로 효력이 없다는 것을 기본입장으로 하여야 한다는 것이다.[13]

이와 유사하게 공정거래법 위반행위는 헌법상 경제질서를 해치고 민법의 기본원리인 계약의 자유를 해친다는 측면에서 선량한 풍속 기타 사회질서에 위반하는 것으로서 원칙적으로 무효라고 하는 견해도 있으나,[14] 경제법학자들 사이에서는 구체적인 사안에 따라 판단하여야 한다는 개별적 해결설이 우세한 것으로 보인다. 개별적 해결설은 구체적인 사안에 따라 거래의 안전에 필요한 한도에서 사법관계의 안정을 도모하면서, 공정거래법의 취지와 각 금지규정의 내용, 행위 유형 등을 고려하여 신의칙에 비추어 검토할 필요가 있다는 것이다. 공정거래법의 금지규정들을 살펴보면 그 성격이나 규정 태도가 서로 다르고, 공정거래법 위반 행위의 태양도 다양할 것이므로, 이들의 사법적 효력을 일률적으로 결정하기보다는 개별 사안에 따라 검토하여야 한다는 것이 개별적 해결설의 중심 논거이다.[15]

---

13) 김재형, "법률에 위반한 법률행위 -이른바 강행법규의 판단기준을 중심으로-", 민법론 I, 박영사, 2004, 61면.
14) 권오승·이민호, "경쟁질서와 사법상의 법률관계", 비교사법 제14권 제1호, 2007, 85-90면. 다만, 이 견해에 따르더라도, 이미 법률행위가 형성되어 있어서 그 행위를 무효로 하는 경우 거래관계에 상당한 혼란을 초래할 우려가 있거나, 위반 정도가 미약하여 그 법률행위를 무효로 하는 것이 일방 당사자에게 지나치게 가혹한 경우 등에는 비록 법위반행위가 있더라도 그 사법상 효력을 유효라고 보는 것이 타당하다고 하여 결론에 있어서는 개별적 해결설과 큰 차이가 나지 않는 것으로 생각된다.
15) 홍대식, "독점규제법상 불공정거래행위의 사법적 효력", 사법논집 제30집, 2000, 166-170면; 김영호, "독점규제법위반행위의 사법상 효력", 경제법·상사법논집: 춘강 손주찬교수정년기념, 박영사, 1989, 459면 이하; 서정, "독점규제법집행에 관한 연구", 서울대학교 법학석사학위논문, 1998, 148면 등.

3) 법원이 공정거래법상 불공정거래행위의 사법적 효력에 관하여 명시적으로 판단한 경우는 많지 않은데, 이 판례들도 통일되어 있지 않다.

먼저 과거 하급심 판례 가운데에는 부당한 계약해지 조항을 근거로 대리점 설치 계약을 해지하고 사료 공급을 중단한 행위는 부당하게 계속적인 거래관계에 있는 특정사업자에 대하여 거래를 중단한 것이고, 이는 강행법규인 공정거래법 제23조 제1항 제1호 전단 소정의 부당한 거래 거절에 해당하여 무효라고 명시한 것이 있다.[16] 그러나 이후 계속적 공급계약의 해지에 관한 것은 아니나 물품공급계약에서 차별취급이 문제된 사안에서, 대법원은 공정거래법 제23조 제1항 제1호 위반행위가 있는 경우 공정거래위원회가 시정명령을 하거나 과징금을 부과할 수 있음은 별론으로 하고, 불공정거래행위의 사법상 효력까지 무효로 된다고 볼 근거가 없다고 판단하기도 하였다.[17]

이에 대하여 개별적 해결설의 입장에서 계속적 공급계약에 대한 계약 해지의 사법상 효력을 판단한 것으로 보이는 판례도 있다.[18] 이 사안은 석유류제품의 판매점이 원래 거래하던 A 정유사가 아닌 B 정유사의 지원을 약속받고 계속적 거래관계에 있던 A 정유사에 대하여 계약갱신 거절의 의사표시를 하였고, 이에 대하여 A 정유사가 상표등사용금지가처분 신청을 한 것이다. 이에 대하여 법원은 공정거래법은 불공정거래행위와 관련하여 그 사법상의 효력에 관하여 아무런 규정을 두고 있지 않은데, 이를 유효로 인정하면 공정거래법의 금지를 무의미하게 만들어 법목적 달성이 불가능하게 되는 반면, 이를 전면적으로 무효라고 한다면 광범한 사법관계의 혼란을 초래할 위험이 있다고 하면서, "그 사법상의 효력은 이를 추상적, 획일적으로 판단할 것이 아니라 공정거래법에 위반된 개개의 구체적인 불공정거래행위에 대하여 앞서 본 공정거래법의 입

---

16) 대전고판 1998. 7. 29, 98나268.
17) 대판 2003. 8. 22, 2003다318.
18) 미륭상사 사건으로 알려진 서울고결 1995. 1. 12, 94라186.

법취지와 성질, 각 금지규정의 내용, 당해 행위가 공정거래법에 위반한 정도 및 이를 무효로 하는 경우에 초래될 사법관계의 혼란 정도 등을 종합적으로 고려하여 이를 정의와 형평의 관념 내지 신의칙에 비추어 개별적으로 그 사법상의 효력을 정하는 것이 상당"하다고 판단하였다. 구체적인 사안에서는 여러 사정을 고려할 때 판매점의 계약갱신 거절의 의사표시는 무효로 하는 것이 정의와 형평의 관념 내지 신의칙에 비추어 상당하다고 하면서, A 정유사와의 독점판매대리점계약이 여전히 존속하고 있으므로 A 정유사의 가처분 신청이 이유 있다고 판단하였다.

4) 계속적 공급계약의 종료가 공정거래법상 불공정거래행위로 판단되는 경우의 사법적 효력에 대하여는 기본적으로 구체적 사안에 따라 달리 판단하여야 한다는 개별적 해결설이 타당하다고 생각된다. 개별 사안에 따라 행위 태양이 다를 것이고, 거래의 안전에 대한 요청 정도도 다를 수 있기 때문이다. 다만 이는 계속적 공급계약 자체의 효력에 직접적으로 영향을 미치는 것이므로, 단순히 공정거래법 위반만을 두고 평가할 것이 아니라, 거래를 둘러싼 전반적인 요소들을 함께 살펴보아야 한다. 경제질서 내지 경쟁질서를 민법 제103조의 사회질서의 중요한 구성요소로 이해할 수 있다면, 계속적 공급계약의 일방적인 종료행위가 반사회질서의 법률행위에 해당하는지를 검토할 때에 공정거래법 위반 여부도 중요한 고려요소가 될 것이다.
　일반적으로는 당사자들이 계약에서 정한 사유와 그 절차에 따라 계약을 해지 또는 종료하였음에도 그 외의 요소인 시장에서의 거래의 공정 등을 이유로 거래거절이 위법하다는 결론에 이른 경우라면, 당사자들의 의사에 정면으로 반하여 사법적 효력을 부정하기 위해서는 보다 무거운 위법성이 요구된다. 계약관계가 중단 내지 종료되어 분쟁이 현실화되거나 분쟁이 진행되는 중에 계약관계가 중단된 경우에는, 해지권 행사의 사법적 효력을 무효화시키는 것은 이미 중단된 계약을 재개하여야 하는 의미가 되므로, 보다 신중을 기해야 한다. 그 사이에 계약이 중단되었음을 전제로 하여 새로운 이해관계를 가지게 된 제3자가 생겼을 수도 있을 것이다. 계속적 공급계약의 종료에 대한 사법적 효력이 부정된 판례들이 대부분 아직 계약관계가 완전히 중단되기 이전에 가처분을 구하는 사안이라는 점은 이러한 측면에서 이해할 수 있다.

해지권 행사가 그 사법적 효력을 부정할 수 있는 정도의 위법성을 가지는 경우가 아니거나 당사자에게 계약을 존속하는 것이 반드시 필요한 경우가 아니라면, 공정거래법 위반을 이유로 손해배상을 구할 수 있다.[19] 공정거래법은 제56조에서 법 위반 시 손해배상책임을 질 수 있다는 점을 규정하고 있는데, 이는 계약 종료 자체가 유효한지 여부가 선결적인 문제가 되지 않기 때문이다.

3. 기타의 거래거절 관련 판례

이하에서는 계속적 공급계약의 종료에 대한 불공정성 여부가 문제된 판례 가운데, 계약의 종료를 직접 문제 삼아 기타의 거래거절이 문제가 된 것들을 살펴본다.

1) 우선 법원은 계약 자유의 원칙과의 관계에서 거래거절을 위법하다고 인정하기 위하여는 엄격한 요건이 요구된다고 한다. 즉, "다른 사업자와 공동으로 하는 공동의 거래거절은 정당한 사유가 없는 이상 위법한 것이 되지만, 사업자가 단독으로 행하는 기타의 거래거절은 시장경제 체제에서 일반적으로 인정되는 거래처 선택의 자유라는 원칙에 비추어 볼 때, 그 거래거절이 특정사업자의 거래기회를 배제하여 그 사업활동을 곤란하게 할 우려가 있거나 오로지 특정사업자의 사업활동을 곤란하게 할 의도를 가진 유력사업자에 의하여 그 지위 남용행위로서 행하여지거나

---

19) 대판 2012. 6. 14, 2010다26035 참조. 이 사안에서는 계속적 공급계약의 해지가 사법상 유효한지 여부가 쟁점으로 다루어지지 않았다.

혹은 법이 금지하고 있는 거래강제 등의 목적 달성을 위하여 그 실효성을 확보하기 위한 수단으로 부당하게 행하여진 경우라야 비로소 공정한 거래를 저해할 우려가 있는 기타의 거래거절행위에 해당한다"는 것이 일관된 판례의 태도이다.[20]

2) 이러한 판례 입장에 따르면, 계속적 공급계약의 종료가 기타의 거래거절로서 위법하다고 인정되는 것은 ① 그로써 특정사업자의 거래기회를 배제하여 그 사업활동을 곤란하게 할 우려가 있거나, ② 유력 사업자가 자신의 지위를 남용하여 오로지 특정사업자의 사업활동을 곤란하게 할 의도로 계약을 종료하였거나, ③ 다른 법 위반 행위를 위하여 계약을 종료한 경우가 있다.

이 가운데 특히 ① 또는 ②의 요건은 엄격한 기준에서 검토되는데, 법원은 기존의 거래기간이 얼마나 되는지, 상대방이 쉽게 다른 대체거래선을 찾을 수 있는지, 대상 물품이 상대방의 사업에 얼마나 필수적인지 등을 고려한다.[21] 예컨대 공급업자가 중간도매상이 경쟁사 제품을 수입, 판매하는 별도의 국내 유통망을 구축하였다는 이유로 면사 공급을 중단한 것이 문제가 된 대판 2005. 5. 26, 2004두3038에서는 당사자 간의 거래기간이 2개월 남짓에 불과하다는 점과 이미 경쟁사 제품의 수입, 판매를 추진하였다는 사실에 비추어 사업활동이 곤란해질 우려가 생겼다고 볼 수 없다고 판단하였다. 보틀링 계약과 관련한 거래거절이 문제가 된 대판 2001. 1. 5, 98두17869에서는 음료공급을 거절당한 범양식품 측이 이미 계약만료일 이후 음료의 원액을 공급받을 수 없다는 인식 하에 이미 자회사로 별도의 음료업체를 설립하여 생산활동을 계속하고, 독자적인 콜라를 개발하여 판매하는 등 음료사업을 영위하고 있다는 점을 들어 거

---

20) 대판 1998. 9. 8, 96누9003; 대판 2001. 1. 5, 98두17869; 대판 2005. 5. 26, 2004두3038; 대판 2008. 2. 14, 2004다39238; 대판 2010. 8. 26, 2010다28185 등.
21) 공정거래위원회 예규 제241호 불공정거래행위 심사지침 Ⅴ. 1. 나. (2) 참조.

래거절이 위법하지 않다고 판단하였다.

이에 반하여 상대방의 사업활동을 곤란하게 하였다고 인정된 것은 경쟁사업자를 배제하거나 신규사업자의 진입을 저지하기 위하여 계속적 공급계약을 종료한 경우이다. 대판 2005. 5. 27, 2005두746 사안은 시장점유율 100%의 도료 공급업체가 자신의 모회사의 주요 거래처의 거듭된 요청을 받아들여 그 거래처의 경쟁회사에 대한 도료 판매를 갑자기 중단한 것으로, 이는 상대방의 거래기회를 배제하여 그 사업활동을 곤란하게 할 우려가 있는 행위라고 판단하였다. 또한 대판 2006. 8. 31, 2006두9924에서는 해당 주류시장에서 80% 이상의 점유율을 차지하는 하이트맥주가 가격경쟁을 봉쇄하기 위하여 신규 도매상과의 거래개시를 거절한 것은 사업활동을 방해하기 위한 의도로 행하여진 거래거절이라고 하였다.

③의 요건은 다른 공정거래법 위반행위가 인정되는 경우 비교적 쉽게 인정될 수 있다. 예를 들어 대판 2012. 6. 14, 2010다26035 판결은 공급업자가 장기간 거래하던 대리점 사업자에게 새로운 계약조건을 요구하다가 거절당하자 대리점 계약을 해지한 데에 대하여 대리점 사업자가 손해배상을 청구한 사안인데, 이러한 계약 해지에 대하여 법원은 공정거래법이 금지하고 있는 거래강제 등의 목적 달성을 위하여 그 실효성을 확보하기 위한 수단으로 부당하게 행하여진 것이라고 판단하였다. 그 외에 대판 1990. 4. 10, 89다카29075에서는 재판매가격유지를 위하여 자신이 지정한 소비자권장가격 이하로 판매한 판매점계약을 해지한 것을 위법한 거래거절에 해당한다고 판단하였다.

3) 일반적으로 계속적 공급계약을 중도에 중단하는 경우에는 거래의 개시를 거절하거나 기간 만료 후 갱신을 거절하는 경우에 비하여 부당성이 강하게 추정된다고 할 수 있으므로, 거래를 중단한 사업자는 그 중단에 관한 합리적인 이유를 들어 그 정당성을 해명하여 부당성의 추정

을 저지하여야 한다.[22] 단순한 사업경영상 필요 또는 거래상 합리성 내지 필요성만으로는 정당한 이유가 되지 않는다는 것이 판례의 입장이다.[23] 그러나 법원은 계속적 공급계약이 일방적으로 종료되었다고 하더라도 그것이 상대방의 채무불이행이나 계약에서 정한 해지권 행사로 인한 것이라면 계약 종료의 위법성을 인정하는 데에는 소극적인 태도를 보인다.

예를 들어 대판 2004. 7. 9, 2002두11059에서는 상대방이 맥주대금 지급을 위하여 발행해 주기로 한 어음을 발행해 주지 않고 어음금도 지급하지 않는 등 맥주공급재개 조건을 상당 부분 이행하지 않아 거래를 중단한 것은 채권을 회수함으로써 손해가 확대되는 것을 방지하기 위한 불가피한 조치에 불과하다고 하였고, 위에서 살펴본 대판 2005. 5. 26, 2004두3038에서는 중간도매상으로 대리점 가격보다 저렴하게 제품을 공급하고 있는 상대방이 경쟁사 제품을 수입, 판매하는 별도의 국내 유통망을 구축한 것을 이유로 제품 공급을 중단한 것은 영업권과 영업이익을 보호하기 위한 부득이한 조치라고 판단하였다.

또한 대판 2010. 5. 27, 2010다28185은 공급업자가 계약에 따라 60일 전 사전통보로써 국내 배급·판매대리 계약을 해지한 사안으로, 법원은 판매업자가 이 계약에 기하여 3년 6개월 정도 제품을 판매하여 왔고 계약기간이 끝난 후에도 보유하고 있는 제품의 판매가 가능하다는 점을 들어서, 계약에서 정한 60일의 경과기간을 주고 계약을 해지하였다고 하여 그것이 상대방의 사업활동을 곤란하게 할 부당한 의도에서 비롯되었다거나 특정한 거래를 강요하기 위한 위법한 목적에서 이루어졌다고 보기 어렵다고 하였다.

---

22) 김차동(주 11), 697면 참조.
23) 대판 1990. 4. 10, 89다카29075.

Ⅲ. 계약법에 의한 제한

1. 계약법에 의한 계약 종료의 제한

계속적 공급계약과 관련하여 계약을 종료할 수 있는 계약상 근거가 있음에도 불구하고 계약의 종료를 제한할 수 있는지에 대한 문제는 계약 자유의 원칙을 어떠한 경우에, 어떻게 제한할 수 있는지에 대한 것으로 계약법의 영역에서 검토될 수 있다. 그런데 계속적 공급계약의 종료를 일정한 경우 제한할 수 있는지에 대한 논의는 많지 않다. 앞서 살펴본 바와 같이 제한적으로 계속적 공급계약의 종료가 공정거래법에 따라 불공정거래행위로 판단될 수 있는지에 대한 검토는 있지만, 이에 대한 논의가 계약법 일반으로 이어지지는 못하는 것 같다. 이는 경쟁법 위반 여부와 함께 계약 관계를 둘러싼 다른 종료 사유들을 함께 살펴보는 외국 법원의 태도들과는 차이가 있다.

2. 관련 판례

기본적으로 우리 판례는 계속적 공급계약을 비롯한 계약의 종료 사안에서 계약의 문언을 기준으로 당사자들의 의도를 탐구하여야 한다는 입장으로, 신의칙 등을 적용하여 계약의 종료를 제한하는 것에는 소극적이다.[24]

대판 2010. 7. 15, 2010다30041에서는 이러한 점을 확인할 수 있다. 이 사안은 원고 가맹점사업자가 피고 피자판매점의 가맹본부로부터 피고가 직영하던 점포를 양수하고, 1999. 5. 1. 존속기간 3년의 가맹점 계약을 체결하고 이 계약을 2회 연장하여 9년간 계약을 유지하였는데, 피고가 계

---

24) 이에 대하여는 우리 판례의 방법론은 1차적으로 계약 문언을 존중한다는 점에서 타당하다는 견해가 있다. 최준규, "계약해석의 방법에 관한 연구 - 문언해석과 보충적 해석을 중심으로 -", 서울대학교 법학박사학위논문, 2012, 168면.

약에 정한 바에 따라 존속기간 만료일 3개월 전에 갱신거절을 통지하자, 원고는 이러한 갱신거절이 위법하다고 주장한 것이다.

법원은 존속기간의 정함이 있는 계속적 계약관계는 그 기간이 만료되면 종료한다는 점을 밝히고, 원칙적으로 가맹본부는 가맹점사업자의 갱신 요청을 받아들여 갱신 등에 합의할 것인지 여부를 스스로 판단·결정할 자유를 가지며, 그에 있어서 정당한 사유 또는 합리적 사유가 있는 경우에 한하여 갱신을 거절할 수 있는 것은 아니라고 판단하였다.

다만, 이 판결에서는 "법규정 또는 당해 가맹점계약의 해석에 좇아 가맹점사업자가 가맹본부에 대하여 갱신을 청구할 권리를 가지거나, 가맹본부의 갱신 거절이 당해 가맹점계약의 체결경위·목적이나 내용, 그 계약관계의 전개양상, 당사자의 이익상황 및 가맹점계약 일반의 고유한 특성 등에 비추어 신의칙에 반하여 허용되지 아니하는 등의 특별한 사정이 없는 한" 계약의 종료가 적법하다고 하여, 법규정이나 계약의 해석 또는 신의칙에 따라서 계약의 종료가 제한될 수도 있다는 점을 시사한다. 예를 들어 현행 가맹사업법에서는 가맹점사업자에게 10년의 기간 동안 갱신청구권을 인정하고 있으므로, 이러한 범위에서 가맹점계약의 종료는 제한될 수 있을 것이다.[25]

---

25) 가맹사업법 제13조 참조. 가맹사업법(2007. 8. 30. 법률 제8630호로 개정된 것) 부칙 4조에 따르면 갱신청구권 규정은 위 개정법률의 시행일(2008. 2. 4.) 이후에 가맹점계약이 체결되거나 갱신된 경우에만 적용된다.

제2절 계속적 공급계약의 종료 제한에 대한
비교법적 검토

이상에서 살펴본 바와 같이, 계속적 공급계약의 종료와 관련하여 계약상 근거가 있음에도 불구하고 일정한 경우 계약의 종료를 제한할 수 있는지에 대한 계약법상 논의는 본격적으로 논의가 이루어지지 않고 있다. 그런데 비교법적으로는 일방 당사자가 계약에 따라 계속적 공급계약을 종료하고자 하더라도 이러한 계약 종료가 제한될 수 있는지에 대한 실제 사례들도 다수 찾아볼 수 있고, 이와 관련된 학설의 논의도 활발하게 진행 중이다.

이하에서는 계속적 계약이라는 개념을 가장 먼저 인식하고 이에 관한 연구를 진행해 온 독일법26)과 계속적 공급계약이라는 용어를 사용하지는 않으나 일회적 또는 일시적 계약과 구별되는 장기계약(long-term contract) 또는 관계적 계약(relational contract)이라는 관념을 인정하는 영미법 및 계속적 공급계약의 종료에 관한 실제 판례들이 이론적 발전을 견인해 온 일본법의 태도를 검토함으로써 우리 계약법의 테두리에서 이 문제에 대한 해결책을 모색하고자 한다.

---

26) 그 외에 계속적 계약에 관한 개념을 인정하는 대륙법 국가인 프랑스에서도 신의칙을 근거로 하여 일방 당사자에 의한 계약의 종료를 제한하는 사례들을 확인할 수 있다. 프랑스 법원은 공급업자가 광고와 투자를 요구하여 판매업자가 이에 많은 비용을 들였는데 얼마 되지 않아 공급업자가 계약을 해지한 경우, 기한이 없는 계약을 체결한 후 얼마 지나지 않아 바로 해지하는 경우 등에 있어 이러한 해지권 행사가 신의칙 위반이라고 판단하였다. 구체적인 판례 사안은 박현정, "프랑스 민법학상의 신의칙에 관한 연구", 서울대학교 박사학위논문, 2006, 194-197면 참조.

Ⅰ. 독일법

1. 계속적 공급계약의 종료 사유

학설에 따라 분류 방법이 다소 상이할 수 있겠으나, 독일에서는 계속적 공급계약의 종료 사유는 ① 존속기간의 만료, ② 약정해지, ③ 통상해지(ordentliche Kündigung), ④ 특별해지(Außerordentliche Kündigung)가 있다고 한다.

이 중 ①, ②는 당사자들의 합의로써 존속기간과 해지 사유를 정하고 그에 따라 효력이 발생하는 것이다. ①과 관련하여 존속기간이 명확하지 않은 경우에는 일차적으로 계약의 해석이 문제되고, 계약의 해석을 통해서도 불명확하면 계약 종료를 위해서 다른 해지 사유가 필요하다.[27] ②의 약정해지 사유는 당사자들의 합의 내용이 독일 민법 제242조의 신의칙에 반하지 않는다면 적법한 해지 사유가 된다.[28]

③ 통상해지는 계속적 공급계약에서 존속기간을 정하지 않은 경우 당사자 일방의 의사표시에 의하여 계약관계를 해소하는 것을 말한다. 이러한 경우 일정한 예고기간이 경과한 후에 해지 효력이 발생한다.[29] 당사자들이 해지에 필요한 예고기간을 정할 수도 있으나, 이러한 정함이 없다면 이는 결국 독일 민법 제133조 및 제157조에 따른 계약 해석의 문제이다.[30]

④ 특별해지는 중대한 사유가 있는 경우에 즉시 계약을 해지할 수 있다. 이는 중대한 사유에 기한 계속적 계약관계의 해지에 관하여 규정한

---

27) Martinek/Semler/Flohr, Handbuch des Vertriebsrechts, 4.Auf., C.H.Beck, 2016, 5. Kapitel § 26 Rn. 6-10 참조.
28) Martinek/Semler/Flohr(주 27), 5. Kapitel § 26 Rn. 2.
29) MüKoBGB/Bachmann, § 241 Rn. 100.
30) Martinek/Semler/Flohr(주 27), 5. Kapitel § 26 Rn. 25.

독일 민법 제314조나 대리상 계약에 대한 즉시 해지 사유를 규정한 독일 상법 제89a조에 따라 인정되는 것으로, 독일 민법 제242조의 신의칙에서 도출되는 해지권이다.[31] 중대한 사유로는 대표적으로 계속적 공급계약의 근간을 이루는 상호 신뢰관계가 파괴된 경우 등을 들 수 있는데, 상대방의 귀책사유는 묻지 않는다. 중대한 이유가 존재하는지를 판단할 때에는 개별 사안의 특수한 상황들을 고려하여야 한다. 특히 계약관계의 형성, 인적·물적 관계, 계약의 특성, 존속기간, 대리점의 성과, 해지시의 행동 등을 종합적으로 고려하여 계약을 즉시 해지할 수 있는 중대한 사유가 있는지 여부를 판단하여야 한다.[32]

계속적 공급계약의 종료 제한에 대한 논의는 주로 계약의 종료 사유 가운데 ② 약정해지, ③ 통상해지에 대한 것이고, 예외적인 경우에는 ① 존속기간의 만료의 경우에도 종료가 제한될 수 있다. 이처럼 계약 종료를 제한하는 문제는 사적자치의 원칙과 그에 따른 계약에 관한 처분의 자유와 계속적 계약의 안정성 및 당사자들의 기대 보호 간의 균형을 고려하여야 한다.[33]

2. 약관법에 의한 계약 종료의 제한

1) 계속적 공급계약에 대한 약정해지 사유와 관련하여 약관으로 마련된 계약의 해지 조항의 공정성이 문제가 되는 경우에는 약관조항의 내용통제에 관한 독일 민법 제307조의 규정이 적용될 수 있다. 따라서 약관조항이 신의성실의 요청에 반하여 약관사용자의 계약상대방을 부당하게 불리하게 하는 경우에는 효력이 없다. 특히 계약 상대방이 계약이 장기간 지속될 것으로 기대하고 상당한 투자를 하였는데 이러한 점이 충

---

31) Martinek/Semler/Flohr(주 27), 5. Kapitel § 26 Rn. 25.
32) Martinek/Semler/Flohr(주 27), 5. Kapitel § 26 Rn. 42; BGH, BB 2000, 736.
33) Oetker, Dauersohuld verhaltnis und seine Beendigung, J.C.B. Mohr, 1994, S.451ff.

분히 고려되지 않았거나, 계약관계의 종료에 관하여 다른 영업으로 전환할 수 있도록 충분한 보호 조치가 없는 경우에 이러한 해지 조항의 위법성이 문제될 수 있다.[34]

2) 통상해지와 관련하여 당사자들이 특별한 사유가 없이도 계약을 해지할 수 있는 통지기간을 규정한 경우, 이를 규정한 계약이 일방 당사자에 의하여 마련된 약관이라면 그 기간이 적정한지를 검토할 수 있다.

이와 관련하여 대리점 계약에 대하여는 대리상에 대한 독일 상법 제89조의 규정이 유추적용될 수 있다는 견해가 있다.[35] 이러한 견해에 따르면, 1년차 계약은 1개월, 2년차 계약은 2개월, 3년차에서 5년차 계약은 3개월, 5년 이상 된 계약의 경우는 6개월의 예고기간을 두어야 하고, 이 기간은 연장할 수는 있으나 단축할 수는 없다고 하므로, 이러한 기준보다 더 짧은 기간을 예고기간을 둔 경우가 아니라면 위법하지 않다고 볼 수도 있을 것이다.

그런데 이와는 달리 독일 상법 제89조가 계약을 종료당하는 대리점에 대하여 충분한 보호가 되지 못한다는 비판이 있다.[36] 판례는 약관 규정과 관련하여서도 1년의 통지기간이면 충분하다고 판단한 것도 있고,[37] 사안에 따라서는 3개월의 통지 기간이 지나치게 짧다고 판단하기도 하

---

34) Martinek/Semler/Flohr(주 27), 5. Kapitel § 26 Rn. 3; OLG Stuttgart, BB 1990, 1015.

35) Bogaert/Lohmann (eds.), Commercial Agency and Distribution Agreements Law and Practice in Member States of the European Union, 3rd ed., Kluwer Law International, 2000, p. 316 (Ulrich Lohmann 집필부분).

36) Martinek/Semler/Flohr(주 27), 5. Kapitel § 26 Rn. 3. 그 외에도 유럽 집행위원회 규정인 Kfz-GVO 1400/02은 존속기간을 정하지 않은 자동차 대리점 계약은 2년 이상의 예고기간을 두고 해지할 수 있다고 되어 있었으므로, 적어도 이 기간만 큼은 보호하여야 한다는 의견도 있었다. Bogaert/Lohmann(주 35), pp. 315-316 (Ulrich Lohmann 집필부분) 참조. 그러나 2010년 개정된 규정에는 이러한 내용이 더 이상 포함되어 있지 않다.

37) BGH, BB 1995, 1657; OLG Stuttgart, BB 1990, 1015.

였다.[38]

예를 들어 BGH, BB 1995, 1657 판결은 30년 이상 지속되어 온 자동차 대리점 계약에서 공급업자가 1년의 통지기간을 두고 계약을 해지하자 대리점이 계약의 해지가 무효라고 주장하면서 계약관계가 지속된다는 것을 확인해 달라는 청구를 한 사안이다. 이에 대하여 법원은 대리상에 관한 상법규정 등을 살펴보더라도 1년의 통지기간이 단기간이라고 볼 수 없고, 대리점의 이익을 고려하더라도 1년의 통지 기간을 약관규제법 위반이라고 볼 수 없다고 판단하였다.

한편 BGHZ 89, 206은 자동차 대리점 계약에서 책임지역을 설정한 다음 공급업자의 판단에 따라 3개월의 통지기간을 두고 책임지역을 제한하는 것을 위법하다고 하여 대리점의 손해배상 청구를 인정한 것이다. 이 사안에서 법원은 책임지역을 줄이는 것은 계약의 부분적인 해지라고 할 수 있는데, 3개월의 기간을 두고 계약을 일방적으로 해지할 수 있도록 하는 것은 당사자의 이익을 고려할 때 충분하지 않고, 시장이 줄어드는 것에 대한 손해도 보상하지 않는다는 점에서 이 조항은 부당하다고 판단하였다.

이처럼 약관으로 마련된 계속적 공급계약에서 정한 해지 통지기간이 적절한지 여부는 계약 상대방이 계약에서 요구되는 투자를 하였다면 이를 어느 정도 회수할 수 있는 기회가 주어졌는지, 새로운 상황에 대응할 수 있는 시간과 기회를 부여할 수 있는지 등을 고려하여야 한다는 것이 학설과 판례의 태도이다. 이에 비추어 충분한 통지기간을 두지 않았다면 그에 기한 계약의 종료는 부당하다고 판단될 수 있다.

---

38) OLG Stuttgart, BB 1990, 1015; BGHZ 89, 206.

3. 경쟁제한방지법에 의한 계약 종료의 제한

장기간 지속된 계속적 공급계약을 해지할 때에는 경쟁제한방지법
(Gesetz gegen Wettbewerbsbeschränkungen) 제19조 제2항 제1호의 차별금
지 규정을 준수하여야 한다. 이 규정은 시장지배적 사업자가 일정 종류
의 상품이나 용역의 공급자 또는 수요자로서 직접 또는 간접적으로 다
른 사업자의 행위를 부당하게 방해하거나 객관적으로 정당한 사유 없이
동종의 사업자에 대하여 직접 또는 간접적으로 차별적 취급을 하는 것
을 금지하고 있다. 특히 공급업자와 판매업자가 장기간 협력관계를 유지
하고, 판매업자가 공급업자에 대한 의존도가 매우 높아서, 계약관계를
종료하는 것이 상당한 희생과 심각한 경쟁에서의 불이익을 요구하는 경
우에 적용될 수 있다.[39]

계속적 공급계약의 일방적 종료가 경쟁제한방지법 위반으로 판단된
다고 하더라도 종료는 가능하다고 한다. 다만, 계약 당사자들의 경제적
이해를 고려하여 변경된 상황에 적응할 수 있도록 충분한 시간과 기회
를 부여하여야 한다.[40]

4. 투자보상청구(Investitionsersatzanspruch)에 관한 논의

가. 투자보상청구의 의미 및 취지

계속적 공급계약에서 계약 당사자는 해당 계약을 위하여 자기 비용
으로 상당한 장기 투자를 하는 경우가 많다. 창고를 임대하거나 특수한
장비나 물품을 구입하고, 직원을 교육하는 것 등이 이러한 투자에 포함
된다. 이러한 투자 비용은 이후 상당 기간 계약이 유지되면서 거래를 통

---

39) Martinek/Semler/Flohr(주 27), 5. Kapitel § 26 Rn. 71; Oetker(주 33), S.514ff.
40) Martinek/Semler/Flohr(주 27), 5. Kapitel § 26 Rn. 72.

하여 이익으로 회수된다. 만일 예상하지 못하게 계약이 조기에 종료된다면 투자 비용을 회수하지 못하여 손해가 발생할 수 있다.

이와 관련하여 독일에서는 특별한 사정이 없더라도 일정한 통지기간을 두고 계약을 해지할 수 있는 통상해지의 경우에 계약을 해지당하는 계약 당사자, 통상 판매업자가 투자보상청구(Investitionsersatzanspruch)를 할 수 있는지에 대한 논의가 있다. 통상해지시 해지 상대방이 아직 회수하지 못한 투자 비용을 당연히 배상받을 수 있는 것은 아니지만, 계약 당사자들 간의 특별한 신뢰관계에 근거하여 상대방의 위험을 고려하여야 한다는 것이 일반적인 견해이다.[41]

나. 투자보상청구 인정의 효과

이러한 투자보상청구가 계속적 공급계약의 종료 자체를 막는 것은 아니라고 한다. 공급업자가 계약을 해지하고자 한다면 계약 해지권을 행사할 수 있고, 이에 대하여 판매업자는 투자보상청구를 할 수 있다. 이에 반하여 공급업자가 판매업자가 투자 비용을 어느 정도 회수할 수 있을 때까지 계약을 유지함으로써 판매업자에게 기회를 부여하였다면, 판매업자에게 추가로 투자보상청구권이 인정되지는 않는다. 따라서 공급업자의 선택에 따라 판매업자는 투자 비용을 일정 부분 청구하거나 또는 계약을 통하여 회수할 수 있게 된다.[42]

이 경우 공급업자의 요청이나 그의 이익을 위하여 판매업자가 투자한 것을 우선 고려할 수 있다. 판매업자가 자신의 이익을 위하여 추가로 투자한 것은 판매업자가 사업상 위험을 부담하여야 하는 것으로 공급업자에게 청구할 수 없을 것이다. 계약기간이 투자 비용을 회수하기에 충분하였는지도 중요한 고려요소이다. 객관적으로 볼 때 통상적으로 요구

---

41) Martinek/Semler/Flohr(주 27), 5. Kapitel § 26 Rn. 74-77; Oetker(주 33), S.451ff. 참조.
42) Martinek/Semler/Flohr(주 27), 5. Kapitel § 26 Rn. 81.

되는 계약기간 동안 계약이 유지되었다면, 실제로 투자 비용을 회수하였
는지와는 무관하게 투자보상청구권이 인정되지 않는다. 또한 판매업자
의 투자가 공급업자에게 여전히 가치가 있거나 다른 용도로 전환하여
사용될 것이라면 이러한 점도 고려하여야 한다. 그러나 일실 수익은 투
자 비용에 관한 배상을 청구할 때 고려할 요소가 아니고, 판매업자가 감
수할 위험이다.[43]

위에서 살펴본 BGH, BB 1995, 1657 사안에서 법원은, 대리점은 이 사
업을 위하여 많은 투자를 할 것이 예상되고 그것은 해당 제조사를 위한
특수한 투자인 경우가 많다고 하면서, 이러한 비용은 제조사를 위하여
지출된 것이므로 대리점이 그 중 적어도 일부를 회수할 수 있도록 기회
가 주어져야 한다고 하였다. 그러나 이는 대리점이 지출한 모든 비용을
회수하여야 한다는 의미는 아니고, 초기 투자를 하였다고 하더라도 제조
사에 특유한 투자가 아니라 다른 목적으로 사용할 수 있는 것이라면 적
절한 통지기간을 검토함에 있어서 그런 부분을 고려하여서는 안 되고,
피고가 재고를 회수할 의무가 있는 것이 아니라는 점도 분명히 하였다.
또한 계약의 당사자는 계약을 체결하면서 어느 정도는 위험을 부담하게
되므로, 모든 투자 비용을 회수할 충분한 기간을 예상하여 통지기간을
정해야 하는 것은 아니라고 하였다.

다. 투자보상청구 인정의 근거

이러한 투자보상청구는 독일 상법 제89b조의 보상청구권 규정과는
구별된다.[44] 대리상의 보상청구권은 대리상이 구축한 고객망에 대한 보

---

43) Martinek/Semler/Flohr(주 27), 5. Kapitel § 26 Rn. 82-84 참조.
44) 독일의 통설과 판례는 대리상의 보상청구권에 관한 독일 상법 제89b조는 대리
    점 계약 및 가맹점 계약에도 유추적용된다고 한다. MüKoHGB/Hoyningen-Huene
    § 89b Rn. 18, 24; Martinek/Semler/Flohr(주 27), 5. Kapitel § 27 Rn. 1, 6. Kapitel

상이고 신뢰 투자와는 무관하기 때문이다.[45] 한편, 하급심 판례 가운데
에는 시장지배적 사업자가 대리점이 해당 거래를 위하여 행한 투자 중
상당한 부분을 회수할 기회를 가진 경우에는 계약을 해지할 수 있다고
하면서, 그렇지 않은 경우에는 경쟁제한방지법상 차별금지 규정에 반한
다는 취지로 판단한 것이 있다.[46] 그러나 해지 상대방을 보호하기 위한
투자보상청구권의 근거를 경쟁 제한이나 왜곡을 방지하기 위하여 제정
된 경쟁제한방지법에서 찾는 것은 적절하지 않다고 한다.[47]

학설은 그 근거를 독일 민법 제133조 및 제157조에 근거한 계약의
보충적 해석에서 찾는다. 일방 당사자가 계약을 위하여 상당한 투자를
하였다면 상대방은 그러한 투자를 회수할 수 있을 정도로 충분한 기회
를 제공하여야 하며, 그렇지 않고 조기에 계약을 종료하는 것은 정당
한 기대를 저버리는 것으로 계약에서 표시되었던 신뢰를 깨는 것이라
고 한다.[48]

5. 계약의 갱신거절에 대한 제한

채무의 이행이 아니라 기간의 경과에 의하여 소멸하는 계속적 채권
관계의 특성상 존속기간의 만료는 계속적 공급계약의 고유한 종료 사유
이다. 원칙적으로 당사자들이 합의한 존속기간이 만료되면 계약이 종료
되고, 일방 당사자가 갱신을 요청한다고 하더라도 이를 받아들여야 하는
것은 아니다. 그런데 당사자들 간의 계약이 수차례 연장되어 장기간 유
지되었다면 이러한 갱신거절은 신의칙에 따라 위법하게 될 수 있다고
한다.[49]

---

§ 32 Rn. 145-147 참조.
45) Martinek/Semler/Flohr(주 27), 5. Kapitel § 26 Rn. 77.
46) OLG Stuttgart, WuW 1985, 613.
47) Martinek/Semler/Flohr(주 27), 5. Kapitel § 26 Rn. 79.
48) Martinek/Semler/Flohr(주 27), 5. Kapitel § 26 Rn. 80.

예를 들어 당사자들이 체결한 대리점 계약에서 계약기간은 1년으로 하되, 당사자가 더 이상 계약을 지속하지 않겠다는 점을 계약 만료 1개월 전까지 상대방에게 통지하지 않는 경우 계약이 1년씩 연장된다고 자동갱신조항을 두었고, 이에 따라 계약이 40년 이상 지속되었다면 당사자들로서는 계약이 계속될 것이라는 점에 대하여 합리적인 기대를 가지게 될 수 있다. 만일 공급업자가 갑자기 단기간의 통지만으로 계약을 종료하였다면 일관적인 태도라고 할 수 없다. 이러한 해지권 행사는 독일 민법 제242조에 근거한 모순된 행위 금지의 원칙(venire contra factum proprium)에 따라 유효하지 않은 것으로 판단될 수 있을 것이다. 다만, 이는 계약의 종료 자체가 불가능하다는 취지는 아니고 대리점이 관련 업무들을 조정하고 재정비할 수 있도록 충분한 통지 기간을 주어야 한다는 의미이며, 그렇지 않다면 공급업체는 손해배상책임을 지게 된다. 그러나 계약이 자동갱신조항에 따라서 연장된 경우가 아니고, 매년 당사자들이 새로운 대리점 계약이 그 계약 안에는 계약 관계가 해지될 수 있는 가능성이 명시적으로 표현되어 있었다면, 계약이 갱신될 것이라는 것에 대한 합리적인 기대가 발생할 수 없을 것이라고 한다.

II. 영미법

1. 장기 공급계약에 관한 논의

1) 영미법에서 계속적 공급계약이라는 용어는 찾기 어렵다. 그러나 장기간 지속되는 공급계약에 대하여는 일시적인 매매계약과 달리 계약의 확정성을 완화하여야 한다거나,[50] 계약을 둘러싼 상황이 변경된 경우

---

49) Zimmermann/Whittaker (eds.), Good Faith in European Contract Law, Cambridge University Press, 2000, pp.532-556 참조.

계약상 권리의무가 조정될 수 있다고 하여51) 그 특수성을 인정하고 있다. 또한 대표적인 유통계약으로서 대리점 계약이나 가맹점 계약에 대한 연구도 활발하다.52)

2) 영국에서는 맥닐 교수의 관계적 계약이론을 기초로 하여 장기 계약의 특수성을 설명하는 견해가 있고,53) 나아가 판례에서 직접 '관계적 계약(relational contract)'이라는 표현을 사용하기도 한다. 예를 들어 Yam Seng Pte Limited v. International Trade Corporation Limited 판결54)은 향수 제품의 장기 공급계약의 해지와 관련된 손해배상 청구 사안이었는데, 계약상 당사자들이 신의칙에 따라 거래하여야 한다는 묵시적 조건이 있는지 여부가 문제되었다. 이 사안에서 법원은 전통적으로 영국법은 신의칙을 계약의 일반 원칙으로 적용하는 것에는 부정적이지만, 특정 유형의 거래 계약에서는 당사자들의 추정되는 의사에 기하여 묵시적 신의칙 의무를 인정할 수 있을 것이라고 하였다. 특히 합작투자계약, 가맹점 계약, 장기 대리점 계약 등을 이른바 '관계적 계약'이라고 하면서, 이러한 계약의 당사자들에게는 높은 수준의 의사소통, 협력, 상호 신뢰에 기반한 이행의 예상, 신뢰, 충실에의 기대 등이 요구되고, 신의성실의 의무가 내재되어 있다고 하였다.55)

---

50) McKendrick, "The Regulation of Long-term Contracts in English Law", Beatson/Friedmann (eds.), Good Faith and Fault in Contract Law, Oxford University Press, 1995, pp.316 ff.

51) McKendrick (주 50), pp. 321 ff.; Hillman, "Court Adjustment of Long-term Contracts: an Analysis under Modern Contract Law", Duke L.J., Vol. 1987, No. 1, 1987, p.4 참조.

52) Gurnick, Distribution Law of the United States, 2nd ed., Juris Publishing, 2011; Zeidman (ed.), Legal Aspects of Selling and Buying: Answers to Questions on Antitrust, Franchising and Current Development in Distribution Law, 3rd ed., Thomson Reuters/West, 2014 등.

53) Bell, "The Effect of Changes in Circumstances on Long-term Contracts", Harris/Tallon (eds.), Contract Law Today: Anglo-French Comparisons, Oxford, 1989, p.195.

54) [2013] EWHC 111 (QB).

다만, 영국 법원은 장기 공급계약이라고 하더라도 당사자들이 계약에서 정한 내용을 제한하거나 당사자들의 약정이 없는 경우에까지 계약을 수정하는 것에는 소극적인 입장이다.[56]

3) 미국에서는 통일상법전에 신의칙에 관한 명문의 규정을 두고 신의칙을 계약의 일반원칙으로 인정하는데,[57] 당사자들에게는 신의칙에 따라 상대방의 합리적인 기대를 박탈하지 않도록 협력할 의무가 있다거나, 상대방의 불이익이 너무 커지게 되면 계약을 파기하기보다는 공평의 원칙에 따라 이러한 위험 분담을 위하여 계약관계를 조정하는 것이 보다 타당할 수 있다고 한다.[58]

미국 법원이 장기 공급계약에서 계약관계를 조정한 대표적인 사안으로는 Aluminum Company of America v. Essex Group, Inc. 판결[59]이 있다. 이 사안에서는 원고가 장기간 피고에게 알루미늄을 가공하여 공급하는 계약이 문제가 되었다. 이 계약에서는 저명한 경제학자인 Alan Greenspan이 정한 복잡한 비용정산 공식이 포함되어 있었다. 그런데 계약을 체결한 후 6년이 지난 시점에서 오일파동과 새로운 환경규제로 인하여 예상하지 못했던 유가 인상과 환경오염 관련 비용이 발생하였고, 이에 따라

---

55) 이 판결에 대한 평가 및 관계적 계약에 대한 신의칙 적용에 대한 검토는 Campbell, "Good Faith and the Ubiquity of the 'Relational' Contract", The Modern Law Review, 2014, pp.475 ff. 참조.

56) McKendrick (주 50), pp.321ff.

57) U.C.C. § 1-203, § 1-201(19) 및 매매에 대한 § 2-103(1)(b) 등. 미국 계약법상 신의칙의 적용에 대하여는 윤진수, "미국 계약법상 Good Faith 원칙", 서울대학교 법학 제44권 제4호, 2003, 40면 이하 참조.

58) Hillman (주 51), pp.4-19. 그렇다고 하여 법원이 계약관계를 조정하는 데 적극적으로 개입하여야 한다는 것은 아니다. 실제로 법원은 계약관계를 조정하기보다는 계약에 정해진 대로 이행을 명하거나 손해배상을 인정하는 경우가 보다 일반적이라고 한다.

59) 499 F. Supp. 53, 29 U.C.C rep. Serv. 1 (W.D.pa. 1980).

생산 비용이 급등하여 원고에게 상당한 추가손실이 예상되었으므로, 원고는 법원에 계약조건의 수정을 청구하였다. 법원은 모든 사정을 종합적으로 고려하여, 당사자들이 어떠한 상황에도 도매물가지수를 적용할 것을 의도한 것이라기보다는 예상 가능한 비용 증감분에 대한 기준으로 삼기로 한 것으로 그 범위가 넘어가면 추가로 협의할 것을 의도한 것으로 보아야 한다고 하면서, 가격을 조정하고 그에 따라 잔여 기간 동안 계약을 이행하도록 하였다.

다만, 이 판결 이후에는 법원이 당사자들이 정한 계약의 내용을 사후적으로 조정하는 경우를 찾기 어려운데, 장기 공급계약이라고 하더라도 상황의 변화를 받아들여서 특정 의무를 부과하는 방향으로 계약관계를 조정하는 것에는 소극적인 것으로 이해된다.[60]

2. 신의칙에 의한 계약 종료의 제한

1) 위에서 살펴본 바와 같이 영국 판례는 신의칙에 대한 기존의 보수적인 입장과는 달리 장기 계약에 대하여는 그 특수성을 고려하여 보다 적극적으로 신의칙을 적용할 수 있다는 태도를 보여준다. 그러나 이러한 신의칙은 어디까지나 계약의 명시적인 규정에 대하여 보충적인 것이라고 하여 신의칙을 이유로 계약에 근거한 해지권 행사를 제한할 수는 없다고 한다.

예를 들어 Monde Petroleum SA v. Westernzagros Limited 판결[61]은 계속적 계약의 하나인 자문 계약에 관한 판례인데, 계약상 명시적인 해지 조

---

60) 이 판결에 대하여는 비판이 많고, 그 결정 내용이 이후 판례들에서 받아들여지지도 않았는데, 이 사안에서 문제되는 위험을 전혀 예상할 수 없었다고 볼 수 있는지에 대하여 의문이 있고, 법원이 제시한 위험배분 방안이 즉흥적이기 때문이라고 한다. Trebilcock, The Limits of Freedom of Contract, Harvard University Press, 1997, p.145.

61) [2016] EWHC 1472.

항이 신의칙에 기하여 제한될 수 없다는 점을 분명히 하였다. 이 사안에서 Monde Petroleum(이하 'MP')는 Westernzagros(이하 'WZ')에게 석유탐사 및 물품분배계약(이하 '석유탐사계약')에 관한 자문을 제공하기로 하였고, MP가 월별 자문료 이외에 일정한 요건이 만족되면 프로젝트의 3% 지분을 가질 수 있는 옵션을 가지기로 합의하였다. WZ는 석유탐사계약에 대하여 계약 상대방인 쿠르드 자치구가 불리하게 계약 수정을 요구하자, MP와의 자문계약을 해지하였다. MP는 계약에는 당사자들이 계약에 따른 의무를 이행하고 해지권을 포함한 권리를 행사함에는 묵시적인 조건이 있는데 WZ가 이를 어겼다고 하며, 자문계약 해지로서 자신의 장래 자문료와 프로젝트에 참여할 권리를 박탈한 것이라고 주장하면서 손해배상을 청구하였다. 이에 대하여 법원은 장기적이고 파트너쉽에 유사한(quasi-partnership) 특성을 가지는 거래라고 하더라도 반드시 묵시적인 신의칙 약정이 인정되는 것은 아니고, 묵시적인 신의칙 약정이 인정된다고 하더라도 계약상 임의해지권은 그 이유가 무엇인지와 무관하게 행사할 수 있는 것이므로 신의칙을 이유로 계약을 해소하는 계약상 권리를 제한할 수는 없다고 하였다.

2) 이처럼 신의칙을 근거로 계약에 명시된 해지권의 행사를 제한할 수 없다는 점은 미국 판례에서도 마찬가지이다. 법원은 "묵시적 신의칙 약정은 협상에 따라 마련된 계약 조항을 제한하는 역할을 할 수 없다"[62]거나, "신의칙은 간극을 메우는 것(gap-filler)로 계약이 당사자의 당해 의무를 포섭하지 못하는 경우에만 기능할 수 있다"[63]거나, "신의칙 약정은 계약의 명시적 조항에 우선하여 적용될 수 없다"[64]고 하여 이 점을 분명

---

62) Enfield Equip. Co., Inc. v. John Deere Co., 2000 U.S. App. LEXIS 17424 (4th Cir. 2000).

63) Healy v. Carlson Travel Network Assocs., 227 F. Supp. 2d 1080 (D. Minn. 2002).

64) Shibata v. Lim, 133 F. Supp. 2d 1311 (M.D. Fla. 2000).

하게 밝히고 있다.[65]

다만, 행위자의 과도한 불공정성이나 부정직이 개입된 경우에는 계약의 해지가 묵시적 신의칙 약정 위반이라고 판단한 경우가 있다. 특히 공급업자가 상당한 투자를 하도록 유도한 다음, 얼마 지나지 않아서 계약을 해지한 경우에는 그러한 해지가 계약상 임의해지 조항에 근거한 것이라고 하더라도 신의칙에 반하는 것으로 판단될 수 있다.

Sons of Thunder, Inc. v. Borden, Inc. 판결[66]은 이러한 취지에서 이해할 수 있다. 이 사안의 사실관계는 다음과 같다. DeMusz는 조개 제품 생산업자인 Borden의 선장으로 고용되었던 자인데, Borden의 새로운 프로젝트에 필요한 배를 구입할 목적으로 다른 투자자들과 Sons of Thunder라는 별도의 회사를 설립하였다. Borden의 경영진은 이 배를 직접 구입하는 것보다는 Sons of Thunder와의 장기 공급계약을 통하여 조개류를 공급받는 것이 더 수익성이 있다고 판단하고, Sons of Thunder와 장기 공급계약을 체결하기로 구두로 합의한 후, Sons of Thunder이 은행으로부터 자금 대출을 받을 때 은행을 방문하여 계약이 5년 동안은 계속될 것으로 예상되고 이는 대출을 상환하기에 충분한 시간이라는 점을 설명하기도 하였다. 다만 Borden과 Sons of Thunder 간의 계약에 의하면, 계약기간은 1년으로 하되 그 이후에 계약은 5년까지 자동 갱신되고, 당사자 일방은 90일간의 사전 통지로써 계약을 해소할 수 있다고 되어 있었다. 이후 프로젝트는 계획대로 진행되지 못하였고, 계약이 실제로 실행된 후 얼마 지나지 않아 Borden의 경영진이 교체되자, 새로운 경영진은 곧 계약에 따라 90일의 통지기간을 두고 Sons of Thunder과의 계약을 해지하였다.

---

65) 그 외에도 유사한 취지의 판결로는 Corenswet, Inc. v. Amana Refrigeration, Inc. 594 F.2d 129, 26 U.C.C. Rep. Serv. 301 (5th Cir. 1979) (이에 대한 설명은 위 윤진수(주 57), 70-71면 참조); James v. Whirlpool Corp., 806 F. Supp. 835 (E.D. Mo. 1992); Taylor Equip. v. John Deere Co., 98 F.3d 1028 (8th Cir. 1996) 등이 있다.
66) 148 N.J. 396, 690 A.2d 575, 32 U.C.C. Rep. Serv. 2d 66 (N.J. 1997).

이에 Sons of Thunder는 Borden의 계약 해지가 위법하다고 주장하며 손해배상을 청구하였고, 법원은 Borden이 주문을 제대로 이행하지 않음으로 인하여 발생한 손해에 더하여 향후 1년간의 기대 이익을 배상하도록 하였다.

이 사안에서 법원은 Borden이 두 가지 측면에서 계약을 위반하였는지를 살펴야 한다고 하면서, 하나는 계약상 해지 조항을 위반하였는지이고, 다른 하나는 계약을 이행함에 있어서 묵시적인 신의성실과 공정의 약정(implied covenant of good faith and fair dealing)을 위반하였는지라고 하였다. 계약을 해지하려는 당사자에게 신의성실 위반(bad faith) 또는 부정직(dishonesty)이 있다면, 그가 비록 계약에 명시된 무조건적인 해지권을 행사하는 경우라고 하더라도, 계약을 이행하는 데에 묵시적인 신의성실과 공정의 약정을 위반하는 것이 될 수 있다는 것이다. 구체적으로 Borden이 Sons of Thunder가 배를 구입하는 것에 관하여 깊이 관여하였고, Sons of Thunder가 대출금을 상환하기 위하여 Borden과의 계약에 전적으로 의존하고 있다는 점을 잘 알고 있었을 뿐만 아니라, 대출과 관련하여 은행에 진술을 하였으면서도, 명시된 양을 구입하기를 거절하고 계약 금액을 지급하지도 않았으므로 묵시적인 신의칙 의무를 위반하였다고 판단하였다.

그 외에도 법원이 대리점이나 가맹점이 그 계약관계를 위하여 상당한 투자를 한 경우에 특별한 이유 없이 단기간의 예고기간을 두어 계약을 해지할 수 있도록 한 해지조항을 그대로 적용하는 것은 지나치게 불공정하다는 취지로 판단한 경우도 있다. 이는 다음에서 논의하는 투자회수 법리와 연결되는 것이다.

3. 투자회수 법리(Recoupment Doctrine)에 의한 계약 종료의 제한

1) 이른바 투자회수 법리는 존속기간을 지정하지 않은 계약에서 특별

한 사유가 없더라도 일정한 통지기간을 두고 계약을 해지할 수 있도록
한 임의해지 조항에 따른 계약 종료를 제한하는 미국 판례의 법리이다.
이는 주로 존속기간을 지정하는 않은 대리점 계약이나 가맹점 계약 등
의 장기 공급계약에 적용되는데, 중대한 계약 위반 등의 종료 사유가 없
는 이상, 공급업자는 판매업자들이 그 계약 관계를 위하여 행한 투자를
회수하거나 대체 공급처를 찾을 수 있도록 합리적인 기간 동안 그 계약
을 계속하여야 한다는 것이다.[67]

　　이 법리는 개별 주에 따라 인정되는 양태나 범위에서 차이가 있다.
일반적으로는 존속기간의 정함이 없는 계약에서 계약의 해지를 제한하
는 법리로서 인정되지만,[68] 당사자들이 계약의 존속기간을 정한 경우에
도 이 법리를 적용하기도 한다.[69] 반면, 아예 이 법리를 인정하지 않는
주도 있고,[70] 계약상 약정해지 사유가 명백하거나 해지 통지 기간이 명
시적인 경우에는 이 법리가 적용되지 않는다는 견해도 있다.[71]

　　투자회수 법리는 대리점이나 가맹점 등의 판매업자[72]를 보호하기 위
한 것으로, 아직까지 이 법리가 장기 공급계약이 아닌 다른 경우에까지
확대되어 적용되지는 않는다. 예를 들어 Danella Southwest, Inc. v. S. Bell
Tel. Co. 판결[73]은 장기간에 걸쳐 오염물질을 제거하는 계약이 문제가

---

67) Hillman (주 51), pp.23-24 참조.

68) Bain v. Champlin Petroleum Co., 692 F.2d 43 (8th Cir.1982); Gary Ernst v. Ford
　　Motor Company, 813 S.W.2d 910 (Mo. Ct. App. 1991); Cambee's Furniture, Inc. v.
　　Doughboy Recreational, Inc., 825 F.2d 167, 4 U.C.C. Rep. Serv. 2d 665 (8th Cir.
　　1987)

69) Schultz v. Onam Corp., 737 F.2d 339 (3d Cir. 1984); Gibbs v. Bardahl Oil Co., 331
　　S.W.2d 614 (Mo. 1960).

70) Estey & Assocs. v. McCulloch Corp., 663 F. Supp. 167 (D.Or 1986).

71) 62B Am. Jur. 2D Private Franchise Contracts at § 541 (2015).

72) 거래에 따라 수수료를 받는 agent에 대하여도 이 법리가 적용된 것이 있다.
　　Beebe v. Columbia Axle Co., 233 Mo. App. 212, 117 S.W.2d 624 (1938); Bain v.
　　Champlin Petroleum Co., 692 F.2d 43 (8th Cir.1982) 등.

73) 775 F. Supp. 1227 (E.D. Mo. 1991).

되었는데, 존속기간의 정함이 없거나 초기에 상당한 투자를 하였다고 하더라도 가맹점사업자나 대리점주에게 주어지는 투자회수를 위한 보호의 법리를 적용할 수 없다고 하였다.

2) 일반적으로 투자회수 법리가 인정되면, 판매업자는 그의 투자를 회수할 수 있는 합리적인 계약기간을 보장받는다. 그 기간 동안에는 정당한 이유가 없이 계약이 종료될 수 없다. 이는 계약에서 임의해지 조항을 명시적으로 규정하고 있더라도 마찬가지이다. 투자회수를 위한 합리적인 기간이 종료되면, 장기 공급계약은 비로소 합리적인 통지에 기하여 해지될 수 있다.

투자회수를 위하여 합리적인 기간은 통상 판매업자가 해당 거래를 위하여 투자한 시간, 노동력, 금전 등을 회수하는 데에 필요한 기간을 말한다.[74] 따라서 투자회수를 위하여 필요한 합리적인 시간은 개별 사안마다 달리 정해질 수밖에 없다. 판례 가운데에는 4년 정도의 기간 동안 계약이 유지된 사안에서 투자회수 법리에 따라 손해배상이 인정된 것이 있고,[75] 8년 이상의 기간 동안 유지된 구두 공급계약에 대하여 투자회수를 위한 합리적인 기간이 이미 도과하였다고 판단한 것이 있다.[76] 또한 거래를 위한 대부분의 투자가 판매업자가 아닌 공급업자에 의하여 이루어졌다면, 공급업자가 계약을 해지하더라도 판매업자가 이 법리를 주장할 수는 없다.[77]

다만, 대부분의 판례 사안은 판매업자가 부당한 계약 종료를 이유로 손해배상을 구한 사안이므로, 이러한 투자회수 법리가 장기 공급계약의

---

74) Berryfast, Inc. v. Zeinfeld, 714 F.2d 826, 36 U.C.C. Rep. Serv. 1267 (8th Cir. 1983).
75) Cambee's Furniture, Inc. v. Doughboy Recreational, Inc., 825 F.2d 167 (8th Cir. 1987).
76) Lockewill, Inc. v. United States Shoe Corp., 547 F.2d 1024 (8 Cir. 1976).
77) Bain v. Champlin Petroleum Co., 692 F.2d 43 (8th Cir. 1982).

종료 자체를 제한할 수 있는지는 분명하지 않다. 손해배상을 인용한 판례 중에는 영업권의 상실이나 소송비용에 대한 배상, 그 외 법원이 적절하다고 생각되는 형평법상의 구제를 받을 수 있다고 하였으나, 징벌적 손해배상은 추가적으로 인정되지 않는다고 판단한 것이 있다.[78]

　3) 투자회수 법리가 인정되는 경우 그 근거는 무엇일까? 많은 경우 판매업자는 투자회수에 대한 주장과 함께 신의칙 위반을 문제삼는 경우가 있고, 판례들 중에도 묵시적인 신의성실 또는 공정의 의무를 언급하면서 일정한 경우 판매업자의 투자를 회수할 수 있는 합리적인 기간을 보장하여야 한다는 취지로 판단한 것도 있다.[79]

　그런데 투자회수 법리를 인정한 판례들은 대체로 판매업자의 투자회수에 관한 권리는 판매업자가 공급업자의 영업을 위하여 일정한 투자를 하도록 요구된다는 점에 근거한 묵시적 약정에서 도출되는 것이라거나,[80] 또는 약속에 기하여(induced by his agreement) 해당 영업에 신의성실하게 비용을 지출하고 시간과 노력을 들였다면, 공급업자로서는 그에 대한 보상을 하여야 한다[81]는 취지로 설명하는 것이 보다 일반적이다. 이에 따르면 투자회수 법리는 계약의 해석에 근거하는 것으로 볼 수 있다.

---

78) Ridings v. Thoele, Inc., 739 S.W.2d 547 (Mo. 1987).
79) Rolscreen Co. v. Pella Prods., 64 F.3d 1202, 33 Fed. R. Serv. 3d 765 (8th Cir. 1995) 등.
80) Clausen & Sons, Inc. v. Theo. Hamm Brewing Co., 395 F.2d 388 (8th Cir. 1968).
81) Beebe v. Columbia Axle Co., 233 Mo. App. 212, 117 S.W.2d 624 (1938).

III. 일본법

1. 계속적 공급계약의 종료 사유와 그 제한

대체로 일본에서는 계속적 공급계약 또는 계속적 매매계약의 종료 사유들은 ① 채무불이행으로 인한 계약 해지, ② 기간 정함이 없는 계약의 해지 신청, ③ 약정해지 및 해지권의 유보, ④ 기간 만료 후 갱신 거절이 있다고 정리할 수 있다. 이와 관련하여 각각의 경우 계약의 종료가 제한될 수 있는지 여부를 계약을 종료하려는 당사자의 의사가 어떠한 영향을 미칠 수 있는지를 위주로 살펴보는 견해가 있다.[82]

이에 따르면 일방 당사자가 부당한 의사를 가지고 계약을 종료하려는 경우 이를 신의칙 위반, 권리 남용으로서 문제가 될 수 있는지를 검토할 수 있는데, ① 채무불이행의 경우에는 최고 등의 장치가 마련되어 있고 나아가 판례가 해지에 '부득이한 사유'를 요구하므로 당사자의 부당한 의도가 있더라도 그러한 의도의 실현(계약의 해지)이 억제되는 면이 있고, ②의 해지 신청의 경우에도 판례가 해지에 '부득이한 사유'가 있을 것을 요구하는 경우가 많으므로 해지에 대한 예고 기간이 정해져 있다고 하더라도 해지 사유와의 관계에서 상호 보완적으로 이해하여야 한다고 하여 계약에 정한 예고에도 불구하고 계약 해지가 제한될 수 있음을 시사한다. 다만, 계약의 기간을 정하지 않은 경우 계약의 자유의 원칙상 일방 당사자가 특별한 사정 없이도 일정한 기간을 두고 계약을 해소할 수 있다는 점을 고려하면, ① 채무불이행으로 인한 해지에 비하여는 ② 해지 신청에 의하여 계약의 해소가 인정될 가능성이 다소 커진다고 한다. 나아가 ②의 해지 신청조차 제약이 부과된 이상, ③ 특히 해지권 유보의 경우에도 해지에 제약이 있다고 하면서, 판례가 해지권 유

---

82) 中田裕康, 継続的取引の研究, 有斐閣, 2000, 131면 이하.

보와 관련된 계약 조항이 있더라도 '부득이한 사유'가 없는 이상 계약을 해소할 수 없다고 한 것을 예로 든다. ④ 기간 만료 후 갱신 거절에서도 신의칙 위반, 권리 남용의 문제로 계약의 종료 제한이 검토될 수 있는데, 다만 ② 해지 신청에 비하여도 계약이 해소될 가능성이 더 크다고 한다.[83]

이러한 논의의 배경에는 대리점 내지 특약점 계약의 종료에 관한 다수의 판례 사안이 있다. 일본에서는 1970년대 이래로 장기간 지속되어 온 대리점 내지 특약점 계약을 종료하는 것에 관한 많은 판례들이 축적되었는데,[84] 그 과정에서 판례들은 점차로 계속적 공급계약의 종료를 제한하는 방향으로 발전해 온 것으로 보인다. 최근의 판례는 각 유형이나 실질적인 종료 이유에 따라 다소 차이는 있지만, 장기간 지속되어 온 계속적 공급계약을 일방적으로 종료하기 위해서는 그 종료 사유가 무엇이든지 대체로 부득이한 사유 또는 정당한 이유가 있어야 하는 것으로 이해된다. 이하에서는 관련된 판례들과, 이를 뒷받침하는 학설의 설명을 살펴보기로 한다.

2. 계속적 공급계약의 종료 제한에 관한 판례의 변천

가. 초기 판례

계속적 공급계약의 초기 판례들은 대체로 기존의 계속적 공급계약에 관한 이론이나 전통적인 계약법의 테두리에서 이해할 수 있다. 아래 판례들은 기간의 정함이 없는 계속적 공급계약의 종료에 관한 것인데, 법

---

83) 中田裕康(주 82), 134-138면.

84) Oda, "Long Term Continuous Contracts in Japan", Baum (ed.), Deutschland und Japan: Zwei Ökonomien im rechtlichen Dialog / Germany and Japan: A Legal Dialogue between Two Economies", Zeitschrift für Japanisches Recht, Sonderheft 6, 2012, 32면.

원은 이에 대하여 상당한 예고 기간을 두어 해지하거나 또는 이에 상응하는 손해를 배상하도록 하였다.

1) 名古屋高判 1971(昭和46). 3. 29.[85]

이 사안의 사실관계는 다음과 같다. 나고야 시내에서 김, 차 등의 판매업을 하는 원고와 동경 니혼바시의 김제조판매업자인 피고는 1962년경 존속기간을 정하지 않은 계속적 공급계약을 체결하였다. 이 계약에 따라 원고는 나고야 지구 지정판매점으로서 피고의 제품에 대한 독점판매권을 부여받았고, 다액의 비용을 투자하여 판로 확장에 상당한 성과를 거두었다. 그러던 중 1966. 8.경 원고와 피고 간에 마진율의 인하 등을 둘러싼 대립이 발생하였고, 피고는 원고에게 거래를 중지한다고 통지하고 납품을 거부하였다. 이에 대하여 원고는 피고의 납품거부는 채무불이행 또는 불법행위에 해당한다며 손해배상을 청구하였다.

법원은 원고에게 현저하게 불신행위, 판매성적의 불량 등의 거래관계를 지속시키기 어려운 중대사유가 없는 한, 상당한 예고기간을 설정하거나, 상당한 손실보상을 하지 않으면 피고는 일방적인 해약을 할 수 없다고 전제하고, 본건 해약은 위 요건을 결하였기 때문에 부당하다고 하면서, 원고에게 있어서 본건 거래가 차지하는 비중과 이를 다른 제품으로 대체하기 위하여 필요한 시간 등을 고려하여 원고의 1년분의 순이익에 해당하는 손해를 배상할 것을 명하였다.

2) 東京高判 1984(昭和59). 12. 24.[86]

이 사안에서는 당사자들이 1974. 1. 공장바닥재의 판매대리점계약을 체결하고 거래를 하였는데, 3년 뒤인 1977년 공급업자인 피고가 자신이 스스로 판매를 담당하기로 계획하고 판매업자인 원고에게 판매를 중단

---

85) 判時634号50頁.
86) 判時1144号88頁.

하겠다고 통지한 다음 제품 공급을 중단한 것이었다. 이에 원고는 피고를 상대로 채무불이행, 불법행위에 기한 일실이익 등의 손해배상을 청구하였다.

법원은 기간의 정함이 없는 계속적 매매계약에서는 원칙적으로 당사자 일방이 당해 계약을 장래를 향하여 해소하는 것이 상당하나, 본건 계약의 내용, 계약체결 후의 상황 등에 비추어, 해지 통지에 상당한 예고기간을 정하여야 하고, 그렇지 않다면 해지 통지 후에 상당한 기간이 경과한 뒤에 계약이 종료되는 것으로 보아야 하나, 다만 상대방에게 불신행위 등 계약의 계속을 기대할 수 없는 특단의 사유가 존재하는 경우에는 즉시 해약통지를 할 수 있다고 하였다. 나아가 구체적인 사실관계를 살펴본 다음, 이 사안에서는 상당한 예고기간을 두었다거나 불신행위 등이 있었다고 볼 증거가 없으므로, 피고의 거래 중단이 부당하다고 판단하고, 이에 기초하여 원고의 1년간의 영업이익을 일실이익으로 인정하였다.

나. 새로운 판례의 경향

계속적 공급계약의 일방적인 종료 사안이 급증한 1990년을 전후하여 계속적 공급계약의 종료에 관한 기존의 법리나 계약 체결 당시의 당사자의 의사를 중시하는 전통적인 계약법 이론만으로는 설명하기 어려운 판례들이 나타나기 시작한다. 당사자들의 합의에 기초한 계약기간, 계약의 갱신이나 종료에 관한 규정을 계약서 문구와는 달리 해석하기도 하고, 종료 요건으로 '부득이한 사유'가 있는지를 요구하는 경우도 점차로 늘어나는 것을 확인할 수 있다.

1) 札幌高決 1987(昭和62). 9. 30.[87]

이 사안은 자동 갱신 조항에 따라 장기간 지속된 계약의 갱신 거절에 관한 것으로, 법원은 일방 당사자가 갱신 거절의 절차를 규정한 계약규정을 따랐더라도 갱신 거절이 위법하다고 판단하였다. 사실관계는 다음과 같다.

거대 공급자인 포드 트랙터 홋카이도와 홋카이도 지구의 독점판매상 간에 1971년 체결된 농기구 판매에 관한 총대리점(総代理店)계약은 1982년에 개정되었는데, 계약기간을 1년으로 하되, 기간만료 3개월 전까지 당사자 일방이 계약내용의 변경이나 계약을 계속하지 않겠다는 의사를 통지하지 않는 때에는 그 계약은 동일조건으로 갱신된다는 계약조항이 포함되어 있었다. 이후 공급업자는 1987. 6. 판매상에 대하여 1987. 9. 30. 부로 계약을 더 이상 갱신하지 않을 것을 통지하였다. 이에 판매상은 공급자의 자신을 제외한 다른 당사자에 대한 매매를 금지하는 가처분을 신청하였다.

이에 대하여 법원은 본건과 같은 독점적 판매총대리점계약에서 계약서 문언만으로 계약기간 만료 3개월 전의 신청으로 당연히 이 계약이 종료되는 것으로 이해하는 것은 상당하지 않다고 하면서, 계약 체결시의 사정 및 개정의 경위(계약 해지에 중점이 아닌 자동 연장에 주안점을 두어야 함), 계약의 특질, 실태(단기간의 영업을 전제로 사업을 하기는 불가능함), 당사자의 이해득실 등(판매상이 소프트웨어 면에서의 연구 개발 등 및 그 보급을 위해서 상당한 자본과 인력을 투자하였다는 점, 판매망이 계열화되어 신규로 다른 업체와 계약을 맺는 것이 매우 어렵다는 점, 또한 판매상이 판매 지분 전부를 잃고 막대한 손해를 보는 것에 비하여, 공급자는 불합리하게 판매상이 개척한 판매 권익을 그 수중에 넣을 수 있다는 점)에 비추어 보면, 계약기간 만료 3개월 전에 당사자의 신청이 없는 한 1년 연장한다는 규정은 계약을 종료시킬 부득이한 사정이 있는 경우에는 해약을 고지할 수 있는 뜻을 정한 것으로 보는 것이

---

87) 判時1258号76頁.

상당하다고 하였다. 결론적으로 법원은 이 사안에서는 그러한 부득이한 사정이 있다고 볼 수 없다는 전제에서, 판매상의 재고 처분에 필요한 1년에 한정하여 본 상품을 홋카이도 지구에서 판매상 이외의 자에게 판매하는 것은 안 된다는 취지의 가처분을 인용하였다.

2) 大阪高決 1996(平成8). 10. 25.[88]

이는 존속기간의 만료 후의 갱신거절이 문제된 사안으로, 자동갱신 조항에 따라 1년씩 계속하여 27년간 유지되어 온 계약을 해지하기 위해서는 부득이한 사유가 있어야 한다는 점을 밝힌 것이다. 특히 이 사안에서 법원은 장기간 자동 갱신되어 유지되어 온 계속적 공급계약의 계약기간에 대하여 계약서 문구와는 달리 해석할 수 있다는 취지로 판단하였다. 사실관계는 다음과 같다.

1967년 화학약품 등의 공급업자와 판매업자 간에 실리카겔 등을 공급 및 판매하는 계속적 계약이 체결되었다. 이 계약에는 계약기간은 1년으로 하되 당사자 일방이 계약을 파기하거나 변경을 청구하지 않는 한 자동적으로 1년간 갱신되는 취지의 특약이 있었다. 이에 따라 계약은 27년간 중단되지 않고 계속되었으나, 1994. 4. 판매업자가 보고의무를 위반하고 외국산 저가제품을 구입하고 있다는 사실을 숨기자, 공급업자는 계약 갱신거절의 통지를 하였다. 이에 대하여 원고는 계약 종료가 부당하다고 하면서 채무불이행을 이유로 손해배상을 청구하였다. 법원은 계약의 갱신거절에 부득이한 사유가 있다는 점을 인정하고, 원고의 손해배상 청구를 배척하였다.

법원은 이 판결의 이유 중에, 계약성립 후 27년간 계약관계가 중단되지 않고 존속하였다면 계약서 기재에도 불구하고 본건 계약은 기간의 정함이 없는 것으로 변경하는 묵시적인 합의가 있었다고 볼 여지가 있

---

88) 判時1595号70頁.

다고 하면서, 계속적 계약관계에 관한 일본 민법 제628조,[89] 제663조 제2
항,[90] 제678조 제2항[91] 등의 취지에 비추어, 신뢰관계의 파괴 등 부득이
한 사유가 없는 한 계약을 해약하거나 갱신을 거절하는 것은 불가능하
다는 점을 명시하였다.

다. 独禁法 위반 여부에 대한 고려

1990년대 이후에 나타난 계속적 공급계약의 종료에 대한 판결들에서
는 계약의 종료가 사적독점의 금지 및 공정거래의 확보에 관한 법률(私
的独占の禁止及び公正取引の確保に関する法律, 이하 '独禁法')을 위반한다
는 주장을 함께 제기하는 경향이 있다.[92] 아래의 사안들은 공급업자가
계약상 의무 위반을 이유로 계약을 종료하려는 경우, 특약점들이 그러한
계약상 의무가 独禁法을 위반하므로 계약 종료가 부당하다는 취지의 주
장을 한 것이다. 이에 대하여 법원은 민법상 계속적 공급계약의 종료에
관한 법리를 설시하면서, 独禁法 위반의 소지가 있는지 여부를 함께 검
토하였다.[93]

---

89) 일본 민법 제628조(부득이한 사유에 의한 고용의 해제) 당사자가 고용의 기간
을 정한 경우에도 부득이한 사유가 있는 때에는 각 당사자는 곧바로 계약을
해제할 수 있다. 이 경우에 있어서 그 사유가 당사자의 일방의 과실에 의하여
발생한 것인 때에는 상대방에 대하여 손해배상의 책임을 진다.
90) 일본 민법 제663조(임치물의 반환의 시기) ② 반환의 시기의 정함이 있는 때에
는 수치인은 부득이한 사유가 없으면 그 기한 전에 반환할 수 없다.
91) 일본 민법 제678조(조합원의 탈퇴) ② 조합의 존속기간을 정한 경우에도, 각 조
합원은 부득이한 사유가 있는 때에는 탈퇴할 수 있다.
92) 川越憲治, "継続的取引契約の終了と独占禁止法", 新堂幸司·內田貴 編, 継続的
契約と商事法務, 商事法務, 2006, 97면 이하에서는 계속적 계약 종료에 관한 平
成시대(1989년 이후)의 판례 중에 独禁法이 쟁점이 된 사안들이 많다고 하면서
주요 판례들을 소개한다.
93) 계속적 공급계약의 종료와 관련된 하급심 판례들은 많으나(升田純, 現代取引
社会における継続的契約の法理と判例, 日本加除出版株式会社, 2013; 上山徹,

1) 最三裁 1998(平成10). 12. 18.[94]

이 사안에서는 자동갱신조항에 따라 연장되어 온 특약점 계약과 관련하여, 판매업자가 계약에서 정한 판매 방식을 준수하지 않았음을 이유로 하는 공급업자의 계약 해지가 적법한 것인지가 문제가 되었다. 사실관계는 다음과 같다.

화장품 제조판매회사인 시세이도가 특약점들과 체결한 계약에는 계약기간은 1년으로 하되 당사자들의 반대가 없는 경우 1년씩 연장되는 자동갱신조항이 있었고, 계약기간 중에는 당사자 일방의 3개월 전 사전 통지로써 해지할 수 있는 것으로 되어 있었다. 당사자간의 계약은 1962년부터 매년 연장되어 18년 동안 유지되었다. 이 계약에서는 특약점의 판매 방식으로 소비자에 대한 대면 판매를 정하였는데 특약점이 이를 이행하지 않았으므로 시세이도는 반복적인 경고를 한 이후에 1990년 이 계약에 정한 해지 조항에 따라 계약을 해지하고 상품 공급을 중단하였다. 이에 특약점은 시세이도를 상대로 계약상 지위를 확인하고, 상품을 계속 공급할 것을 청구하였다.

제1심 법원[95]은 본 특약점 계약은 소위 계속적 공급계약인데, 이러한 계약에서는 계약 조항 중에 당사자 일방의 의사에 따라 해약할 수 있다는 취지의 정함이 있다고 하더라도, 신의칙상 현저한 사정변경이나 상대방의 극심한 불신행위 등 부득이한 사유가 없는 한 일방적 해약은 허용되지 않는다고 하면서, 대면판매는 재판매가격 유지행위를 의도한 것이므로 특약점이 소비자를 상대로 대면판매를 하지 않았다는 것은 시세이도 측이 계약을 해지할 수 있는 부득이한 사유로는 인정할 수 없다고 하

"継続的売買契約の解消に関する一考察", 北大法学研究科ジュニア・リサーチ・ジャーナル N. 5, 1998, 1면 이하 참조), 최고재판소 판례는 대표적으로 아래 두 사안 정도가 확인된다.
94) 民集52卷9号1866頁, 判時1664号3頁, 判タ992号94頁, 金判1062号22頁.
95) 東京地判 1993(平成5). 9. 27. (判時1474号25頁)

였다. 이에 대해 항소심 법원[96]은 소위 계속적인 공급계약에서 당사자가 약정해지권을 행사하기 위해서는 거래 관계를 계속하기 어려운 불신행위의 존재 등 부득이한 사유가 필요하다는 점은 제1심의 판단과 같지만, 대면판매는 일응 합리적인 판매 수단이고 이러한 조건이 다른 특약점에도 적용되는 한 대면판매를 강제하는 것이 강행법규(獨禁法) 위반이라고 볼 수 없다고 하면서, 본건에서는 해지에 대한 부득이한 사유가 인정되고 그러한 해지권 행사가 신의칙 위반이나 권리남용도 아니라고 하여 해지가 적법하다는 취지로 판단하였다.

특약점은 이 중 獨禁法 위반 부분에 대하여 상소를 하였다. 즉, 대면판매를 의무화하는 약정은 獨禁法이 금지하는 불공정거래방법 중 재판매가격의 구속 및 구속조건부 거래에 해당하므로, 이 약정의 효력을 인정한 원심의 판단에는 獨禁法 관련 규정의 해석 적용에 잘못이 있다고 주장하였다. 먼저 구속조건부 거래와 관련하여 최고재판소는 獨禁法 제19조는 사업자는 불공정한 거래방법을 이용하여서는 아니된다고 명시하고 있고, 같은 법 제2조 제9항 제4호는 불공정한 거래방법의 하나로 상대방의 사업활동을 부당하게 구속하는 조건을 붙여 거래하는 행위를 정하고 있는데, 이처럼 구속조건부 거래를 규제하는 것은 상대방의 사업활동을 구속하는 조건을 붙여 거래하는 것, 특히 자기의 거래와 직접관계가 없는 상대방과 제3자와의 거래에 있어서 경쟁에 직접 영향을 미치는 구속을 가하는 것은 상대방이 양질(良質)염가(廉價)의 상품과 역무를 제공하는 형태로 경쟁하는 것을 인위적으로 막는 측면이 있기 때문이라고 전제한다. 그러나 그 형태나 구속 정도 등에 따라 공정경쟁을 저해할 우려를 판단하여 그것이 공정한 경쟁질서에 악영향을 미칠 우려가 있다고 인정되는 경우에 상대방의 사업활동을 '부당하게' 구속하는 조건을 붙인 거래에 해당한다고 할 것이고, 원칙적으로 제조업체와 도매업자가 판매

---

96) 東京高判 1994(平成6). 9. 14. (判時1507号43頁)

정책과 판매 방법에 대하여 갖는 선택의 자유는 원칙적으로 존중되어야 한다고 하면서, 이들이 소매업자에게 고객에게 상품 설명할 것을 의무화하거나 상품의 품질 관리 방법과 진열 방식을 지시하는 등의 형태로 판매 방법에 관한 제한을 부과하는 것은 그것이 해당 상품의 판매를 위한 나름의 합리적인 이유에 근거한 것으로 인정되고 다른 거래에 대해서도 동등한 제한이 부과되어 있는 한, 그 자체로 공정한 경쟁질서에 악영향을 미칠 우려가 있는 것으로 볼 수는 없다고 하였다. 나아가 해당 사안에서 대면판매는 제품 설명을 하거나 그 선택 및 사용방법에 대한 고객 상담에 응하는 것으로, 공급업자가 그 판매 방법을 채택한 이유는 이를 통하여 최적의 조건에서 화장품을 사용하고 미용 효과를 높이고자 하는 고객의 요구에 부응하고 다른 상품과 구별되는 고객의 신용을 유지하고자 하는 것으로 이해된다고 하면서, 이러한 고객의 신용은 화장품 시장에서의 경쟁력에 영양을 주는 것으로서 대면 판매 방식에는 나름대로의 합리성이 있다고 하였다. 또한 공급업자는 다른 판매업자와의 사이에서도 동일한 조건의 약정을 맺고 있으므로, 이를 상대방의 사업활동을 '부당하게' 구속하는 조건을 붙인 거래라고 할 수 없다고 판단하였다.

다음으로 재판매가격 구속은 정당한 이유 없이 상대방에 대하여 그 판매하는 해당 상품의 판매가격을 정하여 이를 유지하도록 하거나, 기타 상대방의 해당 상품에 대한 판매가격의 자유로운 결정을 구속하는 것을 금지하는 것인데, 판매 방법의 제한을 수단으로 재판매가격을 구속하고 있다고 인정되는 경우에는 獨禁法 위반을 인정할 수 있다는 점을 인정한다. 그러나 최고재판소는 구체적인 사안에 대하여 판매방법에 대한 제한을 부과함으로써 소매가격이 안정되는 효과가 생기지만, 그러한 효과가 발생한다는 것만으로 곧바로 판매가격의 자유로운 결정을 구속하고 있다고 말할 수는 없다고 판단하였다.

2) **最三判** 1998(平成10). 12. 18.[97]

이 사건은 최고재판소가 위 시세이도 사건과 같은 날 선고한 것인데, 사실 관계도 유사하다. 화장품 제조판매회사인 花王화장품과 특약점 사이의 계약은 1964년에 최초로 체결되었고, 계약기간은 1년으로 하되 당사자들의 반대가 없는 경우 1년씩 연장되는 자동갱신조항이 있었으며, 30일 이상의 예고기간을 두고 문서로 해지할 수 있다는 계약 조항이 있었다. 이 계약은 수차례 갱신되어 당사자들의 거래관계가 계속 유지되었는데, 특약점이 계약에서 정한 대면판매 및 상담판매(고객에게 화장품 사용 방법을 설명하거나 고객의 상담에 응하는 방식)를 하지 않고 직역판매와 할인판매를 하자, 공급업자는 1992. 6. 특약점 계약을 해지하였다. 이에 특약점은 공급업체를 상대로 계약상 지위를 확인하고, 상품을 계속 공급할 것을 청구하였다.

제1심 법원[98]은 본건 특약점 계약이 계속적 공급계약임을 고려하더라도 해지에는 정당한 사유나 부득이한 사유는 필요없다고 보아야 한다고 하면서도, 대면판매 의무는 独禁法상 불공정거래행위에 해당하므로 본건 해지는 권리 남용으로 무효라고 판단하였다. 이에 대해 항소심[99]은 제1심 법원의 판단과 같이 일방 당사자가 계속적 공급계약에서 해지권을 행사하려면 부득이한 사유가 필요하다는 견해는 채용하지 않는다는 점을 밝히면서, 본건에서 공급업자가 판매업자가 대면판매를 하지 않았음을 이유로 계약을 해지하는 것에는 신의칙 위반이나 권리 남용은 없었다고 하여 해지를 인정하였다.

특약점은 이 중 대면판매 의무가 独禁法상 불공정거래행위(재판매가격 구속행위 및 구속조건부 거래행위)에 해당하므로, 이러한 약정의 효력을 인정한 원심의 판단이 独禁法의 해석적용에 잘못이 있다고 주장하

97) 判時1664号14頁, 判夕992号9頁, 金判1062号27頁.
98) 東京地判 1994(平成6). 7. 18. (判時1500号3頁, 判夕855号111頁)
99) 東京高判 1997(平成9). 7. 31. (判時1624号55頁, 判夕961号103頁, 金判1035号15頁)

였다. 최고재판소는 위 시세이도 사건의 판결과 같은 이유로 공급업자가 도매판매를 금지하는 것은 계약상 대면판매 의무에 따른 깃으로서 獨禁法을 위반하지 않는다고 하였고, 이러한 의무 위반으로 상호 신뢰가 파괴되었으므로 해지는 정당하다고 판단하였다.

위 두 사안의 하급심 법원은 당사자들의 약정을 존중하여 해지의 효력을 인정한 것은 동일하나, 장기간 지속되어 온 계속적 공급계약을 해지하는 경우 부득이한 사유가 필요한지 여부에 대하여는 견해를 달리하는 것처럼 보인다. 다만, ①의 판례는 장기간 지속되어 온 계속적 공급계약을 일방적으로 종료하기 위해서는 신의칙상 계약에 정한 임의해지 사유에 더하여 부득이한 사유가 필요하다고 하고, ②의 판례는 계약의 종료에 부득이한 사유를 요구하는지 않는다고 하면서도 신의칙 위반이나 권리남용이 있는지를 검토하여, 실질적으로는 동일한 결론에 이르고 있다.[100]

라. 최고재판소 판례 이후의 판례

1) 東京地判 1999(平成11). 2. 5.[101]

이 사안은 미국의 면도기 제조업체인 피고 Gillette와 일본의 수입자이자 최대 도매업자인 원고와의 사이에 체결된 계속적 물품공급계약에 관한 것이다. 원고는 1968년부터 피고가 생산한 물건을 공급받아 판매하였고, 1986년부터는 매년 1년 단위로 계약서를 체결하여 오던 중, 피고가 1993년 계약의 갱신을 거절하자, 본건 계약의 존재의 확인을 청구함과 동시에 불법행위 또는 채무불이행에 기한 일실이익, 신용훼손 등의 손해배상을 청구하였다.

이에 대하여 법원은 우선, 계속적 거래계약이 수 차례 갱신이 반복되

---

100) 中田裕康(주 82), 6-8면 참조.
101) 判時1690号87頁.

어 이에 기초하여 제품의 공급관계도 상당히 장기간 계속된 경우, 제품의 공급을 받는 자가 계약의 존재를 전제로 제품의 판매를 위한 인적, 물적인 투자를 하였다면 그 투자 등을 보호하기 위하여 공급의 계속성이 요청되기 때문에, 공평의 원칙 내지는 신의성실의 원칙에 비추어, 계속적 계약을 기간만료를 이유로 해소하기 위해서는 합리적인 이유가 필요하다고 판시하였다. 구체적으로 이 사안에서는 원고와 피고와의 거래의 경과, 원고의 일본의 시장에 있어서 면도기 제품의 시장점유율, 면도기 제품의 매출액, 원고에 있어서 피고의 제품의 판매상황, 본건 계약의 종료의 원고에 대한 영향 등을 고려하면, 원고와 피고와의 관계는 일방이 타방을 지배하는 관계가 아니라 대등한 거래관계에 있었고, 원고가 본건 계약의 종료에 의하여 선행투자의 회수가 불가능해질 것으로 인정되지 아니하며, 거래관계가 25년간 계속된 점, 경쟁회사의 제품을 취급하는 원고가 피고의 제품의 판매에 대해 열의가 없다고 의심되는 사정이 있는 점 등을 고려하여 피고의 계약의 갱신거절에 일응의 합리성이 있다고 한 다음, 피고에 의한 본건 계약의 갱신거절이 공평의 원칙이나 신의칙에 반한다거나 위법하지 않다고 하여 원고의 청구를 기각하였다.

2) 東京地判 2004(平成16). 4. 15.[102]

이 사안은 700여년의 역사를 가진 한방위장약을 생산하는 공급업자와 이를 공급받아 각 가정에 정기적으로 배치하는 판매업자들 간에 장기간에 걸친 거래관계에 관한 것이다. 공급업자는 계약관계의 합리화를 위하여 고객정보 보고, 판매지역제한, 고객양도제한 등의 담긴 계약서를 작성하여 새롭게 계약체결을 교섭하고자 하였고, 이를 거부한 판매업자들에 대하여 1년 정도의 기간을 두어 기존 계약을 해지하고 제품의 공급을 중단하였다. 판매업자들은 이것이 独禁法상 단독의 거래 거절에 해

---

102) 判時1872号69頁.

당한다고 하면서, 이에 기한 상품공급 중단행위의 금지, 기존 계약상의 지위 확인 및 필요수량의 상품의 인도를 구하는 내용의 소를 제기하였다.

법원은 우선 独禁法상 거래거절의 금지를 근거로 하는 청구와 관련하여서는, 独禁法 제24조의 중지청구권은 작위청구를 인정하는 것이 아니라고 하여 원고의 청구를 각하하였다. 다음으로 계약의 해지에 관하여는 본건과 같은 계속적 상품공급계약을 해지하려면 해지 신청에 신의칙에 반하지 않을 정도의 상당한 또는 합리적인 이유가 존재하여야 하고, 상대방의 거래상 이익을 배려한 상당 기간의 유예가 필요하다고 하였다. 구체적으로 본건의 해지 신청에 대해서는 일단 거래의 합리화를 위하여 새로운 계약을 체결할 합리성은 인정되지만 상대방의 거래상의 이익에 배려한 상당 기간이 경과하지 않았으므로, 본건 해약은 효력을 발생하지 않는다고 하였다.

상당 기간을 판단함에 있어서는 원고와 피고의 거래기간, 거래액, 원고의 거래의존 정도, 원고의 영업규모 등을 종합적으로 판단할 필요가 있다고 하였다. 예를 들어 법원은 한 원고에 대하여 거래기간이 100년 이상이 되고 피고에 대한 거래의존도도 매우 높으며 영업 규모가 영세함을 고려하여 10년 정도의 기간이 필요하다고 하였다.[103]

3) 福岡高判 2007(平成19). 6. 19.[104]

이 사안의 사실관계는 다음과 같다. 원고들은 피고 신문사의 신문을 판매하는 신문판매점으로, 피고가 계약에 정한 바에 따라 계약만료 1개

---

103) 이러한 판례의 태도에 대하여는 10년의 예고기간은 변화와 경쟁이 치열한 현대에서 너무 긴 기간이라고 하면서, 유통 합리화의 효과를 정당하게 평가하지 않고 단순히 계속적 거래의 지속을 도모하는 것은 국민 경제에 역효과가 된다고 비판하는 견해가 있다. 이에 따르면 거래의 특수적 투자를 회수하고 전업 준비에 필요한 기간은 1년이면 충분할 것이라고 한다. 柏木昇, "継続的取引契約の解消と代理店販売店の保護", 継続的契約と商事法務, 2006, 80면 참조.
104) 判夕1265号253頁.

월 전의 통지로써 신문판매점 계약의 갱신을 거절하자 그러한 갱신 거절에는 정당한 이유가 없다고 주장하였다. 특히 피고의 원고 1에 대한 갱신 거절을 살펴보면, 당사자들이 1990년 신문판매점 계약을 체결하였고 이후 1996년 갱신 계약을 체결하였는데, 갱신 계약서에는 계약기간을 3년으로 하되 계약만료 1개월 이전에 각 당사자가 의사표시를 하지 않으면 계약이 갱신되는 것으로 하고, 이후 계약은 동일하게 1년씩 자동갱신된다는 취지의 특약이 있었다. 2001년경 당사자 간에는 판매지역의 분할, 실부수를 초과하는 신문의 구매, 실적부진, 허위보고 등에 관한 분쟁이 발생하였고, 이를 이유로 피고는 원고 1에 대하여 계약의 갱신을 거절하였다. 원고 1은 이에 대하여 계약상 지위를 임시로 정하는 취지의 가처분 결정을 받은 다음, 본 소송을 제기하여 계약상 지위의 확인과 손해배상을 구하였는데, 원심[105]은 계약상 지위 확인 부분은 인용하였으나 손해배상 청구 부분은 기각하였다.

법원은 신문판매점 계약의 갱신을 거절하려면 신의칙상 신뢰관계의 파괴 등 계약관계를 계속하기 어려운 사정이 있거나 본건 신문판매점 계약을 종료하는 데 합리적인 이유가 필요하다고 하면서, 구체적인 사실관계를 검토하고 이 사안에서는 갱신 거절에 정당한 사유가 있다고 하기 어렵다고 판단하였다. 특히 갱신 거절의 배경에는 다수의 판매점을 가진 피고가 공급자로서 우월한 지위에 근거하여 자사의 뜻을 밀어붙인 것도 있으므로 이러한 점에는 최소한 과실이 있다고 볼 수 있다고 하면서, 다만 원고 1도 허위 보고 등의 행위가 있었으므로, 이러한 점을 고려하여 피고 행위에 의한 영업 피해에 대하여는 200만 엔의 한도에서 손해배상책임을 인정하였다.

---

105) 福岡地久留米支判 2006(平成18). 9. 22. (判タ1244号213頁).

3. 계속적 공급계약의 종료 제한에 관한 학설의 논의

위에서 살펴본 바와 같이 계속적 공급계약의 종료에 관한 일본의 최근 판례들은 계약서 문구를 비롯한 당사자들의 의사를 우선시하는 초기의 모습에서 벗어나, 당사자가 장기간 지속되어 온 계속적 공급계약을 더 이상 갱신하지 않거나 해지하고자 하는 경우, 계약상 근거가 있다고 하더라도 그렇게 종료하는 것에 부득이한 사유가 있거나 적어도 정당한 이유 또는 합리성이 있어야 한다는 태도를 보인다.

법원은 개별 사안의 구체적인 사정을 종합적으로 고려하여 결론을 내리는데, 계약을 체결하게 된 계기나 상황, 상호간의 거래상 지위, 거래를 위한 투자, 거래관계의 지속기간, 계약을 해소하게 된 계기나 상황, 해지로 해지자가 얻게 되는 이익, 예상되는 상대방의 손실 등을 주로 살펴본다.[106] 일본의 최근 학설들은 이러한 판례의 태도를 설명하고 이들을 비판적으로 검토하기 위한 것으로 이해된다. 대표적으로 다음과 같은 학설이 있다.

가. 관계적 계약이론에 근거한 검토

우치다 교수는 판례의 새로운 경향을 설명하기 위한 방안으로 "관계적 계약"이라는 모델을 제시하였다. 이러한 관계적 계약이론은 계속적 계약의 연구에 큰 자극을 주었는데, 계속적 계약을 검토하기 위해서는 전통적 계약법과는 다른, 이와는 병존하는 별도의 법체계가 필요하다는 점을 전제로 한다.[107]

그는 맥닐 교수의 관계적 계약이론을 소개하면서, 당사자들의 의사를 중심으로 하는 전통적 계약법의 한계를 지적하고, 현실 계약의 실효성과

---

106) Oda(주 84), 42면.
107) 內田貴, 契約の時代 : 日本社会と契約法, 岩波書店, 2000, 29-33면.

유효성을 담보하는 것은 그 배후에 있는 사회관계라고 한다.[108] 즉, 계약을 "미래의 교환을 위한 기획"이라고 파악하면, 계약에는 약속적 계약과 비약속적 계약이 있다고 할 것인데, 이 중 비약속적 계약에서는 약속 대신 당사자가 처한 사회관계가 기획에 있어서 중요한 역할을 하므로 이를 관계적 계약이라고 하는 것이다.[109]

전통적 계약법은 계약의 배후에 있는 사회적 관계를 배제하여 현실과 괴리가 있으므로, 현대의 계약법은 이러한 전통적 계약법을 수정하고자 하는 노력을 기울였고, 판례도 신의칙을 매개로 하여 근대적 계약이론을 수정하는 새로운 모습을 보였다. 우치다 교수는 관계적 계약이론을 기초로 계약책임을 확대하는 판례들을 유형화하는데,[110] 그 중 이른바 계속적 계약의 해소에 관하여 계약의 계속성을 존중하고 정당한 이유 없이 계약관계를 해소하는 것을 인정하지 않는 판례 경향이 있다. 특히 상인간의 거래에 관한 재판례들을 보면 갱신거절에 관한 계약 조항이 있는 경우에도 그 권리행사를 제한하는 현상이 있다는 점을 강조하고, 이는 기이르케의 영향을 받은 전통적인 계속적 채권관계론의 범위에 있는 문제라기보다는 새로이 나타나는 이질적인 흐름으로, 일정한 계약관계에서는 강력한 계속성 원리 또는 favor contractus의 원리가 인정되는 것이라고 설명한다. 임대차계약, 대리점계약, 가맹점계약, 고용계약 등은 일반적으로 계속성에 대한 합리적 기대에 의하여 유지되고 있으며, 일방 계약 당사자에 의한 종료를 제한함으로써 계약을 자의적인 배신으로부터 보호하는 것은 충분히 합리적인 규칙이라는 것이다.[111]

---

108) 內田貴(주 107), 43면.
109) 內田貴, 契約の再生, 弘文堂, 1990, 55-56면.
110) 계약 교섭의 부당한 파기에 대한 손해배상책임, 계약 체결시의 설명의무 또는 조언의무, 계약수정을 위한 재교섭의무, 계약 상대방의 손해 발생 또는 확대 방지의무, 계속적 계약에 관한 특수한 의무, 일정한 금전 지급 의무에 대한 감액 등이 그 대표적인 예이다. 內田貴(주 107), 73-86면.
111) 內田貴(주 107), 81-83면.

나. 계약 해석론에 근거한 검토

히라이 교수는 계속적 계약의 종료에 관한 특수한 문제를 기존의 계약법에 따른 계약 해석의 문제로 해결하고자 한다. 그는 거래의 대상이 되는 물품의 자산 특수성에 따라 계속적 계약을 '시장형'과 '조직형'으로 구분하고, 계약의 해석에 있어서는 양자의 기본적인 생각을 달리해야 한다고 한다.[112] 시장형 계속적 계약은 시장에서 입수 또는 조달할 수 있는 재화의 거래에 관한 것인데, 이는 일시적 계약에서와 마찬가지의 계약해석의 기준으로 권리의무관계를 판단하면 족하다. 예컨대 일정한 품질, 규격, 가격의 상품을 일정기간 계속적으로 매매하는 계약에서는, 공급업자와 판매업자 간의 권리의무는 당사자의 합의의 해석의 문제가 된다.[113] 이에 반하여 조직형 계속적 계약은 시장에서 입수 또는 조달이 어려운 비대체성이 큰 재화의 거래로서, 그 때문에 계약이 계속되는 것이 중요하게 된다. 당사자 간의 관계가 정보, 노하우, 금융 등에 있어 긴밀하게 결합되는 경우가 많다. 이러한 긴밀한 관계에 근거하여 계약 당사자는 해당 거래에 특수한 투자를 하는 경우가 있는데, 해당 거래의 대상에 관한 시장이 존재하지 않는 이상 그 투자 비용을 시장에서 회수하는 것은 불가능하게 된다.[114]

조직은 일정한 목표를 달성하기 위한 사람들의 결합체이므로, 적어도 목표달성 또는 불당성이 확정될 때까지는 존속할 수밖에 없다. 히라이 교수는 조직형 계약을 해석할 때에는 시장형 계약에서의 해석 방법에 더하여, 이러한 조직원리를 고려하여야 한다고 한다. 구체적으로, 우선 조직형 계약을 해석함에 있어서는 계약서의 문언과 표제에 얽매일 것이 아니라 계약서와 계약의 성립 및 그 이후의 전과정을 종합적으로 고려

---

112) 平井宜雄, 法律学講座双書 債権各論 I 上, 弘文堂, 2008, 114-115면.
113) 平井宜雄(주 112), 115-116면.
114) 平井宜雄(주 112), 115-117면.

하여 그 성질을 결정하여야 하고, 조직원리에 비추어 조직형 계약의 종료가 제한될 수 있다는 점을 강조한다. 예를 들어 대리점 계약이나 가맹점 계약과 같은 공동사업형 계약에서는 계약의 존속기간이 계약서에 명기되어 있는 경우가 많지만, 그럼에도 불구하고 상당한 기간 동안 계약이 존속한다고 해석하여야 하는 경우가 있다고 한다. 즉, 비대체성이 큰 재화를 취급하기 위하여 계약체결 전에 많은 투자가 필요한 경우가 있는데, 계약 당사자들이 합리적인 행동을 한다면 그 투자를 회수할 수 있다고 상정하는 기간만큼 계약기간을 정하는 것이 상당하다는 것이다. 따라서 실제 계약에서 존속기간의 정함이 있더라도 그 기간이 이러한 의미에서 상당하지 않다면, 일방 당사자가 그 존속기간이 만료되는 것과 관련하여 갱신거절의 의사표시를 하더라도 계약이 종료되지 않는다고 해석될 수 있는 경우가 있다. 기간을 정하지 않은 경우의 해약 신청(고지)도 제한적으로 해석되어야 하는데, 원칙적으로 부득이한 사유가 있는 경우에만 계약이 해소될 수 있고, 계약 중 재협의 조항이 있는 경우에는 원칙적으로 재협의를 거쳐야만 한다고 한다.[115]

다. 신의칙에 근거한 검토

나카타 교수는 관계적 계약이론이 전통적 계약법의 문제점을 밝히고 그 해결책을 모색한다는 점에서 높이 평가하여야 하지만 전통적 계약법을 대체할 수 있는 것은 아니라고 한다.[116] 따라서 계속적 매매의 해소에 관하여는 일차적으로는 계약에 의하여 처리하고, 거기서 벗어나는 부분은 신의칙을 통하여 보완하여야 한다고 본다.[117]

계속적 매매계약에 대하여 신의칙에 따른 책임을 인정하여야 하는

---

115) 平井宜雄(주 112), 117-121면.
116) 中田裕康(주 82), 119-121면 참조.
117) 中田裕康, 繼續的売買の解消, 有斐閣, 1994, 459면.

실질적인 근거로는, 계속적 매매라는 사회적 접촉 관계에 있는 당사자 간의 상대방에 대한 기대의 보호, 상대방에 대한 기대를 하도록 한 자의 책임, 공평, 사회정책적인 배려가 있을 수 있다고 한다. 첫째로 상대방에 대한 기대의 보호는, 일방 당사자가 거래가 지속될 것을 합리적으로 신뢰하고 투자를 한 경우 이를 회수할 수 있는 기회를 주어야 한다는 측면에서 나타나는데, 계속적 매매의 다양성, 유동성 등을 고려할 때 막연한 기대까지도 포함될 수 있는 경우가 있다고 한다. 둘째, 상대방에 대한 기대를 하도록 한 자는 거래의 계속을 언급한 경우 등에는 금반언의 원칙에 따라 이에 대한 책임을 져야 할 수 있고, 그 정도가 아니더라도 거래 지속을 전제로 하는 상대방의 자본 투하를 인용한 경우에도 책임이 인정될 수 있다고 한다. 셋째로는 거래계의 윤리나 공평에 기초하여 신의칙에 따른 고려가 필요할 수 있는데, 계속적 매매의 해소에 의하여 피해소자가 획득한 고객이 그대로 해소자에게 귀속하게 되는 경우 이에 대한 조정 국면이 이에 해당할 수 있다고 한다. 마지막으로 사회법적인 근거로서, 당사자가 피고용자와 유사한 지위에 있는 경우 또는 거래에 대한 의존도가 높은 중소 사업자인 경우에는 이들을 보호할 사회정책적인 배려가 필요하다는 점을 들고 있다.[118]

계속적 매매계약의 해소에 대한 신의칙의 적용과 관련하여서는 구체적인 계약에 따라 ① 현실적 강제 이행까지 가능한 경우, ② 강제 이행은 못하지만 손해 배상 청구는 가능한 경우, ③ 계약의 존재는 인정할 수 없지만 신의칙상의 책임이 인정되는 경우, ④ 해소자에 아무런 책임도 물을 수 없는 경우로 나눌 수 있다고 한다. 나아가 계속적 매매계약이 해소된 시점에서 그것이 이 중 어느 단계에 해당하는지를 판정하는 것이 필요하지만, 이를 위한 단일 기준을 마련하는 것은 무리이고, 구체적 사안에 대해서 여러 요인을 검토할 수밖에 없다고 한다.[119]

---

118) 中田裕康(주 117), 468-469면.
119) 中田裕康(주 117), 476-477면.

제3절 계약법에 근거한 계속적 공급계약의
종료 제한

Ⅰ. 계속적 공급계약의 종료 제한

1. 제한의 필요성

계속적 공급계약에 대하여도 계약법의 일반적인 원칙이 적용되는 것은 물론이다. 따라서 당사자들이 계약의 존속기간이나 해지 사유들을 정해둔 경우에는 정해진 바에 따라 계약을 종료할 수 있음이 원칙이다. 그러나 국내외의 논의에서 살펴본 바와 같이 구체적인 사안에 따라서는 해당 계속적 공급계약의 특수성을 고려하여 계약 종료를 제한할 필요가 있다.

계속적 공급계약에서는 계약이 지속됨에 따라 당사자들의 관계가 형성되고 이러한 신뢰관계가 발전한다. 장기간 거래관계가 유지되면서 당사자들에게는 계약서에 명시된 사항 이외의 다른 요소들도 중요하게 작용할 수 있다. 장기 계약에서는 계약이 체결된 이후에 당사자들의 관계나 이를 둘러싼 다양한 제반 사정이 변경될 수 있고, 계약 체결 시에 이러한 것들을 예상하여 합의하거나 또는 그때그때마다 새로운 합의를 한다는 것은 불가능할 것이다. 계약이 얼마나 오랫동안, 어떠한 방식으로 지속되어 왔는지, 사업 계획을 공유하고 거래를 위한 상당한 투자를 하였는지, 해당 거래에 대한 의존도가 상당한지 등에 따라서 당사자들 간의 신뢰의 정도나 보호 필요성이 달라질 수 있다. 이러한 신뢰에 대한 보호 필요성이 계약 조항을 관철시키는 것보다 우위에 있다면 이는 그러한 계약 조항에 따른 종료를 제한할 수 있는 근거가 될 수 있다.

또한 당사자들이 대등한 입장에서 계속적 공급계약을 체결하지 못하

는 경우도 있을 것인데, 계약의 해지 근거가 되는 종료 사유 자체가 불
공정할 수 있다. 특히 이러한 계약을 거래상 지위가 우위에 있는 당사자
가 일방적으로 미리 준비한 것이라면 더욱 그 내용이 공정한 것인지를
검토할 필요가 있다. 그 외에도 당사자 일방이 위법한 목적이나 부당한
의도를 가지고 이를 실현하기 위한 방편으로 계약을 종료하려고 하는
경우에는 이를 제재하여야 한다. 단순히 계약 조항을 준수하였다고 하여
계약의 종료가 부당하지 않게 되는 것은 아닐 것이다.

한편 계속적 공급계약에 따른 사업을 영위하기 위하여 상당한 투자
가 전제되기도 한다. 예를 들어 어떤 대리점이 특정 지역에 독점권을 가
지고 시장에 새로 소개되는 공급업자의 제품을 판매하게 되었다면, 해당
대리점은 그 제품을 판매하고 홍보하기 위하여 많은 투자를 할 것이 예
상된다. 공급업자와 판매업자가 사업 계획을 공유하고 이를 실행하기 위
하여 추가적인 투자가 필요한 경우도 있다. 당사자들이 체결한 계약서에
는 이러한 점이 반영되어 있지 않을 수도 있으나, 계약을 일방 당사자가
종료하는 경우에는 이러한 사정도 고려되어야 한다.

2. 제한의 근거

이처럼 계약과 함께 형성된 당사자들의 신뢰관계에 대한 보호와 이
러한 관계에서 비롯되는 계약의 안정성을 고려하여 계속적 공급계약에
서의 종료를 제한할 필요가 있다고 한다면, 그 법적인 근거는 어디에서
찾을 수 있을까? 계약의 종료를 제한하는 것은 사적자치에 기초한 계약
자유의 원칙을 제한하는 문제이므로, 이를 어떠한 근거에서, 어느 범위
까지 제한할 수 있는지에 대한 검토가 필요하다.

위에서 살펴본 바와 같이 계속적 공급계약의 종료가 공정거래법이나
대리점법, 가맹사업법 등에서 규정하는 불공정거래행위에 해당하는 경
우에는 이러한 개별법에 근거하여 종료를 제한할 수 있는 경우가 있는

데, 일반 계약법의 테두리에서는 계약의 해석과 신의칙이 그 근거가 될 수 있다.

가. 계약의 해석

계속적 공급계약이 계약서와 같은 서면에 의하여 체결된 경우에는 그 종료 사유를 검토할 때에는 그 서면의 문언에서 출발하여야 한다. 이는 통상 서면이 당사자의 의사를 가장 정확하게 표현한 것일 뿐만 아니라 계약 해석의 다른 표준에 비하여 객관적이고 신뢰할 수 있는 자료이기 때문이다. 따라서 계약에서 계약의 존속기간이나 해지 사유를 규정하였다면, 이것이 약관법이나 공정거래법 등에서 위법하다고 판단되지 않는 이상, 이에 따라야 하는 것이 원칙이다.

그러나 계약규정 자체가 불명확하거나 실제와는 다르게 운영이 되고 있는 경우도 있고, 심지어 서면 계약이 없는 채로 계약관계가 유지되는 경우도 있다. 계속적 공급계약이 장기간 유지되면 계약 체결 당시에는 고려하지 않았던 사정이 발생할 가능성도 높아진다. 예를 들어 애초에 정한 계약기간이 무색하게 계속적 공급계약이 계속하여 연장되어 온 경우나 계약 해지를 위한 통지기간이 당사자 간에 지속된 계약기간을 고려하지 않고 규정된 경우에는 문언 해석에만 기댈 것은 아니다. 이 경우에는 당사자들이 계약에 이른 경위, 당사자들 사이에 확립된 관행, 계약 체결 이후의 당사자들의 태도, 계약의 성격과 목적, 관습 등을 고려하여 당사자들의 의사를 해석할 수 있고, 당사자들의 약정이 일방에 의하여 작성되었다면 작성자 불이익의 원칙 등도 적용될 수 있다. 장기간 유지된 계속적 공급계약을 해석할 때에는 계약 당시에만 국한하여 살펴볼 것이 아니라 계약 당시부터 종료 시까지의 당사자들의 의사연락, 언행, 행동 등을 토대로 당사자들의 합리적인 의사를 해석하여야 한다.

계약에 근거하여 해당 거래를 위한 투자를 하는 경우에는 상호간에 적어도 어느 정도는 계약이 유지될 것이라는 점에 대한 공통의 이해가 있을 것이다. 공급업자가 판매업자에게 이러한 투자를 하도록 유도하였거나 이를 잘 알고 있었던 경우라면 판매업자가 이러한 투자 비용을 회수하기 위해서 필요한 시간만큼은 계약관계를 유지하겠다는 묵시적인 합의가 있다고 해석할 여지가 있다. 계약에 근거한 상대방에 대한 신뢰를 기반으로 투자를 하였다면 이러한 신뢰투자를 보호하고 기회주의적인 행동을 억제하여야 하는 관점에서도 문언을 제한해석할 수 있다는 견해도 이러한 관점에서 이해할 수 있다. 다만, 당사자들이 이러한 사정을 모두 고려하여 계약기간이나 해지 조항 등을 포함한 계약 조건을 합의하였다면 이러한 경우에까지 계약의 해석을 근거로 종료를 제한하기는 어려울 것이다.

나. 신의성실의 원칙

다음으로 계속적 공급계약의 종료를 제한하는 것에 대한 이론적인 토대로서 신의칙을 생각할 수 있다. 약관법도 신의성실의 원칙을 위반하여 공정성을 잃은 약관 조항이 무효라는 것을 기본 원칙으로 하므로, 약관법에 의한 종료 제한의 경우에도 신의칙이 기반이 된다고 볼 수 있다. 신의칙이 계속적 공급계약의 종료 제한의 근거가 된다는 것은 위에서 살펴본 바와 같이 비교법적으로도 공통된 설명이다.

우리 민법은 제2조에서 신의성실의 원칙 및 권리남용 금지의 원칙을 명시적으로 규정하고 있고, 계약법에서 신의칙은 일반원칙으로 받아들여지는 것으로 이해된다. 특히 계속적 공급계약이 장기간 유지되고 상호 의존도가 높은 경우에는 명시적인 약속 이외에도 당사자들의 협력 관계에서 기대되는 가치들이 있다. 당사자들이 각자의 효용을 증진시키려는 동기에서 계약을 체결하였다고 하더라도 거래가 거듭되면서 상당 부분 협력 관계가 형성되는 것이다.

따라서 상호 의존적인 관계에서 해당 거래에 특유한 상당한 투자가 이루어졌거나 당사자들이 일련의 거래관계에서 계약의 계속에 대한 정당한 기대를 준 경우에는 신의칙의 관점에서 계약의 종료를 제한하는 것이 타당한지 여부를 검토할 필요가 있다. 대법원은 "신의성실의 원칙에 위배된다는 이유로 그 권리행사를 부정하기 위하여는 상대방에게 신의를 공여하였다거나, 객관적으로 보아 상대방이 신의를 가짐이 정당한 상태에 이르러야 하고, 이와 같은 상대방의 신의에 반하여 권리를 행사하는 것이 정의 관념에 비추어 용인될 수 없을 정도의 상태에 이르러야 한다"고 한다.[120]

신의칙을 적용하는 때에는 구체적인 타당성을 기하여야 하므로 개별 사안마다의 특유한 사실관계를 면밀히 검토하여야 한다. 또한 신의칙은 어디까지나 실정법이나 계약의 해석에 대하여 보충적인 원칙이므로, 이를 남용하지 않으려는 노력이 필요하다. 따라서 개별법이나 계약의 해석으로 종료의 제한이 가능한 경우라면 이러한 경우에까지 신의칙을 적용할 필요는 없을 것이다.

3. 제한의 태양

가. 종료 제한의 형태

계약의 종료를 제한한다는 것은 실제로 당사자에게 어떤 효력이 있을까? 가장 기본적으로 생각할 수 있는 것은 계약 종료의 효력을 부정하는 것, 즉 해당 계속적 공급계약을 그대로 유지하는 것이다. 이 경우 계속적 공급계약이 언제까지 유지되는지에 대하여는 의문이 있을 수 있다. 기존에 당사자들이 정한 존속기간이 유효하다면 그 기간까지 계약을 유

---

120) 대판 1989. 5. 9, 87다카2407; 대판 1991. 12. 10, 91다3802 등.

지하는 것이 원칙일 것이고, 그렇지 않은 경우에는 제반 사정에 비추어 존속기간을 확정할 수 있는지 여부에 따라 달라질 것이다. 계약 기간이 정해져 있지 않다고 하더라도 계약을 무제한 강제할 수는 없고, 구체적인 사정에 따라 당사자들의 정당한 신뢰를 보호할 수 있는 합리적인 기간까지 계약을 유지할 수 있다고 생각된다.

다음으로는 계약 종료의 효력 발생을 일정한 기간 동안 유예하는 것을 생각해 볼 수 있다. 존속기간 만료의 경우에도 일정 기간 계약을 유지시켜야 한다거나, 계약에 정해진 통지기간이 있다고 하더라도 그보다 더 장기간의 유예기간이 필요한 것으로 판단할 수 있다. 이는 엄밀히 말해 계약의 종료 자체를 제한하는 것은 아니라고 할 수도 있겠지만, 일정 기간 계약의 효력을 유지시킨다는 점에서 계약의 종료 효과를 제한하는 효과가 있다고 볼 수 있다. 다만, 실질적으로 계약 종료의 효력을 부정하는 것과 일정 기간 유예하는 것은 계약의 효력을 일정 기간 유지한다는 점에서 유사한 효과를 가지게 될 것이다.

구체적인 계약의 내용에 따라서는 당사자 간의 계약을 강제하는 것이 불가능하거나 바람직하지 않은 경우도 있다. 이러한 경우에는 계약의 종료를 부정하거나 유예하는 대신 계약을 종료하려는 자에게 일정 기간 동안의 기대수익 등을 배상하도록 할 수 있다. 이러한 손해배상도 넓은 의미에서는 종료의 효과를 제한하는 것으로 이해할 수 있다.

다만, 앞서 설명한 바와 같이 계약 종료의 효력을 부정한다고 하여 계약을 무제한 강제할 수는 없고 일정 기간 동안 계약을 유지하도록 하는 것에 그친다는 점에서 이는 실질적으로 계약 종료의 효력을 일정 기간 유예하는 것과 유사한 효과를 가지는 것으로 볼 수 있다. 따라서 계속적 공급계약의 종료 제한의 태양은 크게 ① 계약의 효력 유지와 ② 손해배상의 두 가지로 생각해 볼 수 있다.

나. 제한 형태의 선택

계속적 공급계약의 종료가 제한하여야 하는지 여부는 법원에 의하여 최종적으로 판단될 것이고, 그러한 제한의 필요성이 인정되는 경우 구체적으로 어떠한 방식이 될 것인지를 일률적으로 정할 수는 없다. 이는 해당 계약에서 계약의 종료에 관한 당사자들의 이해관계, 목적물의 종류, 계약의 존속기간이 얼마나 남아 있는지 등을 종합적으로 고려할 문제이다.

가장 중요한 고려 사유 중 하나는 계속적 공급계약에서 계약에 기한 종료를 제한하면서 상대방을 보호해야 하는 이유일 것이다. 만일 상대방이 계약이 상당 기간 지속될 것을 전제로 해당 거래에 특수한 상당한 투자를 하였기 때문에 이러한 신뢰투자를 보호하여야 한다는 것이라면, 계약의 효력 유지를 강제할 것은 아니다. 이는 경제적인 손실이므로, 손해배상을 통해서도 상대방을 충분히 보호할 수 있을 것이다. 해당 거래에 대한 의존도가 높은 당사자가 사업을 할 기회를 상실하게 되었거나 그 외에 계약을 종료당하여 경제적인 손실이 발생하게 된 경우에도 마찬가지로 손해배상으로 충분한 보호가 될 수 있다. 그러나 경제적인 보상으로서 보호가 충분하지 않은 경우, 예를 들어 해당 제품이 상대방의 영업에 필수적인데 다른 대체 공급처를 적시에 찾기 어려운 경우[121]나 계약을 종료당하여 물건을 공급하지 못하면 시장에서의 신용을 회복하기 어려운 경우라면 일정 기간 동안 계약의 효력 유지를 강제하는 것이 타당할 수 있다.

계약 기간이나 계약의 종료 시점도 중요한 요인이다. 비교적 단기간의 잔여 기간이 남아 있다면 계약을 해소시키는 것보다는 그 시점까지 유지하는 것이 문제 해결에 보다 용이할 수 있다. 계약이 종료된 지 얼

---

121) 일본 판례 가운데에는 이러한 취지에서 공장 조업을 위하여 반드시 전력 공급이 필요하다는 이유로 전기공급 계약을 유지하도록 한 것이 있다. 東京地判 1974(昭和49). 3. 14. (判タ308号245頁) 참조.

마 되지 않았거나 거래관계가 계속되고 있는 상황이라면 계약관계를 유지할 것인지를 검토하는 것이 의미가 있으나, 계약이 이미 상당 기간 전에 종료된 상태라면 거래의 안정성이나 당사자의 신뢰관계를 보호할 필요성이 높지 않으므로 손해배상을 통하여 이해관계를 조정하는 것이 바람직하다.

또한 계약을 종료당한 당사자가 계속적 공급계약의 종료가 부당하다고 주장하는 방식에 따라서도 종료 제한의 형태가 달라질 수 있다. 계약의 효력 유지를 전제로 계약상 지위가 있다는 점에 대한 확인을 청구하거나 계약의 효력 유지를 위한 가처분을 신청할 수도 있고, 계약의 효력을 유지하는 대신손해배상을 청구할 수도 있다.

따라서 구체적인 사안을 검토할 때에는 개별 계속적 공급계약의 특수성과 당사자들의 주장 등을 종합적으로 살펴보아야 한다.

Ⅱ. 종료 유형별 검토

이상에서 살펴본 계속적 공급계약의 종료 제한에 관한 논의는 각 종료 유형별로 조금씩 달리 적용될 수 있다. 앞서 제3장에서는 계속적 공급계약의 종료 사유를 존속기간의 만료, 법정해지, 약정해지 및 임의해지로 나누고, 계속적 공급계약의 특수성을 고려하여 중대한 사유가 있는 경우 등에는 계약의 종료 사유를 확대할 수 있음을 논의하였다. 이 중 제반 사정을 종합적으로 고려하여 신의칙을 근거로 계약의 종료가 인정된 경우에는 이를 다시 계약의 해석이나 신의칙 등을 근거로 제한하는 것은 적절하지 않다.[122] 따라서 계약의 종료를 제한하는 문제는 일반적

---

122) 독일에서도 중대한 사유가 있는 경우 인정되는 특별해지에 대하여, 공급업자에게 정당화될 수 없는 과실이 있다면 계약 위반에 대한 손해배상을 청구할 수 있으므로 투자보상이 문제가 되지 않는다고 한다. Martinek/Semler/Flohr(주

인 계약 종료 사유가 있는 경우이다. 그런데 법정해지와 약정해지는 당사자들이 계약에서 정한 계약 조항과 관련이 된다는 점에서 논의가 중복되므로, 이하에서는 ① 존속기간 만료, ② 채무불이행 및 약정해지, ③ 임의해지의 경우에 계약의 종료를 제한하는 문제에 대하여 살펴보고자 한다.

1. 존속기간 만료 후 갱신 거절

가. 원칙적 존속기간의 존중

계속적 공급계약에서 당사자들이 정한 존속기간이 만료되면, 해당 계약은 종료될 운명이다. 특별한 사정이 없는 이상, 일방 당사자가 계약의 갱신을 청구하더라도 상대방으로서는 그러한 갱신 청구를 수용할 의무는 없다고 할 것이다. 이는 계약자유의 원칙에서 가장 기본적인 계약체결의 자유와 직결되는 문제이다. 따라서 존속기간 만료에 따른 계속적 공급계약의 종료를 제한하는 것은 보다 신중을 기하여야만 한다.

따라서 갱신 거절이 정당하게 되려면 갱신을 거절할 수밖에 없는 부득이한 사유나 합리적인 이유가 필요한 것은 아니고, 예를 들어 공급업자가 갱신을 거절하는 이유가 판매업자의 판매 실적이 저조하기 때문이거나 영업정책이 변경되어 자신이 직접 해당 지역의 판매를 담당하게 되었기 때문이라도, 계약의 종료가 제한되지는 않을 것이다.

이 경우 중요한 것은 당사자 의사의 해석상 존속기간이 명확하게 확정될 수 있는지, 그리고 종료에 필요한 계약상 절차를 따랐는지가 될 것이다.

---

27), 5. Kapitel § 26 Rn. 76 참조.

나. 종료의 제한 가능성

1) 명확하게 존속기간이 정해져 있는 계속적 공급계약에서 그 기간이 만료된 경우 일방 당사자가 계약을 위한 투자를 하였다고 하여 그 투자를 회수할 수 있도록 계약을 갱신할 것을 요구한다면, 일반적으로 이를 받아들일 수는 없을 것이다. 존속기간이 정해져 있는 경우에 일방 당사자가 그 기간 동안 회수하기 어려운 투자를 하는 것은 보호할 필요가 있는 정당한 기대에 근거한 것으로 보기 어렵기 때문이다. 다만, 10년의 범위에서 가맹계약의 갱신을 인정하는 가맹사업법 제13조나 대규모유통업자가 계약기간 중에 거래를 중단하는 경우 일정한 매장 설비비용을 보상하도록 되어 있는 대규모유통업법 제16조 등 개별 계속적 공급계약 유형에 대한 규정이 마련되어 있는 경우에는 그에 따라 처리할 수 있을 뿐이다.

그러나 상대방이 명시적 또는 묵시적으로 계약이 계속될 것이라는 기대를 주어 이에 기초하여 합리적인 투자를 하였거나, 계약의 특성상 그 거래를 위하여 상당한 정도의 투자가 반드시 필요한 상황이거나, 상대방이 투자를 요구하거나 부추기는 등의 사정이 있었다면 달리 볼 여지가 있다. 이 경우 계속적 공급계약이 유효하게 갱신되지 못하였다면 손해배상책임을 물을 수 있을 것인데, 이에 대하여는 계약체결을 전제로 하여 교섭관계가 진행되다가 파기되는 경우, 특히 일방 당사자가 계약이 성립할 것이라는 확신을 상대방에게 준 뒤에 적절한 이유 없이 교섭을 파기함으로써 상대방에게 손해를 입힌 경우에 관한 계약체결상의 과실책임에 관한 논의가 참고가 될 수 있을 것이다.

2) 존속기간이 정해져 있는 계속적 공급계약이라도, 자동갱신 조항 등에 따라 계약이 장기간 지속되었다면, 당사자들로서는 특별한 문제가 없는 한 계약이 갱신될 것이라는 기대를 가질 수 있다. 실제로 대리점

계약과 같은 계속적 공급계약에서는 계약의 존속기간을 1년으로 하되 당사자 일방이 만료 전 30일 이내에 통지하지 않으면 계약이 자동으로 1년간 갱신되는 식의 자동갱신 조항을 두고 특별한 문제가 없으면 계약을 지속하는 경우를 흔히 볼 수 있다. 이러한 계약이 별다른 문제 제기 없이 장기간 지속되었는데, 특별한 사정도 없이 갑자기 계약의 갱신거절을 통지하는 것은 상대방에게 불측의 손해를 끼칠 수 있다. 오랜 기간 상호 관계를 형성하면서 협력해온 상대방에 대하여 계약을 종료할 때에는, 그것이 계약상 권리라고 하더라도 그러한 권리 행사가 신의칙에 반하지 않도록 하여야 하는 의무가 있다고 할 것이다. 계약의 갱신에 대한 기대가 정당한지 여부는 거래관계가 지속되어 온 전체 기간, 그 동안 계약이 지속되어 온 경위, 당사자들 간의 관계, 계약 종료에 다른 당사자들의 이해관계 및 그 외의 제반 사정을 종합적으로 고려하여야 한다. 장기간 계약이 유지되었다는 의미는 개별 계약에 따라 다를 수 있는데, 수차례 갱신에 따라 수 년이 유지되었을 정도만으로는 추가 갱신에 대한 기대가 합리적이라고 보기에 부족할 수 있다. 또한 계약이 갱신될 때마다 실질적인 심사를 거쳐서 매번 새로운 계약을 체결하였다면, 당연히 계약이 갱신될 것이라는 기대를 가지기는 어려울 것이다.

이처럼 상대방이 갱신에 대한 정당한 기대가 있다고 인정되더라도, 계약자유의 원칙과의 관계에서 당사자가 갱신거절 자체를 할 수 없는 것은 아닐 것이다. 계약에서 정한 갱신거절의 절차가 있다고 하더라도 상대방의 신뢰를 보호할 수 있을 정도로 충분한 기간을 두고 계약의 종료를 통지하는 것이 필요하다. 이는 상대방이 갱신거절에 대비하여 영업을 정리하고 새로운 거래처를 물색하는 등의 준비를 하는 데에 필요한 기간을 생각하여야 하고, 계약기간이 장기일수록, 해당 거래에 대한 의존도가 높을수록 장기의 통지기간이 필요할 것이다. 다만, 급변하는 경제 환경에서 이 기간이 지나치게 길어지는 것은 부적절하고, 특히 기존의 계약 기간을 1년으로 정한 경우라면 기존의 계약기간이 장기라고 하더라도 1년 이상의 통지기간을 요구하기는 어려울 것으로 생각된다.

2. 채무불이행 또는 약정해지

가. 계약조항의 부당성 여부

계속적 공급계약의 존속기간 중에 일방 당사자가 계약을 해지하는 경우에도 그 계약의 종료를 제한하는 것에는 신중을 기하여야 한다. 다만, 이는 계약체결의 자유 자체의 문제라기보다는 계약 내용과 관련이 있으므로, 존속기간이 만료된 경우에 비하여는 상대적으로 계약 종료에 제한이 가해질 가능성이 좀더 있다고 할 수 있다.

채무불이행이나 약정해지를 제한하는 것은 당사자들이 계약에서 정한 의무관련 조항이나 해지 사유 조항의 부당성 여부가 문제된다. 계약의 일방적 종료에 대한 근거가 되는 계약 조항의 내용 통제에 대하여는 공정거래법이나 대리점법, 가맹사업법 등의 개별법이 문제가 될 수 있고, 특히 이 조항이 계약을 종료하고자 하는 당사자가 미리 준비한 약관에 의한 것이라면 약관법에 따른 통제도 가능하다. 보충적으로 신의칙을 적용할 여지도 있다.

예를 들어 공급업자가 자신의 거래상 지위를 이용하여 과도한 판매목표를 설정하고 이를 달성하지 못한 경우에는 계약을 해지할 수 있도록 하였다면 이는 공정거래법상 불공정행위에 해당할 수 있고, 나아가 부당한 계약 해지 사유가 될 수 있다. 특히 계약의 효력을 유지하여야 하는지가 문제가 되는 사안이라면, 공정거래법 등의 특별법 규정은 별도로 검토되기보다는 다른 신의칙 위반의 요소들과 함께 고려함으로써, 제반 사정을 전반적으로 고려할 때 종료를 제한하여야 할 필요가 있는지에 대한 보다 효율적이고 타당한 분쟁해결을 모색하는 것이 바람직하다.

나. 신뢰투자의 문제

당사자가 상대방의 채무불이행이나 약정해지 사유가 있어서 계약을 해지하는 경우에는 상대방이 거래를 위하여 상당한 투자를 하였으므로 이를 회수하기 위하여 충분한 기간이 보장되어야 한다는 주장을 하기는 어려울 것이다. 계약의 종료에 대하여 상대방이 책임이 있는 경우에는 그의 신뢰투자를 보호할 필요가 없기 때문이다. 계약의 근거가 된 관련 조항이 부당한 경우가 아니라면, 그리고 채무불이행으로 인한 해지에서 는 그것이 계약의 목적 달성과 무관한 경미한 채무불이행에 그치는 것 이 아니라면, 계약의 해지는 정당하다고 판단될 것이다.

많은 경우 약정해지 사유는 당사자들이 계약을 해지할 수 있는 중요 한 의무 사항과 관련이 되는 경우가 많지만, 상대방의 책임과는 무관한 사유를 해지 사유로 정하였다면 그 본질이 무엇인지를 따져야 할 것이 다. 불가항력적인 사정이나 사정변경에 해당하는 사유를 별도로 약정해 둔 것이라면 투자회수를 위한 기회를 보장할 수 없을 것이지만, 해지자 측의 사정을 해지 사유로 정한 경우라면 신뢰투자를 이유로 계약의 종 료가 제한될 가능성을 배제할 수 없다.

3. 임의해지

가. 합리적인 기대의 보호

당사자들이 특별한 사정이 없더라도 계속적 공급계약의 존속기간 중 에 일방 당사자가 계약을 해지할 수 있도록 정하였다면, 이러한 임의해 지 조항은 계약 자유의 원칙상 유효한 것으로 존중되어야 한다. 다만, 이것이 일방 당사자에 의하여 마련된 약관에 기초한 것이라면, 양 당사 자에게 해지의 기회가 제공되어 있는지, 통지기간이 상대방을 보호하기에 충분한지 등과 관련하여 약관법에 따라 그 공정성 여부를 판단할 수 있다. 대체로 임의해지 조항이 부당하다고 판단되면, 종료 자체가 불가능하다기보다는 계약에서 정한 예고기간보다 더 장기간의 예고기간이 필요하다고 인정될 것이다.

나아가 일방 당사자가 임의해지 조항에 따라 계약을 종료한다고 하더라도 그 조항을 준수하기만 하면 언제나 해지권의 행사가 정당한 것이 되는 것으로 볼 수는 없다. 일정한 경우에는 계약상 임의해지 조항에 정하여진 통지기간을 준수하더라도 그러한 종료가 제한될 수 있다.

특히 계약의 존속에 대하여 당사자들이 정당한 기대를 가지고 있다면 이를 보호할 필요가 있다. 예를 들어 거래를 위하여 상당한 투자가 필요한 경우에는 당사자들은 이러한 투자 비용을 어느 정도 회수할 수 있을 만큼은 계약이 유지될 것이라는 점에 대하여 전제하였다고 볼 수 있다. 상대방이 이러한 투자를 하도록 요구하였거나 부추긴 상황이 있다면 더욱 그러하다.

또한 계약이 장기간 유지되면서 당사자들 사이에 일종의 협력 관계가 형성된 경우에는 이러한 계약을 해지할 때에는 상대방에 대한 충분한 배려가 필요하다. 이를 위해서는 당사자들 간의 관계, 기존의 계약기간, 계약 종료에 관한 당사자들의 이해관계, 거래에 대한 의존도, 대체가능성 등을 종합적으로 고려하여야 할 것이다.

나. 부당한 의도에 기한 종료 제한

당사자가 실제로는 부당한 동기에 기초하여 이를 실현하기 위하여 해지를 하면서 임의해지 조항을 들어서 계약을 해지하겠다고 하는 경우도 있다. 불공정거래행위를 관철시키기 위한 수단으로서 계약을 해지하면서 표면적으로는 임의해지 조항에 따라 예고기간을 두고 계약을 해지하겠다고 통지할 수 있을 것이다. 이는 해지권을 남용하는 것으로 볼 수 있다.

해지권을 행사하는 자의 내심의 의사를 알기 어려울 수 있지만, 구체적인 사안에 따라서는 제반 사정을 종합하여 이를 추론해 낼 수 있는 경우가 있다. 예를 들어 공급업자가 판매업자에게 자신이 지정한 재판매가격을 준수하지 않았다고 문제 제기를 한 후에 계약상 임의해지 조항을 근거로 계약을 해지한 경우에는 재판매가격을 준수하지 않은 것이 내심의 해지 이유라고 추정해 볼 수 있을 것이다.

제4절 소결

이상에서 살펴본 바와 같이 계속적 공급계약의 종료 사유가 계약에 근거한 경우라도 일정한 경우에는 계약의 특수성을 고려하여 계약의 종료가 제한될 수 있다. 이는 계약 자유의 원칙에 대한 제한의 문제와도 연결되는 것이다. 우리 민법은 계약내용 결정의 자유를 무한정 인정하는 것은 아니고, 강행법규나 선량한 풍속 기타 사회질서에 위반하는 사항을 내용으로 하는 계약은 유효하지 않다고 정하고 있다. 계속적 공급계약의 종료 사유도 당사자의 의사에 터잡은 것이라고 하여 무한정 인정되어야 하는 것은 아니다.

계약의 종료를 제한하는 경우, 그 근거는 개별 법령이 될 수도 있고, 계약의 해석이나 신의칙에 기한 경우도 있다. 어떠한 경우에 종료가 제한될 수 있는지, 또 그 제한의 형태가 무엇인지에 대한 문제는 매 사안마다의 구체적인 제반 사정을 충분히 고려하여 결정하여야 한다. 특히 이는 계약 자유에 대한 제한에 해당하는 사안이므로, 계약의 내용을 결정하고 계약 체결 여부에 대한 처분에 대하여 당사자들의 자유를 인정하는 것과 장기간 계속적 공급계약의 운영으로 형성된 당사자들 간의 신뢰관계에 터잡아 계약을 유지하고 신뢰를 보호하여야 하는 것 간의 형량이 필요할 것이다.

제5장

계속적 공급계약 종료의 효과

제1절 계속적 공급계약의 청산

통상 계속적 계약이 종료된다는 것은 계약이 장래를 향하여 효력을 잃는다는 것으로 설명된다. 그런데 계약이 종료된다고 하더라도 당사자 간의 관계가 없었던 일이 되거나 그대로 소멸하는 것은 아니다. 경우에 따라서는 계속적 계약이 종료되더라도 계약상 일부 의무가 존속할 수도 있고, 계약의 종료로 새로운 의무가 발생할 수도 있다. 계속적 공급계약이 종료된다는 것은 어떠한 실천적인 의미가 있을까? 계속적 공급계약이 기본계약과 개별계약의 이중적인 구조로 이루어져 있다는 전제에서 그 의미를 파악해 본다.

Ⅰ. 기본계약에 대한 효과

1. 비소급효 또는 장래효의 의미

계속적 공급계약이 종료되었다는 것은 더 이상 기본계약에 기초하여 개별계약이 체결될 수 없다는 의미에서 장래에 향하여 그 효력을 잃는다는 의미이다. 따라서 해제와는 달리 당사자 사이에서 이미 이행된 급여를 반환하는 의미에서의 청산적 효력은 발생하지 않는다. 계속적 공급계약이 종료된 후에 당사자가 거래를 한 사실이 있다고 하더라도, 기존의 계약이 명시적 또는 묵시적으로 갱신된 사정이 없다면, 이는 기존 기본계약에 따른 개별계약이 아니고 기존의 계약과는 별개의 계약으로 보아야 한다.

기존의 계약이 갱신되었는지 여부는 결국 당사자들의 의사 해석이 문제가 될 것이다. 예컨대 대판 2001. 1. 5, 98두17869 및 이와 관련된 가처분 사안인 대구고결 1997. 6. 20, 97라15에서는 계속적 공급계약 관계가 묵시적으로 연장되었는지 여부가 문제되었다. 법원은 기존의 계약에 따른 계약기간이 유효하고, 이후 공급업자가 계약이 연장되지 않는다는 점을 분명하게 하였고 판매업자가 이에 동의하였으므로 계약기간이 묵시적으로 연장되었다고 볼 수 없다고 판단하였다. 이와 관련하여 가처분 사안에서는 계약기간의 묵시적 연장을 인정하지는 않았지만, 협상 과정과 그에 따른 당사자의 태도에 비추어 당사자 쌍방이 당초 묵시적으로 기존 계약 관계의 종료에 따른 후속절차로서 피신청인(공급업자)이 신청인(판매업자)의 자산을 인수하여 단일 보틀러 체제로의 전환이 이루어질 때까지의 기간으로서 신청인에 대한 음료 원제의 공급이 지속되어야 할 최소한의 기간으로 적어도 1997년 말까지는 원액 공급이 계속될 것으로 양해한 것으로 보아야 한다는 점이 인정되었다. 이 경우 당사자들이 거래를 계속하는 것은 기존의 계약의 연장이나 갱신으로 보기는 어렵고, 별개의 새로운 약정으로 보는 것이 타당하다.

2. 계약관계의 청산

계속적 공급계약이 종료되면, 기본계약에 따른 거래 관계를 어떻게 청산할 것인지에 대한 문제가 대두된다. 계속적 채권관계의 종료에 따른 채권·채무는 그 계속적 채권관계의 성질과 미리 약정한 바에 따라 정해지는데, 청산의무가 존속하는 동안은 당사자 사이의 채권관계는 일정한 범위에서 유지된다. 계속적 공급계약의 유형에 따라서는 개별 특별법에서 그 종료 시 주요한 청산의무를 규정하기도 한다.[1]

대리점이나 가맹점 계약과 같이 상호 신뢰관계에서 장기간 유지된 계속적 공급계약의 경우에는 공급업자가 대리점에게 단순히 상품만 공

---

1) 가맹사업법 제10조 제1항 제4호, 대규모유통업법 제16조 제1호 등 참조.

급하는 것이 아니라, 상표·서비스표·상호·간판 등의 영업표지를 사용할
수 있는 권한을 부여하거나 제품 판매를 위한 정보나 판매 부자재, 광고
물 등을 전달하는 경우도 있다. 당사자 간의 기본계약에는 계약 종료 후
에 이러한 관계를 어떻게 청산할 것인지에 대한 내용이 포함되는 것이
일반적이다. 명시적인 규정이 없다고 하더라도 당해 계속적 공급계약의
존재를 전제하고 그 목적 달성을 위하여 대리점에 부여된 권한이나 권
리는 효력을 잃거나 공급업자에게 반환하여야 하는 것으로 해석하는 것
이 합리적일 것이다. 계약관계의 종료로 인하여 사용·수익할 권리가 더
이상 존재하지 않게 되었기 때문이다.

또한 개별 법규나 약정에서 요구하는 판매 요건, 예를 들면 허가권이
나 입찰이나 공급에 참여할 자격 등을 대리점이나 가맹점이 보유하고
있는 경우도 있다. 영업을 위하여 거래처나 소비자들의 정보가 필요할
수도 있다. 이러한 자격요건이나 정보를 어떻게 처리할지 여부도 청산의
무의 내용이 될 수 있다. 다만 대리점 계약 등에 정함이 없다면, 일반적
으로 판매업자가 자신의 판매 활동의 결과 획득한 거래처나 소비자들에
대한 정보는 판매업자의 영업 비밀에 해당하는 것으로, 이러한 정보를
공급자에게 제공하여야 할 의무가 있다고 볼 수는 없다.

청산의무의 이행과 관련하여 관련 법규에서 정하는 절차나 요건이
있는 경우에는 이에 따라야 한다. 예를 들어 의약품에 관한 품목허가를
판매업자가 보유하고 있었던 경우, 이를 공급자 등에게 반환하기 위해서
는 약사법 제89조 등에서 정한 의약품 품목허가의 양도 절차를 준수하여
야 하며, 소비자 정보를 이전할 때에는 개인정보 보호법에서 정한 요건
과 절차를 준수하여야 할 것이다.

3. 새로운 권리의무 관계의 형성

당사자들이 계속적 공급계약을 종료하면서 기존의 기본계약에 따른

거래관계를 청산하는 것 이외에 계약상 일부 의무를 존속시키거나 새로운 의무를 부담하기로 약정하는 것도 가능하다. 해지 합의서에 일방 당사자가 상대방에게 합의금을 지급하도록 하거나 그 외에 합의에 대한 조건들을 이행하도록 명시하기도 하고, 비밀유지 의무나 부제소합의 등을 규정하는 경우도 있다. 그 외에 장기간 유지되어 온 계속적 공급계약의 종료시 영업비밀준수나 경업금지에 관한 의무를 부과할 수 있는지가 문제가 되기도 한다.

가. 영업비밀준수 의무

　당사자들이 장기간 상호 신뢰 하에 계속적 공급계약을 통한 협력관계를 유지해 왔다면, 그 과정에서 상대방에 대한 영업비밀을 취득하게 되는 경우가 많다. 계약이 유지되는 동안은 별도의 약정이 없더라도 당사자들에게 상대방의 영업비밀을 준수하여야 하는 의무를 부담하는 것으로 이해된다. 이는 관련 사업을 위하여 영업비밀을 공유하게 된 경위와 계속적 계약을 통하여 상호성을 가지게 된 당사자들의 관계에서 기인하는 것으로 생각할 수 있다. 따라서 상대방의 영업비밀을 사용하는 것에는 선량한 관리자의 주의의무가 요구된다.

　계속적 공급계약에서의 비밀유지 의무는 계약이 종료된 이후에도 명시적인 약정이 있는 경우는 물론 이에 관한 별도의 합의가 없더라도 기존 계약에서 비롯된 신뢰관계의 특성에 비추어 유지된다고 보는 것이 타당하다. 또한 상법 제168조의8 제2항은 가맹상은 계약이 종료한 후에도 가맹계약과 관련하여 알게 된 가맹업자의 영업상의 비밀을 준수하여야 한다고 명시하고, 제92조의3에서는 계속적 공급계약은 아니지만 대리상 계약에 대하여 대리상은 계약의 종료 후에도 계약과 관련하여 알게 된 본인의 영업상의 비밀을 준수하여야 한다고 규정하고 있는데, 이러한 규정들은 대리점 계약 등 다른 계속적 공급계약에 유추적용될 수 있다.[2]

다만 보호되는 영업비밀의 범위는 개별 계약에 따라 달리 적용될 수 있다. 예컨대 일반적으로 공급업자인 본인의 거래를 대리 또는 중개하는 대리상 계약에서는 고객 정보가 공급업자의 정보라고 할 것이지만, 공급업자로부터 물건을 공급받아서 자신의 명의와 계산으로 판매하는 통상적인 계속적 공급계약에서는 고객 정보는 판매업자의 정보로 볼 수 있을 것이다.

이처럼 계속적 공급계약의 종료 후에도 영업비밀준수 의무가 인정되는 근거가 기존의 계약관계에 있다면, 이러한 의무는 원칙적으로 당사자들 사이에 인정되는 것으로 생각된다. 판매업자가 경쟁관계에 있는 제3자와 계약을 체결함으로 인하여 그 제3자가 공급업자의 영업비밀을 취득하게 되었다면 그 제3자에게 영업비밀 침해에 대한 책임이 인정되기는 어려울 것이다. 다만 공급업자와 경쟁관계에 있는 제3자가 판매업자로 하여금 공급업자의 영업비밀을 유출하도록 유인하였거나 기타 공급업자의 채권침해에 적극적으로 개입한 사정이 있다면, 사안에 따라서는 책임이 인정될 수 있을 것이다.[3]

상법은 영업상의 비밀이 무엇을 의미하는지 규정하지 않고 있으나, 부정경쟁방지 및 영업비밀보호에 관한 법률(이하 '부정경쟁방지법')을 참고하면, 제2조 제2호에 규정된 바와 같이 "영업비밀이란 공공연히 알려져 있지 아니하고 독립된 경제적 가치를 가지는 것으로서, 합리적인 노력에 의하여 비밀로 유지된 생산방법, 판매방법, 그 밖에 영업활동에 유용한 기술상 또는 경영상의 정보를 말한다"고 할 수 있다. 따라서 영업비밀로 인정이 되려면 비밀성, 경제적인 가치, 비밀유지를 위한 노력 등의 요건을 갖추어야만 한다.[4]

---

2) 독일에서도 대리상의 비밀유지 의무에 관한 독일 상법 제90조의 규정을 대리점에 유추적용할 수 있다고 한다. Martinek/Semler/Flohr, Handbuch des Vertriebsrechts, 4.Aufl., C.H.Beck, 2016, 5. Kapitel § 28 Rn. 26.
3) 대판 2001. 5. 8, 99다38699; 대판 2003. 3. 14, 2000다32437 등 참조.

이러한 상대방의 영업비밀은 계속적 공급계약의 종료 후에도 이를 이용하거나 타인에게 유출하여서는 안되고,[5] 만일 고의 또는 과실로 영업비밀을 침해한 경우에는 상대방에 대하여 손해배상책임을 지게 될 것이다.[6] 다만 이러한 영업비밀준수 의무가 무제한 인정된다면 자유로운 경쟁을 지나치게 제한하는 면도 있으므로, 그러한 의무의 존속기간은 상대방이 독자적인 개발이나 역설계와 같은 합법적인 방법에 의하여 그 영업비밀을 취득하는 데 필요한 상당한 기간 동안으로 제한된다고 보는 것이 타당하다.[7]

나. 경업금지 의무

공급업자는 유통계약으로서의 실효성을 높이기 위하여 기존의 기본계약에서 혹은 별도의 계약을 통하여 계약 종료 후에 판매업자에게 경업금지 의무를 부가하고자 할 수 있다. 계속적 공급계약의 존속기간 중의 경업금지와 계약 종료 후의 경업금지는 구별하여야 하는데, 판매업자의 영업의 자유를 지나치게 제한할 우려가 있기 때문이다. 따라서 영업비밀준수 의무와는 달리 계약에서 달리 정함이 없으면 판매업자가 경업

---

4) 최기원, 상법학신론(상), 제20판, 박영사, 2014, 286-287면.

5) 독일 상법 제90조는 대리상에게 맡겨지거나 본인을 위한 행위를 통하여 알게 된 영업상 비밀을 대리상 계약 종료 후에도 사용하거나 타인에게 전달할 수 없다고 규정한다. 미국의 Restatement of the Law of Agency § 8.05에서도 계약이 종료되면 계약 기간 중 취득한 영업비밀 기타 비밀정보의 사용 및 공개가 금지된다고 한다.

6) 부정경쟁방지법에 의한 추가적인 구제방안도 생각해 볼 수 있다. 이에 대하여는 정상조, 부정경쟁방지법 원론, 세창출판사, 2007, 125-131면 참조.

7) 박준우, "대리상의 보상청구권과 영업비밀준수의무 – 상법 제92조의2 및 제92조의3에 대한 법경제학적 분석 –", 상사법연구 제21권 제1호, 2002, 190면; 대판 1996. 12. 23, 96다16605 참조. 다만 최기원(주 4), 286면에서는 상법 제92조의3의 영업비밀준수의무는 그 기간에 제한이 없으므로 비밀준수의 필요성이 있는 한 존속한다고 한다.

을 할 수 있는 것이 원칙이다.[8]

계속적 공급계약의 종료 후의 경업금지 의무를 규정하는 것은 원칙적으로 사적 자치의 영역이기는 하지만, 그 내용이 선량한 풍속 기타 사회질서에 반하거나 현저하게 불공정한 경우에는 그 효력이 부인될 수 있다. 따라서 판매업자에 대한 경업금지 의무는 그 기간이나 공간의 측면에서 영업의 자유를 지나치게 침해하지 않는 범위에서 부과할 수 있다고 보아야 한다. 과도한 경업금지 의무를 부과하였다면, 경업금지 의무의 내용이나 기간, 경업금지 의무가 미치는 지역적인 경계 등이 합리적인 범위로 제한될 것이다. 법원은 근로자가 사용자와의 약정에 의하여 경업금지기간을 정한 경우에도, 보호할 가치 있는 사용자의 이익, 근로자의 퇴직 전 지위, 퇴직 경위, 근로자에 대한 대상(代償) 제공 여부 등 제반 사정을 고려하여 약정한 경업금지기간이 과도하게 장기라고 인정될 때에는 적당한 범위로 경업금지기간을 제한할 수 있다고 한다.[9]

II. 기존 개별계약에 대한 효과

1. 기존 개별계약의 유효성

계속적 공급계약의 청산에 관한 논의는 종료 전 기본계약에 기초하여 이미 발생한 개별계약의 처리에 관한 문제로 이어진다. 계속적 공급계약의 종료는 원칙적으로 이미 성립한 개별계약에 영향을 주지 않는다.

---

8) 상법 제89조에서는 대리상의 경업금지 의무를 규정하고 있다. 그러나 이는 계약기간 중의 경업금지 의무에 관한 것이고, 계약 종료 후의 경업금지 여부는 당사자 간의 약정을 통하여 해결하도록 한다. 송양호, "상법상 경업금지 법리의 새로운 전개", 경영법률 제24권 제4호, 2014, 166면.
9) 대판 1997. 6. 13, 97다 8229; 대판 1998. 2. 13, 97다24528; 대판 2007. 3. 29, 2006마1303; 대판 2010. 3. 11, 2009다82244 등 참조.

개별계약은 기본계약에 기초하여 발생하는 것이기는 하지만, 달리 정함이 없는 이상, 이미 유효하게 발생한 개별계약은 기본계약이 종료되었다고 하여 효력을 상실하지 않는다. 이행을 마친 개별계약은 계약의 목적을 다하였으므로 적법하게 종료되었고, 아직 이행되지 않은 경우에는 그에 따른 채권이 그대로 유효하다고 볼 것이다.

2. 재고의 처리

대리점 계약의 종료와 관련하여 대리점이 보유한 재고를 어떻게 처리할 것인지에 대한 문제는 개별계약의 처리로 설명할 수 있다. 대리점 계약의 종료 시 대리점 측에서 재고 판매에 대한 부담을 이유로 공급업자에 재고를 회수하여 줄 것을 요청하는 경우도 있고, 반대로 대리점 측이 재고 판매를 하면서 가격을 지나치게 낮추거나 시장에 혼란을 줄 수 있다는 우려에서 공급업자가 재고를 반환하도록 요청하는 경우도 있다. 그런데 대리점이 보유한 재고는 개별계약의 목적물이므로, 당사자들이 별도로 약정한 것이 없다면, 재고와 관련한 당사자의 채권은 해지의 영향을 받지 않는다. 즉, 대리점이 재고에 대한 소유권을 가지고 있으면 이를 자유롭게 처분할 수 있고, 대금 지급 의무가 남아 있으면 이를 이행하여야 하는 것이 원칙이다. 공급업자가 계약 종료 후 대리점의 재고의 유통을 금지하기 위하여 반환을 청구하거나 대리점에게 판매 중단을 요구하는 것, 대리점이 판매 곤란을 이유로 공급업자에게 반환을 요구하는 것 등은 대리점 계약의 종료로 인하여 당연히 발생되는 효과는 아니다.

다만 해당 계속적 공급계약에서 판매업자에게 일정한 재고나 부품의 보유를 의무화하여 이에 따라 판매업자가 재고나 부품을 보유하고 있는 경우에는 구체적인 사안에 따라서는 계약의 종료를 이유로 이를 공급업자에게 반환할 권리가 있다고 판단될 가능성이 있다. 또한 계속적 공급계약이 종료되기 이전에 성립한 개별계약에 따라 보유하고 있는 재고를 판매하기 위하여 필요한 부품이 있는 경우, 해당 부품이나 고객 서비스이 중요하다면 판매업자는 공급업자에 대하여 계약이 종료한 이후에도 계속하여 이를 공급하여 줄 것을 청구할 수 있을 것이다.10)

재고 처리에 관한 사항은 당사자들이 합의를 통하여 해결될 수 있음은 물론이다. 실제로 애초에 대리점 계약을 체결하면서 계약 종료시 재고 처분에 관한 내용을 합의하기도 하고, 대리점 계약의 종료를 협의하면서 계약 종료에 따른 보상으로 공급업자가 대리점이 가지는 재고를 일정한 금액을 주고 인수하기로 협의하는 등 양 당사자들의 이해관계를 조정하기 위한 방안으로서 재고 처리가 논의되기는 경우도 있다. 다만, 당사자들이 계속적 공급계약이 종료되면 판매업자가 재고를 공급업자에게 반환하거나 폐기하여야 한다는 식의 약정은 불공정한 것으로 판단될 가능성이 있다.11)

---

10) Martinek/Semler/Flohr(주 2), 4. Kapitel § 23 Rn. 37, 38.
11) 공정거래위원회 1999. 5. 28.자 의결 제99-39호 참조.

제2절 계약의 종료에 따른 손해배상책임

I. 계약의 종료와 손해배상책임

계속적 공급계약의 종료와 관련하여 문제될 수 있는 손해배상은 다양한 유형이 있다.

우선 계속적 공급계약이 존속기간의 만료나 임의해지 조항에 따른 통지기간의 만료, 또는 상대방과는 무관한 현저한 사정 변경에 따라 종료된 경우와 같이 계약의 종료에 상대방의 귀책사유가 개입되지 않은 경우에는 계약의 종료와 관련하여 손해배상책임이 발생하지 않는 것이 원칙이다. 그러나 채무불이행이나 약정해지권의 행사, 또는 중대한 사정에 의한 계약의 종료가 상대방의 책임 있는 사유에 기인하는 경우에는 계약을 해지하는 것과는 별도로 상대방에게 계약의 종료에 따른 손해배상을 청구할 수 있을 것이다. 민법 제551조는 "계약의 해지·해제는 손해배상의 청구에 영향을 미치지 아니한다"고 하여 이 점을 분명하게 하고 있다.

나아가 계속적 공급계약의 종료를 계약의 해석이나 신의칙 등을 근거로 제한하는 경우에는 그 제한의 유형의 하나로서 계약을 종료하는 대신에 계약의 효력을 일정 기간 유지하거나 그에 갈음하여 손해배상책임이 인정될 수 있다는 점은 살펴본 바와 같다. 만일 법원이 계약상 해지를 위한 통지기간이 충분하지 않다고 하여 추가적인 통지기간을 부여하였는데 당사자가 그 기간을 준수하지 않고 거래를 중단하였다면, 이에 대하여도 잔존 기간의 이행이익을 손해배상으로 청구할 수 있을 것이다.

또한 계속적 공급계약이 적법하게 종료된 것이 아니라면, 일방 당사자가 계속적 공급계약의 이행을 중단하는 것은 정당한 사유가 없는 이상, 그 자체로 계약 위반이 된다. 따라서 그에 따른 손해배상책임이 발생한다.

실무적으로는 계속적 공급계약이 종료 또는 해지된 이후 청산과 관련한 의무나 계속적 공급계약을 해지를 통지한 후 실제 해지되기까지의 기간 중의 계약상 의무를 어떻게 강제할 수 있을지가 문제되기도 한다. 기본계약이 이미 해지될 운명임이 정해진 이상, 위약금 규정을 두거나 사후적인 손해배상을 청구하는 것 이외에 특정 이행을 강제하는 방안은 사실상 제한적인 것으로 보인다. 이처럼 당사자들이 계약의 청산과 관련된 의무를 다하지 않는 경우나 기존 개별계약에 따른 의무를 다하지 않는 경우에는 별도로 손해배상책임이 발생할 수 있다. 다만, 이러한 유형의 손해배상도 계속적 공급계약의 종료와 관련하여 발생할 수 있는 것이기는 하지만, 계약의 종료 자체에서 발생하는 손해배상책임은 아니다.

이하에서는 이러한 손해배상의 유형 가운데 계속적 공급계약이 더 이상 유지되지 못하게 됨으로 인하여 발생하는 손해와 관련하여, 그 범위를 살펴보기로 한다.

II. 손해배상 산정에 관한 쟁점

1. 계속적 공급계약의 특수성에 대한 고려

계약에 관한 손해배상은 채무자가 채무의 내용에 좇은 이행을 하지 않음으로 인하여 발생한 손해를 배상하는 것이다. 채무가 제대로 이행되었더라면 채권자가 있었을 상태를 회복시키는 것, 즉 이행이익의 배상이 원칙이다.[12] 따라서 계속적 공급계약이 종료되는 경우에는 정당한 존속기간까지의 영업을 계속하였더라면 얻을 수 있었던 기대수익의 상실분

---

12) 김재형, "계약의 해제와 손해배상의 범위 - 이행이익과 신뢰이익을 중심으로 -", 민법론 II, 박영사, 2004, 74면.

이 손해배상의 범위가 될 수 있을 것이다.

우리 민법에는 채무불이행으로 인한 손해배상에 이러한 일실이익이 포함된다는 명문의 규정은 없으나,[13] 잔여기간 동안의 기대수익은 계약이 지속되었더라면 얻을 수 있었을 장래의 이익이고, 이러한 장래 발생할 손해도 인과관계가 있다면 배상이 인정되는 것이 통설과 판례의 입장이다.[14] 특히 법원은 이러한 장래의 손해에 관한 입증은 그 증명도를 과거 사실에 대한 입증에 있어서의 증명도보다 경감하는 태도를 보인다. 즉, 채권자가 현실적으로 얻을 수 있을 구체적이고 확실한 이익의 증명이 아니라, "합리성과 객관성을 잃지 않는 범위 내에서의 상당한 개연성이 있는 이익의 증명으로서 족하다"고 한다.[15] 이러한 판례 법리는 손해배상의 범위에 대한 입증을 다소 용이하게 하는 측면이 있다. 그러나 실제로는 계속적 공급계약의 특성상 그 손해배상의 범위를 산정하는 것이 어려운 경우가 많다.

우선 계속적 공급계약에서 이행이익의 배상을 정당한 존속기간까지의 기대수익으로 산정할 때에 합리적인 잔여기간을 확정하는 것이 문제가 된다. 확정된 통지기간이나 명시적인 계약기간을 준수하지 않은 경우에는 비교적 쉽게 잔여기간을 확정할 수 있을 것이지만, 애초에 계약의 존속기간이 명확하게 정하여지지 않았거나 계약이 연장 또는 갱신되면서 존속기간이 불분명해진 경우에는 합리적인 존속기간을 정하는 것이 용이하지 않다. 일방 당사자가 상대방의 귀책사유를 근거로 계약을 해지하기로 결정하는 경우, 기존의 계약기간을 손해배상 산정의 기준으로 삼을 수 있는지도 생각해 볼 문제이다.

---

13) 일실이익을 명문화한 입법례로는 독일, 프랑스, 유엔통일매매법(CISG), 유럽계약법원칙(PECL), 유럽민사법 공통참조기준안(DCFR) 등을 들 수 있다.

14) 김재형, "채무불이행으로 인한 손해배상의 기준과 범위에 관한 개정방안", 민법론 V, 박영사, 2015, 153-158면.

15) 대판 1992. 4. 28, 91다29972 등.

또한 계약의 해석이나 신의칙 등에 기하여 계약의 종료가 제한되는 국면에서 손해배상의 범위를 고려할 때에는 합리적인 잔존기간을 예상하는 것이 더 어려워진다. 극단적으로 계속적 공급계약의 존속기간이 무기한으로 되어 있거나 합리적인 계약의 해석 등에 따라 산정되는 계약기간이 지나치게 장기간인 경우에는 그 기간에 대한 기대수익을 배상하도록 하는 것이 공평의 원칙에 부합하는지도 문제가 된다.

계속적 공급계약의 종료와 관련된 기대수익의 산정을 위하여 합리적인 잔존기간을 확정하였다면, 그 다음으로는 그 기간 동안에 합리적으로 얻을 수 있는 수익을 예상하는 문제가 남는다. 그런데 현재의 채권자의 수익이 장래의 기대수익에 얼마나 연결될 수 있을지는 아무도 장담할 수 없는 일이다. 당사자들의 투자나 노력은 물론 경제 상황, 경쟁자의 증감, 수요의 변화, 기술의 발전 등 장래 수익에 영향을 줄 수 있는 요인은 다양하고, 그 영향을 예측하기는 어렵다. 잔존기간이 장기가 될수록, 불확실성이 높은 분야일수록 장래 수익을 예상하는 것은 더욱 어려워진다.

2. 관련 판례의 검토

계속적 공급계약의 종료로 인한 손해배상책임에 관한 법원의 입장을 살펴보기에는 관련 판례들이 충분하지 않으므로, 계속적 계약 일반으로 검토 범위를 넓혀서 손해배상 사안들을 살펴본다. 관련 판례들은 잔여기간 동안의 기대수익을 손해배상으로 인정한 것이 주류이고, 예외적으로 그 계약이 이행되리라고 믿고 채권자가 지출한 비용의 배상을 구할 수 있다고 판단한 것이 있다.

가. 기대수익의 배상

1) 대판 1999. 6. 25, 99다7183

이 사안에서는 원고가 피고 백화점에 특약매입 형태로 의류를 판매하는 것과 관련한 계속적 공급계약이 문제가 되었다. 이 계약은 1994. 4. 12.자로 체결되었고, 계약의 유효기간은 계약 체결일로부터 1년간으로 하되, 계약기간 만료 1개월 전까지 당사자 일방 또는 쌍방으로부터 서면에 의한 변경 또는 해약의 요구가 없으면 1년씩 갱신되는 것으로 규정되어 있었다. 원고는 이 사건 계약 체결 후 시설비를 투입하여 영업을 시작하였고, 백화점 측은 이후 1996. 10. 12.경 원고와의 거래를 중단하였다.

법원은 피고가 계약기간 도중에 부당히 원고와의 거래를 중단하였으므로, 계약위반으로 인하여 원고가 입은 손해를 배상할 의무가 있다고 하였다. 그 손해액에 관하여는 다음과 같은 1심 법원의 판단을 인정하였다. 즉, "원고는 이 사건 계약에 따른 피고와의 거래로 1996. 4.부터 6.까지 사이에 매월 평균 금 8,110,385원의 수익을 얻은 사실을 인정할 수 있고, 특별한 사정이 없는 한 원고는 이 사건 계약종료일인 1997. 4. 11.까지도 같은 정도의 수익을 얻었을 것으로 추정되므로, 원고는 피고의 계약위반으로 인하여 위 거래중단일부터 위 계약종료일까지 합계 금 48,662,310원(= 8,110,385원 × 6개월) 상당의 판매기대수익을 상실하는 손해를 입었다"고 하였다.

이러한 법원의 판단은 기본적으로 타당하나, 구체적인 금액을 산정하는 과정에서 보다 면밀한 검토가 필요할 것이다. 법원은 기대수익을 산정하기 위하여 원고의 평균 수익을 살펴보았는데, 판단 내용만으로는 수익을 어떻게 산정하였는지가 분명하지는 않다. 또한 거래를 중단하기 직전 3개월 간 평균 수익을 기준으로 하여 계약종료일까지 이러한 평균 수익을 올릴 것을 가정하였는데, 계약종료일까지 이러한 평균 수익을 올릴 수 있다는 점에 변수는 없는지 등의 제반 사정을 충분히 검토하여야 할 필요가 있다. 나아가 장래 얻을 수 있었을 이익을 손해로 구하는 경우에는 중간이자 공제의 방법으로 현재가치로 할인하는 것이 보다 실제 손해액에 부합하는 산정 방법이 될 수 있다.[16)]

2) 대판 2012. 6. 14, 2010다26035

이 사안은 피고 온라인 교육서비스 제공업체가 장기간 거래하던 원고 대리점 사업자에게 새로운 계약조건[17)]을 요구하다 거절당하자 대리점 계약을 해지한 것으로, 원고는 이러한 계약 종료가 위법하다고 주장하면서 손해배상을 청구하였다. 법원은 피고의 대리점 계약 해지는 공정거래법상 위법한 거래거절행위라고 판단한 다음, 불법행위로 인한 손해배상이 인정된다고 하였다.

채무불이행으로 인한 손해배상의 범위에 관한 민법 제393조는 민법 제763조에 의하여 불법행위책임에도 준용되는데, 그 손해액의 범위에 대하여 법원은 "불법행위로 인한 재산상 손해는 위법한 가해행위로 인하여 발생한 재산상 불이익, 즉 그 위법행위가 없었더라면 존재하였을 재산상태와 그 위법행위가 가해진 현재의 재산상태의 차이를 말하는 것이고, 그것은 기존의 이익이 상실되는 적극적 손해의 형태와 장차 얻을 수 있을 이익을 얻지 못하는 소극적 손해의 형태로 구분되는바, 거래거절로 인하여 거래상대방이 입게 되는 영업수수료 수입의 감소로 인한 손해는 소극적 손해로서 거래거절로 인한 불법행위와 상당인과관계가 있는 손해이고, 그 산정방법은 거래거절이 없었다면 얻을 수 있었던 영업수수료

---

16) 채무불이행으로 인한 손해배상의 경우에도 불법행위와 마찬가지로 호프만식 계산법 또는 라이프니츠식 계산법 등을 적용하여 현재가치 할인을 인정하는 것이 법원의 입장이다. 대판 1983. 6. 23. 83다191, 서울고판 1997. 7. 25, 96나 29108, 서울고판 1998. 7. 15, 95나32756, 서울중앙지판 2007. 6. 29, 2006가합43014 등 참조.

17) 이에 대하여는 공정거래위원회가 거래상 지위를 남용한 불이익 제공 등 불공정거래행위에 해당한다고 보아 시정을 명한 바 있다.

수입에서 그 수입을 얻기 위하여 소요되는 제 비용을 공제하는 방법으로 산정할 수 있다'고 하였다.

원심은 피고의 거래거절행위가 없었더라면 원고가 2006년 6월부터 2007년 5월까지 1년 동안 정회원 152,687명을 모집·관리하였을 것으로 추산한 다음, 이에 1인당 영업수수료 1,100원을 곱하여 계산한 영업수수료 수익 167,955,700원(= 152,687명 × 1,100원) 중 피고의 책임 비율 50%에 상응하는 83,977,850원을 손해배상액으로 인정하였는데, 이에 대하여 상고심 법원은 위 영업수수료 수입을 얻기 위하여 소요되는 원고의 사무실 임대료, 직원 인건비 등의 지출비용을 영업수수료 수익에서 공제하여야 한다는 취지로 판단하였다.

계속적 계약의 종료로 인한 불법행위책임에 기초한 손해배상의 경우에도 채무불이행책임의 경우와 마찬가지의 손해배상액 산정이 문제된다. 전체 수입에서 비용과 원고의 책임에 기한 부분을 공제하여 손해배상액을 산정하는 것은 타당한 접근 방식으로 이해된다.

나. 지출비용의 배상

1) 대판 2006. 2. 10. 2003다15501

이 사안은 1993년 대전세계박람회 후 박람회 부지 및 시설을 활용하여 과학공원을 조성·운영하는 것과 관련하여 그 운영을 위하여 설립된 피고 비영리재단(이하 '피고' 또는 '기념재단')과 전문경영업체인 원고 간에 1994. 3. 28. 체결된 위탁계약에 관한 것이다. 원고는 이에 따라 수백억 원에 이르는 신규투자를 하고, 피고로부터 20년의 장기 계약기간과 각종 지원을 약속받았다. 위탁계약에 따르면 공익사업상의 필요에 의한 해지의 경우를 제외하고는 기념재단은 계약해지로 인하여 원고에게 손해가 있을지라도 이를 배상하지 아니하고, 원고가 설치하는 신규투자시설은 설치완료와 동시에(또는 설치 도중에 계약이 해지되는 경우에는 해지 시점에) 기념재단에 기증하기로 되어 있었다. 그런데 과학공원의 운영이 잘 되지 않자 기념재단은 원고에 대하여 해지 통지를 하는 한편 과학공원의 매각을 추진하였고, 원고는 피고의 계약 해지는 이유가 없다고 주장하는 한편 과학공원의 매각 추진을 이유로 계약이행이 불가능하게 되었다고 하여 1997. 12. 1. 위탁계약의 해지를 통지하였다.

법원은 원고의 계약 해지가 적법하다고 판단한 다음, "채무불이행을 이유로 계약해지와 아울러 손해배상을 청구하는 경우에 채권자는 이행이익의 일부로서 그 계약이 이행되리라고 믿고 채권자가 지출한 비용의 배상을 구할 수 있다고 할 것이고, 그 지출비용 중 계약의 체결과 이행을 위하여 통상적으로 지출되는 비용은 통상의 손해로서 상대방이 알았거나 알 수 있었는지의 여부와는 관계없이 그 배상을 구할 수 있고, 이를 초과하여 지출되는 비용은 특별한 사정으로 인한 손해로서 상대방이 이를 알았거나 알 수 있었던 경우에 한하여 그 배상을 구할 수 있다고 할 것이며, 다만 그 지출비용 상당의 배상은 과잉배상금지의 원칙에 비추어 이행이익의 범위를 초과할 수 없다고 할 것이다"고 하여 지출비용의 배상을 구할 수 있다고 하였다.

이 사안에서는 위탁계약이 체결된 이후 원고가 위탁계약의 이행을 위하여 지출한 비용 중 위탁계약상의 시설투자와 과학공원의 운전자금으로 지출한 금액에 대한 피고의 과실비율에 상당한 금액의 배상을 명하였다. 다만, 사채발행비 등 자본조달을 위하여 지출한 금액에 대하여는 이른바 특별사정으로 인한 손해라 할 것인데 기념재단이 위 사정을 알았거나 알 수 있었다는 점에 관한 주장 입증이 없다고 하였고, 일실수익(원고가 이 사건 위탁계약 해지 후 취득할 수익 중 원고가 지출한 비용을 초과하는 순이익을 의미함) 상실 주장에 대하여는 이 사건 위탁계약이 계속되었다고 하더라도 원고가 지출액의 회수를 넘어 추가적인 이익을 얻을 수 있을 것으로는 보이지 않는다고 하여 각 부분에 대한 손해배상청구를 기각하였다.

채무불이행을 이유로 계약해지와 아울러 손해배상을 청구하는 경우에 지출비용의 배상을 인정하는 것이 우리나라 손해배상법 체계에서 적합한지, 지출비용을 신뢰이익의 배상으로서 인정할 것인지 여부에 대하여는 논란이 있다.[18] 이 사안에서 법원은, 지출비용의 배상을 신뢰이익의 배상으로 판단한 다수의 판례들[19]과는 달리, 지출비용의 배상을 이행이익의 일부로 파악하고 있다. 나아가 지출비용의 배상을 인정하는 경우, 그 지출비용 중 계약의 체결과 이행을 위하여 통상적으로 지출되는 비용은 통상의 손해로, 이를 초과하여 지출되는 비용은 특별한 사정으로 인한 손해로 취급한다고 하고, 지출비용 상당의 배상은 과잉배상금지의 원칙에 비추어 이행이익의 범위를 초과할 수 없다고 하여 손해배상액 산정에 대한 기준을 분명히 하였다. 또한 법원이 배상액을 인정함에 있어서 원고가 위탁계약상 의무를 다하지 않은 것이 피고의 계약해지를 정당화하기에는 부족하다고 하더라도 손해배상액을 산정함에는 이를 고려하여야 한 다음, 원심이 인정한 바에 따라 원고의 과실 비율을 전체 손해의 60% 정도로 봄이 상당하다고 하였는데, 이처럼 공평한 손해의 분담이라는 손해배상법의 원리에 비추어 비용 배상과 관련하여서도 과실상계의 법리를 인정할 수 있을 것이다.

그런데 이 사안에서는 원고가 약정된 투자 의무를 상당 부분 이행하였으나 실제로는 당사자들의 예상과는 달리 과학공원의 운영이 잘 되지

---

18) 오지용, "계약책임에 있어서의 비용배상 -대상판결: 대법원 2006. 2. 10. 선고 2003다15501 판결-", 저스티스 통권 제101호, 2007, 236면 이하; 김영두, "채무불이행과 지출비용배상에 관한 민법개정안 검토", 강원법학 제43권, 2014, 45면 이하; 정진명, "헛되이 지출한 비용의 배상", 민사법학 제70호, 2015, 211면 이하 등 참조.

19) 대판 1980. 5. 13, 80다130; 대판 1991. 10. 11, 91다25369; 대판 1992. 4. 28, 91다 29972; 대판 1992. 8. 14, 92다2028; 대판 1994. 11. 11, 94다22446; 대판 1996. 2. 13, 95다47619; 대판 1999. 2. 9, 98다49104; 대판 1999. 7. 27, 99다13621; 대판 2002. 6. 11, 2002다2539 등.

않아서 이로 인한 수익이 발생하지 않았으나, 법원은 이러한 경우에도 투자 비용의 배상을 인정하였다. 당시 이 사업은 적자 상태였는데, 지출 비용의 배상이 이행이익의 범위를 초과할 수 없다는 점은 원고가 지출한 비용 외의 순이익이 있는지를 검토하여 일실이익의 배상을 추가로 인정할 수 없다는 정도로 이해된다.

이러한 판례의 태도에 대하여는, 지출비용을 이행이익의 일부라고 이해하면서도 이행이익이 없는 경우에까지 이행이익을 위해 투자한 비용의 배상을 인정한 것은 계약이 제대로 이행된 경우보다 위반의 경우가 채권자에게 더 유리해질 수 있다는 점에서 타당하지 않다는 비판이 있다.[20] 생각건대, 계속적 공급계약이 종료되는 경우의 기대수익은 사후적으로 실제로 해당 거래에서 얼마나 수익이 발생하였는지를 기준으로 판단할 것은 아니고, 당사자들이 계약을 계속 이행하였을 경우에 합리적으로 기대할 수 있었던 수익을 예상하여야 할 것이다. 피고의 책임 있는 사유로 기대수익에 비하여 실제 수익이 적어질 수도 있으므로, 실제로 수익이 없었으므로 비용의 배상을 인정할 수 없다고 단정할 것은 아니다. 다만 기대수익이 투자 비용에 비하여 적을 것이라는 점에 대한 반증이 있었다면, 지출비용의 배상이 이행이익을 넘지 못한다는 판례 입장에 따라 배상액을 기대수익의 범위로 제한할 수 있었을 것이다.

3. 계속적 공급계약의 종료와 손해배상

가. 장래에 얻을 수 있었던 이익

계속적 공급계약의 종료에 대한 손해로 잔여기간 동안의 기대수익의 상실분을 산정하는 것은 구체적인 사실관계에 비추어 잔여기간을 어떻

---

20) 강혜림, "비용과 이행이익", 강원법학 제48권, 2016, 181-182면 참조.

게 예상할 수 있는지, 무엇을 기준으로 하여 기대수익을 계산할 수 있는
지, 그 외에 고려하여야 할 사정은 없을지 등이 문제가 된다.

1) 합리적이고 객관적으로 기대되는 잔여기간은 계속적 공급계약의
내용과 계약이 체결되고 유지되는 일련의 과정에서의 당사자들의 의사
와 제반 사정들을 종합적으로 고려하여 확정하여야 한다. 신의칙에 따라
서 계속적 공급계약이 일정한 기간 동안 유지되어야 하는 것으로 인정
되는 경우의 이에 갈음한 손해배상과 관련하여서는 구체적인 사실관계
에 기초하여 형평의 관점에서 합리적인 존속기간을 결정할 필요가 있다.

2) 다음으로는 잔존기간 동안의 기대수익을 어떠한 기준으로 산정하
는 것이 합리적인지를 따져보아야 한다. 참고로 상법 제92조의2 제2항에
서는 대리상의 보상청구권을 계산함에 있어 계약이 5년 이상 지속된 경
우에는 계약의 종료 전 5년간의 평균 수익, 계약의 존속기간이 5년 미
만인 경우에는 당해 기간의 평균 수익을 기초로 하는데, 이는 계속적
공급계약에서 손해배상액을 산정할 때 참고가 될 수 있을 것이다. 다만,
다음 절에서 살펴보는 바와 같이 대리상의 보상청구권은 손해배상과는
성질을 달리한다는 것이 통설의 입장이고, 장래의 기대수익을 구할 때
에는 보다 최근의 수익을 기준으로 산정하는 것이 합리적일 수 있다.
그 동안의 수익이 일정한 경향을 가지고 있거나, 향후 수익에 영향을
줄 것으로 합리적으로 기대되는 사정이 있다면 이러한 점도 고려될 수
있을 것이다.
앞서 살펴본 대판 1999. 6. 25, 99다7183 사안에서는 계약이 최종적으
로 중단된 것은 1996. 10. 12.경이었으나, 손해배상은 거래가 정상적으로
진행되었던 기간 중 1996. 4.부터 6.까지의 평균 수익을 기준으로 잔존기
간 동안의 기대수익을 산정하였고, 대판 2012. 6. 14, 2010다26035 사안에
서는 피고의 거래거절행위가 없었더라도 원고가 자신의 독자적 역량이

나 영업활동만으로 거래거절 이전과 비슷하거나 더 나은 수준의 정회원 수를 계속 유지하였을 것으로는 쉽사리 가정하기가 어려우므로 종전의 영업실적에 견주어 장래의 일실수익이나 미실현 수익을 추산하는 것은 적정하지 않다고 한 다음, 대리점 계약 해지 후 1년간 정회원의 누적총 수는 직전년도(2005년도)의 자료를 기준으로 추산할 것이 아니라 그 기간 동안 정회원으로 가입되어 있는 실제 인원을 집계하는 것이 타당하다고 하면서, 원고가 종전에 관리하던 학교에서 대리점 계약이 해지된 2006. 6.부터 2007. 5.까지 1년간 정회원의 실제 누적총수를 기준으로 손해배상액을 산정하였다.

3) 이러한 기대수익을 계산함에 있어서는 그러한 수익 창출을 위하여 지출하였을 비용을 공제하여야 함은 물론이다. 또한 채권자에게 과실이 있으면 이를 상계한 금액을 계산하여야 하고, 일실이익은 장래에 발생할 수익이므로 이에 대한 현재 가치를 산정하는 등 합리적인 손해배상액 산정을 위한 조치를 취하여야 할 것이다.

나. 채권자의 손해경감의무와 대체거래

특히 합리적인 존속기간을 확정하는 문제와 관련하여, 상당히 장기간 계약이 존속되어야 하는 것으로 예상되거나, 나아가 존속기간을 정하지 않았거나 무제한으로 설정한 경우에는 잔여기간을 어디까지 인정하여야 하는지가 더욱 문제가 될 수 있다. 계속적 공급계약에서는 처음부터 계약의 존속기간을 정확하게 예상하기 어렵고, 계약이 지속되면서 당사자들의 계약관계와 제반 사정들이 변경될 가능성도 높아지기 때문에 이러한 경우에는 예상되는 계약의 잔여기간을 합리적인 범위에서 제한할 필요가 있다.

이를 위하여 우선 채권자에게 손해확대 방지의무를 인정함으로써 채무자의 배상범위를 합리적인 범위로 제한할 수 있다. 학설과 판례는 대체로 채권자의 손해억지의무 또는 손해경감의무를 인정하면서 이를 과실상계의 문제로 해결하고 있는데,21) 채권자가 채무불이행 자체에는 책임이 없으나 그의 행위로서 손해가 더 확대된 경우라는 점에서 통상적인 과실상계와는 차이가 있다.22) 예컨대 계속적 공급계약에서 계약이 종료되어도 자신의 제품을 계속 시장에 공급하고자 하는 공급업자는 다른 제3의 판매업자와 거래할 수 있고, 시장에서 영업을 계속하고자 하는 판매업자는 다른 제3자의 공급업자와 거래함으로써 새로운 이익을 얻을 수 있을 것이다. 채권자가 이러한 조치를 취함으로써 손해의 확대를 방지할 수 있을 때에는 이러한 손해는 채무자의 배상범위에서 제외하는 것이다.23)

실제로 대체거래가 이루어진 때에는 대체거래와의 차액, 대체 거래로 이전하면서 들어간 비용 등에 대하여 배상을 청구할 수 있을 것이다. 다만 가격이나 그 외의 조건에서 매우 불합리한 대체거래를 한 경우에는 합리적인 범위를 벗어나는 것이므로 손해배상의 범위에서 제외된다.24) 이러한 대체거래가 이루어지지 않은 경우라면 합리적으로 손실 경감을 위한 조치를 취할 것을 고려하여 배상액을 산정하여야 한다. 대체 거래

---

21) 박동진, "민법상 과실상계 규정(제396조)의 입법론적 검토", 법학연구 제25권 제1호, 연세대학교 법학연구원, 2015, 85-87면; 이은영, 채권총론, 박영사, 2006, 330면 참조. 대판 1993. 11. 23, 92다38980; 대판 2002. 2. 5, 99다53674 등.
22) 김재형(주 14), 180-185면 참조. 이러한 취지에서 법무부 민법개정위원회의 2013년 채무불이행으로 인한 손해배상에 관한 민법개정안에서는 민법 제396조의 "과실상계"라는 표제를 "채권자 과실의 참작"으로 변경하고, "채무불이행으로 인한 손해의 발생 또는 확대에 채권자의 과실이 기여한 때에는 법원은 손해배상의 책임 및 범위를 정함에 있어서 그 과실 및 기여 정도를 참작하여야 한다"고 수정하였다. 김재형, "채무불이행으로 인한 손해배상에 관한 민법개정안", 민법론 V, 박영사, 2015, 216-218면 참조.
23) 윤진수, "[판례해설/민소법] 대법원 1992. 11. 27. 선고 92다14892 판결", 사법행정, 1993.8, 65면 참조.
24) 김재형(주 14), 175면 참조.

선을 찾는 것이 용이한지 여부나 상대방에 특화된 투자가 많이 이루어
졌는지 여부 등은 잔여기간을 산정함에 있어서 적절하게 반영될 수 있
을 것이다. 사안마다 달리 평가될 것이지만, 각국의 판례에 비추어 보면
어느 정도의 거래의 특수적 투자를 회수하거나 전업 준비에 필요한 기
간으로 통상 1년 내외가 인정되는 것으로 보인다.[25)]

다. 손해액의 입증

계속적 공급계약의 종료로 인한 손해배상을 청구하면서 장래에 발생
할 것으로 기대되는 합리적인 손해액을 산정하는 것은 쉽지 않은 일이
다. 앞서 살펴보았듯이 법원은 이러한 장래의 손실에 대한 배상을 인정
하면서, 이러한 손해액의 입증이 과거 사실에 대한 입증에 비하여 어렵
다는 것을 인정하고, 합리적이고 객관적인 범위에서 상당한 개연성이 있
는 이익의 증명이면 족하다고 하였다.[26)]

나아가 손해가 발생한 사실은 인정되나 손해배상액을 산정하기가 곤
란한 경우에는 법원이 증거조사의 결과와 변론의 전체 취지에 의하여
손해액을 판단할 수 있다는 것이 법원의 태도이다. 즉, 법원은 프로스포
츠선수계약의 불이행에 관한 손해배상액 산정과 관련하여, "채무불이행
으로 인한 손해배상청구소송에 있어, 재산적 손해의 발생사실이 인정되
고 그의 최대한도인 수액은 드러났으나 거기에는 당해 채무불이행으로
인한 손해액 아닌 부분이 구분되지 않은 채 포함되었음이 밝혀지는 등
으로 구체적인 손해의 액수를 입증하는 것이 사안의 성질상 곤란한 경

25) Bogaert/Lohmann(eds.), Commercial Agency and Distribution Agreements Law and
    Practice in Member States of the European Union, 3rd ed., Kluwer Law International,
    2000, pp. 315-316 (Ulrich Lohmann 집필부분); 栢木昇, "継続的取引契約の解消と
    代理店販売店の保護" 新堂幸司·内田貴 編, 継続的契約と商事法務, 商事法務,
    2006, 80면 참조.
26) 대판 1992. 4. 28, 91다29972 참조.

우, 법원은 증거조사의 결과와 변론의 전취지에 의하여 발생하게 된 경위, 손해의 성격, 손해가 발생한 이후의 제반 정황 등의 관련된 모든 간접사실들을 종합하여 상당인과관계 있는 손해의 범위인 수액을 판단할 수 있다"고 하였다.[27]

법무부 민법개정위원회는 2013년 확정한 채무불이행으로 인한 손해배상에관한 민법개정안에서 이러한 판례의 입장을 민사소송법에 반영하는 방안을 제안하였고, 이는 2016년 민사소송법 개정시 반영되었다. 민사소송법 제202조의2는 "손해가 발생한 사실은 인정되나 구체적인 손해의 액수를 증명하는 것이 사안의 성질상 매우 어려운 경우에 법원은 변론 전체의 취지와 증거조사의 결과에 의하여 인정되는 모든 사정을 종합하여 상당하다고 인정되는 금액을 손해배상 액수로 정할 수 있다"고 한다. 이러한 법리는 계속적 공급계약에서 손해배상액을 산정하기 곤란한 경우에도 적용될 수 있을 것이다.

라. 지출비용의 배상

1) 과거 대법원은 계약 해제 시 손해배상과 관련하여, "해제권을 행사한 계약 당사자의 일방에 의한 손해배상의 청구도 채무불이행으로 인한 손해배상과 다르지 않으므로 전보배상으로서 그 계약의 이행으로 인하여 채권자가 얻을 이익, 즉 이행이익을 손해로서 청구하여야 하고 그 계약이 해제되지 아니하였더라면 채권자가 그 채무의 이행으로 소요하게 된 비용, 즉 신뢰이익의 배상은 청구할 수 없다."고 하였으나,[28] 최근에는 "채무불이행을 이유로 계약해제와 아울러 손해배상을 청구하는 경우

---

27) 이른바 서정원 사건으로 알려진 대판 2004. 6. 24, 2002다6951, 6968. 이 판례에 대한 평석은 김재형, "프로스포츠선수계약의 불이행으로 인한 손해배상책임", 민법론 Ⅲ, 박영사, 2007, 367면 이하 참조.
28) 대판 1962. 2. 22, 4294민상667; 대판 1983. 5. 24, 82다카1667 등.

에 그 계약 이행으로 인하여 채권자가 얻을 이익 즉 이행이익의 배상을 구하는 것이 원칙이지만, 그에 갈음하여 그 계약이 이행되리라고 믿고 채권자가 지출한 비용 즉 신뢰이익의 배상을 구할 수도 있다. … 다만 그 신뢰이익은 과잉배상금지의 원칙에 비추어 이행이익의 범위를 초과할 수 없다고 할 것이다"라고 하여 신뢰이익의 배상이 가능함을 전제로 하여 지출비용의 배상을 인정하는 취지로 판단한 것이 다수 있다.[29] 앞서 살펴본 바와 같이 계속적 계약에 대하여도 지출비용의 배상을 인정한 것이 있다.[30] 2013년 법무부 민법개정위원회에서 확정된 민법개정안에서는 지출비용에 관한 판례의 태도를 반영하여 다음과 같이 지출비용의 배상을 명시하는 내용이 포함되었다.

제392조의2(지출비용의 배상) 채무불이행의 경우에 채권자는 채무가 이행될 것을 믿고 지출한 비용의 배상을 청구할 수 있다. 그러나 그 배상액은 채무가 이행되었더라면 받았을 이익액을 넘지 못한다.

2) 이처럼 지출비용의 배상을 인정하는 경우, 판례는 그 법적 성질을 신뢰이익의 배상이라고 하는 것이 일반적이다. 이에 대하여 학설은 법원이 신뢰이익의 배상을 인정한 것이라고 보기도 하고,[31] 대법원이 신뢰이

---

29) 대판 1992. 4. 28, 91다29972; 대판 1996. 2. 13, 95다47619; 대판 1999. 7. 27, 99다 13621 등. 이들 판례에 대한 분석은 윤진수, "채무불이행으로 인한 특별손해, 동시이행의 항변권과 권리남용", 사법행정 제379호, 1992, 92면 이하; 김동훈, "이행이행과 신뢰이익에 관한 판례의 분석", 판례월보 제358호, 2000, 64면 이하; 오지용(주 18); 김준호, "비용배상에 관한 판례의 검토", 법학연구, 연세대학교 법학연구소, 제24권 제4호, 2014, 129면 이하 등 참조.

30) 대판 2006. 2. 10, 2003다15501.

31) 김동훈(주 29), 68면 이하; 김영두(주 18), 133면 이하; 박영복·가정준, "미국 계약법상 손해배상의 범위", 민사법학 제35호, 2007, 410면 이하 등. 계약이 해제되어 소급적으로 효력을 상실한 경우에는 지출비용이 신뢰이익의 배상으로서의 성격을 가진다고 설명하기도 한다. 김규완, "손해배상과 비용배상", 재산법

익 배상을 인정한 것으로 판단한 사안들은 모두 지출비용의 배상을 인정한 것에 그치므로 신뢰이익의 배상을 일반적으로 인정한 것으로 보기 어렵다는 견해도 있다.[32]

판례는 원칙적으로 채무불이행을 이유로 하는 계약 종료 시 손해배상을 청구하는 경우 이행이익의 배상을 구하는 것이 원칙이라는 점을 분명하게 하면서도 이에 갈음하여 지출비용의 배상을 구할 수도 있다고 한다. 특히 위 2. (2)에서 살펴본 대판 2006. 2. 10, 2003다15501에서는 지출비용의 배상을 신뢰이익으로 언급하지 않고, "이행이익의 일부로서 그 계약이 이행되리라고 믿고 채권자가 지출한 비용의 배상"을 인정하였고, 나아가 최근 판례는 "지출비용의 배상은 이행이익의 증명이 곤란한 경우에 그 증명을 용이하게 하기 위하여 인정된다"는 점을 분명하게 하였다.[33]

이러한 판례의 입장을 종합하면, 원칙적으로 채무불이행으로 인한 손해는 이행이익의 배상이지만, 그러한 이행이익의 배상에 대한 증명이 곤란한 경우에는 이행이익의 최소한으로서 지출비용의 배상이 인정된다고 보는 것이 타당할 것이다.[34] 이는 독일 판례에서 인정되었던 이른바 수익성 추정(Rentabilitätsvermutung) 이론과도 연결되는 부분이다.

3) 종래 독일에서는 채무자가 이행하지 않는 반대급부와 채권자의 급부는 동등한 가치가 있고, 채권자가 거래와 관련하여 지출한 비용은 채무자로부터 급부를 수령하였더라면 완전히 회수되었을 것이라고 추정할 수 있다는 이른바 수익성 추정(Rentabilitätsvermutung) 이론이 판례를 통하여 정립되었다. 이에 따라 채권자는 지출비용을 적극적 이익에 대한

연구 제21권 제1호, 2004, 172-176면 참조.

32) 김재형(주 12), 107면.

33) 대판 2017. 2. 15, 2015다235766.

34) 오지용(주 18), 245면; 정진명(주 18), 244면; 강혜림(주 20), 152-153면; 박영목, "계약채무의 불이행으로 인한 비용배상", 비교사법 제15권 제3호, 2008, 56-58면도 동지.

청구권의 범위에서 최소한의 손해라고 주장할 수 있다고 하였다.[35] 이 때의 손해는 비용 자체가 아니라 수익가능성, 즉 투자회수 가능성을 상실한 것이나, 수익성 추정이라는 방식에 의하여 무익하게 지출된 비용이 이행이익의 배상으로서 인정되었던 것이다.[36] 다만 이러한 수익성 추정은 이행이익에 대한 입증책임을 경감하기 위한 조치이므로, 반증이 있는 경우에는 번복될 수 있다.

이러한 판례의 수익성 추정 이론에 대하여는 '수익성'이라는 것이 경제적으로 이익을 얻을 수 있는 목적에만 가능하고, 수익을 생각하기 어려운 무형적인 계약목적에서는 유효한 근거가 되지 못한다는 것이 주된 비판 지점이었다. 기존의 독일 법원이 경제적 목적의 거래에 대하여만 수익성 추정에 의한 비용배상을 인정한 것은, 재산손해가 아닌 손해는 법률로 정하여진 경우에만 금전에 의한 배상이 가능하다고 명시하고 있는 독일 민법 제253조 제1항 때문인 것으로 이해된다.[37] 독일 민법은 제284조의 신설로서 판례에서 인정되었던 지출비용의 배상 근거를 마련하면서 이러한 문제를 해결하고자 하였다.[38] 이에 따르면, 채권자는 수익성 여부와 무관하게 급부에 갈음하는 손해배상과 선택적으로 급부의 획득을 신뢰하여 지출한 비용의 배상을 청구할 수 있다. 다만, 채권자가 자신의 투자결과를 채무자에게 전가하는 것을 막기 위하여 비용배상의 요건으로 지출비용의 상당성과 비용지출 목적의 달성 가능성이라는 두

---

35) MüKoBGB/Emmerich, § 281 Rn. 19.
36) Staudinger/Otto, Kommentar zum BGB mit mit Einführungsgesetz und Nebengesetzen. Buch 2. Sellier - de Gruyter, 2014, § 284 Rn. 2.
37) 박영목(주 34), 59-60면.
38) 독일의 학설은 독일 민법 제284조가 수익성 추정 이론과는 다른 차원의 규정이라고 설명한다. MüKoBGB/Ernst, § 284 Rn. 2. 또한 민법 개정 후 최초의 연방대법원 판례인 BGHZ 163, 381에서는 독일 민법 제284조의 비용배상청구권에서는 수익성 추정에 의거한 상업적 목적을 위하여 지출한 비용과 그 이외의 목적으로 지출한 비용의 구분이 필요하지 않다고 하여 이 조항이 수익성추정의 원칙과는 무관하다는 전제에서 판단하고 있다고 한다.

가지 기준으로 배상 범위를 제한할 수 있도록 하였다.[39)

구체적으로 독일 민법 제284조에 따른 비용배상의 요건을 살펴보면, 우선 채권자는 이행이익 배상과 비용배상을 선택적으로 청구할 수 있는데, 이는 채권자가 손해배상에 의하여 이중보상을 받는 것을 막기 위한 것이다.[40) 다음으로 채권자는 급여의 획득을 신뢰하고 비용을 지출하였어야 한다. 이러한 점에서 지출비용의 배상은 계약의 유효성을 신뢰한 경우에 인정되는 신뢰이익의 배상과는 구별될 수 있다. 지출된 비용은 그 원인과 정도에 있어서 형평에 부합하여야 한다. 따라서 급부의 가치에 대한 비례성이 결여되거나, 그 지출이 전혀 통상적이지 않거나, 또는 채무자의 의무위반이 충분히 예견되는 시점에 채권자가 비용을 지출한 경우는 배상 범위에 포함되지 않는다. 또한 채무자의 의무위반과 채권자가 비용을 지출한 목적이 달성되지 않은 것 사이에는 인과관계가 있어야 한다. 이는 채무자의 의무위반이라는 우연적인 상황이 채권자에게 부당하게 이득을 주는 상황을 방지하기 위한 것이다.[41)

4) 계속적 공급계약의 종료 사안에서는 특히 잔여기간을 예상하고 그동안의 기대수익을 산정하는 것이 까다로울 수 있고, 이에 비하여 상당 기간 계약이 지속될 것을 예상하고 투자한 비용을 계산하는 것이 용이한 경우가 있다. 예를 들어, 대리점이 대리점 계약이 상당한 기간 동안 지속될 것을 전제로 하여 직원과 운송 차량을 늘이고 광고비를 지출하는 등 투자를 하였는데 얼마 지나지 않아 갑자기 대리점 계약이 종료되었다면, 잔여기간 동안의 기대수익을 구하는 것보다는 새롭게 투자한 금액을 산정하는 것이 간명할 것이다. 따라서 계속적 공급계약의 종료 사

---

39) *Schuldrechtsmodernisierung 2002*, Konsolidierte Fassung des Diskussionsentwufs eines Schuldrechtsmodernisierungsgesetzes, § 284 Fn. 1.
40) MüKoBGB/Ernst, § 284 Rn. 14-16.
41) MüKoBGB/Ernst, § 284 Rn. 22-27.

안 중에는 판례나 개정안의 입장과 같이 이행이익을 구하는 대신 지출
비용의 배상을 구할 수 있도록 하는 방안을 생각해 볼 수 있다. 특히 기
대수익을 증명하기 어렵거나 기대수익이 미미할 것이 예상되지만 그것
을 채권자의 책임으로 돌릴 수 없는 경우에는 지출비용을 청구할 수 있
도록 하는 것이 의미가 있다.

그 구체적인 적용과 관련하여서는 오랜 논의 끝에 도입된 독일 민법
제284조의 내용은 참고가 될 수 있을 것이다. 따라서 지출비용의 배상은
잔존기간 동안의 기대수익의 배상과 선택적으로 인정될 수 있고, 채권자
가 급여를 기대하고 투자한 형평에 부합하는 지출비용만이 배상의 대상
이 될 수 있을 것이다. 또한 채무자의 의무위반과 채권자가 비용을 지출
한 목적이 달성될 수 없었던 사정에 대하여 인과관계가 있는 경우에만
배상청구가 인정될 수 있다.

다만 지출비용의 배상액이 이행이익을 넘지 못하다는 것이 확고한
판례의 입장이고, 이는 민법개정안에도 반영되어 있는데, 독일 민법 제
284조의 태도와는 차이가 있다.[42] 채무불이행에 대하여 이행이익을 입
증하기 어려운 경우 등에 최소한의 이행이익으로서 지출비용을 청구할
수 있다고 할 것이므로, 독일 민법과 같은 입법적 결단이 없는 이상, 지
출비용의 배상을 이행이익의 한도에서 인정하는 것은 타당하다고 생각
된다.

계속적 공급계약의 종료와 관련하여 지출비용을 기준으로 손해배상
액을 산정하는 것이 기대수익을 구하는 것에 비하여 언제나 용이한 것
은 아니다. 계속적 공급계약이 어느 정도 지속된 것이라면 비용을 지출
한 자가 그러한 비용 지출과 관련된 계약의 이행과 관련하여 수익을 거
둔 부분은 지출비용을 회수한 것이므로 공제하여야 할 것이다. 이를 공
제하지 않는다면, 채권자는 이익은 이익대로 누리고 지출비용을 추가로

---

42) MüKoBGB/Ernst, § 284 Rn. 32. 독일 민법은 과다배상의 문제를 형평성 등의 요
    건으로 방지한다.

배상받게 되어 중복배상의 문제가 생길 수 있기 때문이다. 문제는 비용의 지출이 전체 계약의 어느 부분을 위한 것인지를 알기가 어려운 경우가 많고, 구체적인 이익의 실현이 어떠한 비용 지출에 의한 것인지도 분명하지 않다는 것이다. 따라서 이미 복잡한 사실관계 하에 상당한 기간 동안 계약이 진행되었다면 지출비용의 배상을 인정하기 어려울 것이고, 실제로 지출비용의 배상을 청구함으로써 문제를 해결할 수 있는 사안은 한정적일 것이다.

Ⅲ. 종료 유형별 검토

이상의 논의는 계속적 공급계약의 종료가 부적법한 경우, 상대방이 채무불이행책임으로서 손해배상을 청구하는 때에도 적용될 수 있다. 일방 당사자가 적법하게 계속적 공급계약을 종료하는 경우의 손해배상책임은 각 종료 사유에 따라 그 양태가 상이할 수 있는데, 이는 대체로 다음과 같이 생각해 볼 수 있다.

1. 존속기간의 만료 또는 임의해지

존속기간의 만료나 임의해지 조항에 따른 통지기간의 만료에 따라 계속적 공급계약이 적법하게 종료되면, 원칙적으로는 계약의 종료가 당사자들의 책임으로 발생한 것이 아니므로 계약 종료로 인한 손해배상책임이 문제되지 않는다. 계속적 공급계약의 종료로서 당사자들의 계약관계가 장래를 향하여 효력을 상실하게 되므로, 계약의 이행 과정에서 일방 당사자의 채무불이행이 있었다면 이에 대한 책임을 질 수 있음은 물론이나, 이는 계약의 종료 자체로 인한 손해배상책임과는 거리가 있다. 존속기간의 만료나 임의해지권 행사와 관련하여 일정한 절차가 정해진 경우 이를 준수하지 않는 것은 적법한 계약의 종료가 될 수 없다. 이와 관련하여서는 일정한 통지기간을 두고 계약을 종료할 수 있도록 하는 경우가 많은데 그 기간을 준수하지 않고 일방적으로 계약을 중단하는 것은 그 자체로 채무불이행이 된다.

이에 대한 손해배상책임을 정하는 데에는 위에서 검토한 내용들이 적용될 수 있다. 특히 기대수익을 산정하는 데에는 합리적인 잔여기간을 확정하여여 하는데, 예컨대 1년씩 자동갱신 조항이 있는 계약에서 통지기간을 준수하지 않고 계약을 중단한 경우에는 상대방으로서는 1년간 계약이 유지될 것으로 기대할 수 있고, 통지기간을 준수하지 않은 임의 해지권 행사에서는 상대방이 통지기간만큼은 계약 존속을 정당하게 기대할 것이 인정될 수 있다. 사안에 따라서는 기대수익의 배상과 선택적으로 지출비용의 배상을 구할 수도 있을 것이다. 계약이 종료되기 직전에 상대방의 요청에 따라서 추가적인 투자를 한 경우 등을 생각해볼 수 있다.

2. 채무불이행, 약정해지 및 중대한 사정에 의한 계약 종료

채무불이행이나 약정해지권의 행사, 또는 중대한 사정에 의한 계약의 종료가 상대방의 책임 있는 사유에 기인하는 경우에는 계약을 해지하는 것과는 별도로 상대방에게 계약 종료에 관한 손해배상을 청구할 수 있을 것이다. 이 경우에도 계약의 종료와는 무관하게 계약 이행을 통하여 발생한 상대방의 채무불이행이 있다면 그에 대한 손해배상을 청구할 수 있음은 물론이고, 그 외에도 계약 종료가 상대방의 책임에서 비롯되었으므로 계약 종료에 관한 손해배상책임을 물을 수 있다.

이 때에는 위에서 검토한 바에 따라 손해배상액을 산정할 수 있다. 이행이익에 있어 채권자가 기대할 수 있는 합리적인 잔여기간이란 채무자의 책임 있는 사정이 없었더라면 계약이 유지되었을 기간을 말한다.

계약상 정해진 존속기간이 있거나 채무자가 임의해지 조항에 따라 계약을 해지할 수 있는 근거가 있다면, 이에 따른 기간을 고려할 수 있다. 그러나 이러한 규정이 없거나 불명확한 경우, 또는 이에 따라 산정된 잔여기간이 지나치게 장기인 경우에는 채권자의 손해경감의무 또는 신의칙을 근거로 그 기간을 적절한 범위에서 제한하는 것이 타당하다. 또한 기대수익의 배상과 선택적으로 지출비용의 배상을 구할 수 있는 경우도 있을 것이다.

3. 계약 종료의 제한의 유형으로서 손해배상

계속적 공급계약의 종료를 계약의 해석이나 신의칙 등을 근거로 제한하는 경우에는 그 제한의 유형의 하나로서 손해배상책임이 인정될 수 있다.

이를 계약의 종료가 제한되는 이유에 따라 검토하면, 우선 종료 사유가 약관법이나 공정거래법 또는 신의칙에 따라 부당하다는 결론에 이른 경우라면 계약의 종료가 제한되어 기존 계약의 효력이 존속하게 된다. 이러한 계약의 효력 존속에 갈음하여 손해배상책임을 묻는다면, 기존의 계약에 따른 잔여기간 동안의 기대수익을 배상액으로 산정하는 것이 원칙이다. 다만 이 경우에도 그 기간이 지나치게 장기간이거나 불분명한 경우에는 채권자의 손해경감의무 또는 신의칙을 근거로 그 범위를 제한할 수 있을 것이다.

다음으로 계약의 종료 자체가 부당하지는 않지만, 특별한 사유 없이 자동갱신 조항에 따라 계속적으로 수십 년간 지속되어 온 계속적 공급계약에 대한 갱신을 거절하는 경우와 같이, 계약의 해석이나 신의칙 등에 근거하여 계약의 효력을 일정 기간 유지시킬 필요가 있다고 판단되는 경우에는 그에 갈음하여 손해배상을 묻는 경우 그 기간 동안의 기대수익을 배상액으로 산정할 수 있게 될 것이다.

계약이 유지될 것이라는 정당한 기대에 기초하여 투자를 한 것이 계약 종료 제한의 근거가 되어 계약의 해석 또는 신의칙에 근거하여 투자 수익을 회수할 수 있도록 일정한 기간 동안 계약을 유지하도록 판단되는 경우에는 합리적인 존속기간을 판단하는 데에 독일에서의 투자보상 청구에 관한 논의나 미국의 일부 주에서 인정하는 투자회수 법리가 참고가 될 수 있다. 이를 위하여는 투자의 경위, 거래특수성 여부, 적정성, 전용가능성 및 계약의 유지기간 등을 고려하여야 할 것이다. 또한 당사자들이 영업에 대한 위험을 부담하고 계약에 참여하였으므로, 제품 특유의 투자를 하였다고 하여 그 지출한 모든 비용을 반드시 회수하여야 하는 것도 아니라고 할 것이다.

이상의 경우들에도 기대수익의 배상과 선택적으로 지출비용의 배상을 구하는 것을 고려해 볼 수 있다. 특히 마지막 경우와 관련하여서는 독일이나 미국에서의 관련 논의는 손해배상책임에서 합리적인 존속기간을 산정하는 것과 관련이 되는 것으로 이해되지만, 신뢰투자와 관련된 사안에서도 지출비용의 배상을 청구할 수 있는 경우가 있을 것이다. 특히 정당한 신뢰에 기초하여 투자를 하였는데 곧바로 계약이 종료된 경우에는 기대수익의 산정보다 지출비용의 배상이 보다 용이하고 적절한 문제 해결 방안이 될 수 있다.

제3절 계속적 공급계약의 종료 시
보상청구권의 인정 여부

I. 계약의 종료와 보상청구권의 문제

계속적 공급계약의 개념에는 여러 형태의 계약이 포함될 수 있고, 그 중에서 본 논문에서 중점을 두는 대리점 계약, 가맹점 계약 등의 유통계약의 형태도 구체적인 사실관계에 따라서 매우 다양한 모습이 있다. 예를 들어 대리점 계약을 보더라도, 판매업자가 공급업자에게 주문을 하여 상품을 공급받은 다음에는 공급업자와는 독립적으로 자신의 계산과 자신의 책임 하에 제품을 판매하는 경우도 있고, 판매업자가 기본적으로는 자신의 계산과 자신의 책임 하에 제품을 판매하기는 하지만 영업에 관하여 공급업자의 세부적인 지시를 따라야 하고 공급업자의 감독을 받으며 영업 계획이나 결과에 대하여 보고를 하는 경우도 있다. 후자의 판매업자는 마치 공급업자의 영업 조직처럼 운영되어 공급업자의 거래를 대리 또는 중개하는 대리상과도 유사한 실질을 가질 수 있다. 나아가 판매업자가 계약기간 동안 공급업자 제품에 대한 인지도를 높이고 그 제품의 판매를 위한 영업망을 구축하기 위하여 최선의 노력을 다한 끝에 어느 정도 성과를 거두었다면, 공급업자는 대리점 계약이 종료된 이후에도 그에 따른 이익을 볼 수도 있다.

우리 상법 제92조의2는 대리상에 대하여 계약 종료 시 보상청구권을 인정한다. 이는 1995년 상법 개정 시 신설된 것으로, 대리상의 활동으로 인하여 본인이 새로운 고객을 획득하거나 영업상의 거래가 현저하게 증가하고 이로 인하여 대리상 계약의 종료 후에도 본인이 이익을 얻고 있는 경우에 대리상이 본인에 대하여 상당한 보상을 청구할 수 있다는 점을 명시하고 있다. 대리상 계약은 물건이 공급되는 경우가 아니므로 엄밀한 의미에서 계속적 공급계약은 아니지만 계속적 계약의 하나로 볼 수 있는데, 계약관계가 종료되면 계약당사자인 본인과 대리상 사이에는 그 동안의 거래를 통하여 형성된 당사자들의 중대한 경제적 이해관계를 청산할 필요가 생긴다. 특히 대리상으로서는 계약이 종료된 이후에는 그가 대리상으로 활동함으로써 획득한 고객들과의 거래로 인한 이익이 본인에게만 귀속됨으로써 손해를 보게 되므로, 상법은 이러한 당사자 간의 이해관계를 조정하기 위하여 일정한 요건 하에 대리상이 본인에 대하여 보상을 청구할 수 있도록 한 것이다.

이러한 상법 제92조의2의 규정을 대리점 계약 등의 다른 유통계약에 유추적용할 수 있는지에 대하여는 논란이 있다. 우선 대리상에 대한 보상청구권이 인정되는 근거와 보상청구권의 성질 등을 살펴보고, 이를 대리점 계약과 같은 계속적 공급계약에 유추적용할 수 있는지를 검토하기로 한다.

II. 대리상의 보상청구권의 법적 성질

1. 대리상 계약과 보상청구권의 의미

상법 제87조에 따르면, 대리상이란 일정한 상인의 영업거래를 계속적으로 대리하거나 중개함으로써 그 상인의 활동을 보조하는 독립적 상인을 말한다. 판례는 대리상의 개념을 "일정한 상인을 위하여 상업사용인이 아니면서 상시 그 영업부류에 속하는 거래의 대리 또는 중개를 영업으로 하며, ① 다른 상인의 영업부류에 속하는 거래의 체결을 그 상인의 명의와 계산으로 대리하거나 중개하고, ② 그에 대하여 그 상인으로부터 일정한 보수 내지 수수료를 받는 사람"이라고 한다.[43] 또한 대리상 여부는 계약의 명칭으로 판단되는 것이 아니고, 계약 내용을 실질적으로 살

펴야 한다는 것이 법원의 입장이다.[44]

대리상은 대리상 계약에 터잡아 특정 상인을 위하여 고객을 확보하고 거래를 성사시키기 위한 노력을 다하고, 그에 따른 보수를 받는다. 본인은 대리상을 통하여 해당 지역에서의 판매망을 구축하고 고객과 거래를 하는 것이다. 대리상은 특정상인과 지속적으로 긴밀한 관계를 유지하고 경업금지 의무를 진다(상법 제89조). 대리상 계약의 존속기간을 약정하지 않은 경우에는 각 당사자는 2개월 전에 예고하고 계약을 해지할 수 있고, 나아가 존속기간의 유무와 관계 없이 부득이한 사정이 있는 때에는 당사자들은 언제든지 계약을 해지할 수 있다(상법 제92조).

그런데 대리상이 열심히 노력하여 새로운 고객을 확보하는 등 시장을 개척하였더니, 바로 본인이 대리상 계약을 종료하고 직접 본인이 고객과 거래하는 방식으로 대리상의 노력을 편취하는 경우도 발생할 수 있다. 본인이 계약을 해지한 경우 대리상이 개척한 고객에 의한 이익을 본인이 아무런 보상 없이 챙기는 것은 양자 간에 형평을 잃는 것이므로, 대리상의 이익을 위하여 본인은 대리상의 손해를 전보할 의무가 있다는 취지에서 대리상의 보상청구권이 도입되었다. 대리상은 대리상 계약에 기하여 본인으로부터 보수를 지급받지만, 이러한 보수가 대리상 계약이 종료된 이후의 시장개척의 이연효과(移延效果)에까지 미치는 것은 아니므로 본인과 대리상 간의 이익분배의 형평을 기하기 위하여 보상을 청구할 수 있다는 것이다.[45] 상법상 대리상의 보상청구권에 관한 규정은 다음과 같다.

43) 서울중앙지판 2009. 1. 15, 2007가합33755 등.
44) 대판 1999. 2. 5, 97다26593.
45) 이철송, 상법총칙·상행위, 제14판, 박영사, 2016, 471면.

제92조의2(대리상의 보상청구권)

① 대리상의 활동으로 본인이 새로운 고객을 획득하거나 영업상의 거래가 현저하게 증가하고 이로 인하여 계약의 종료후에도 본인이 이익을 얻고 있는 경우에는 대리상은 본인에 대하여 상당한 보상을 청구할 수 있다. 다만, 계약의 종료가 대리상의 책임있는 사유로 인한 경우에는 그러하지 아니하다.

② 제1항의 규정에 의한 보상금액은 계약의 종료전 5년간의 평균년보수액을 초과할 수 없다. 계약의 존속기간이 5년 미만인 경우에는 그 기간의 평균 년보수액을 기준으로 한다.

③ 제1항의 규정에 의한 보상청구권은 계약이 종료한 날부터 6월을 경과하면 소멸한다.

2. 보상청구권의 법적 성질

상법 제92조의2는 1995년 상법 개정 시 신설된 조문으로, 독일 상법 제89b조와 유럽연합의 대리상에 관한 회원국의 법률통일에 관한 지침 86/653(이하 'EU 대리상 지침')을 고려하여 제정되었다. 독일 상법 제89b조는 1953년에 처음 도입되었는데, 후자의 지침이 유럽공동체 회원국에게 보상(indemnity) 방식과 손해배상(compensation) 방식 중에 하나를 선택하여 보상청구권을 법제화하도록 규정함에 따라, 2009년 법개정을 통하여 기존의 조항이 일부 수정되었다.[46] 독일 상법 제89b조의 보상청구권은 보상 방식을 따른 것으로, 계약관계의 종료로 인한 상인의 이익 및 형평성에 근거한 보상 필요성을 요건으로 한다.

기존에 독일에서는 이 보상청구권의 성질에 관하여 대리상의 생계비

---

46) 석광현, "국제거래에서의 대리상의 보호-상법 제92조의2의 적용범위와 관련하여", 법조 제592호, 2006, 24-25면.

보장청구권설, 손해배상청구권설, 부당이득반환청구권설, 계약상 보상청
구권설 등 여러 학설이 주장되었는데 전통적으로 가장 대표적인 학설의
대립축은 보상설(Vergütungstheorie)과 형평설(Billigkeitstheorie)이다. 보상
설은 보상청구권 규정을 일종의 특별한 임금청구권으로 보아, 대리상이
계약기간 동안의 판촉 활동으로 가치 있는 고객 집단을 창출하고 계약
종료시 본인에게 경제적 이익을 남기는 것에 대하여 추가적인 보상이
주어져야 한다는 것이다. 반면 Ulmer로 대표되는 형평설은 보상청구권
규정은 대리상에 대한 보호법규이고, 대리상이 형성한 고객 집단으로부
터 본인이 여전히 이득을 취하고 있는 것과 관련하여 대리상에게 본인
과 대리상 간의 이익을 조정하기 위한 배상청구권을 인정하는 것이라고
하였다.[47]

그런데 현재의 독일의 다수설은 이러한 두 가지의 견해 중 하나를
따르기보다는, 보상설을 기본으로 하되 형평설에 가까운 절충적인 입장
을 취하고 있다고 한다.[48] 독일연방대법원도 일련의 판례를 통하여 대
리상의 보상청구권에 대한 보상적인 요소와 사회 보호기능을 동등하게
인정하여, 이를 형평의 원칙에 따라 판단되는 보상청구권이라고 판단하
였다.[49]

이러한 독일의 입장은 우리 통설과도 유사하다. 통설은 기본적으로
상법 제92조의2에 따라 대리상에게 인정되는 보상청구권을 대리상 계약
에 의한 당초의 보수에 부수하여 발생하는 계약상 권리라고 한다.[50] 이

47) Martinek/Semler/Flohr(주 2), 6. Kapitel § 32 Rn. 145.
48) Martinek/Semler/Flohr(주 2), 6. Kapitel § 32 Rn. 146. 이에 따르면 대리상의 보상
   청구권의 법적 성질에 관한 논의는 그 규정의 직접 적용보다는 다른 유통계약
   에 대한 유추적용을 검토할 때 더 의미가 있다고 한다.
49) BGHZ 34, 282, 290; BGHZ 40, 13, 15; BGHZ 41, 129, 133; BGHZ 45, 385, 386;
   BGHZ 55, 45, 54; BGHZ 68, 340 등. Baumbach/Hopt/Hopt, HGB Komm., § 89b Rn.
   3 참조.
50) 최기원(주 4), 289면; 이철송(주 45), 471-472면; 송옥렬, 상법강의, 제4판, 홍문사,
   2014, 149면; 석광현(주 46), 24면.

에 따르면, 보상청구권은 대리상 계약기간 동안 통상의 보수로는 완전히 지불되지 않은 대리상의 활동, 즉 대리상이 새로운 고객을 획득하였음에도 불구하고 대리상 계약의 종료 이후에 그 효과가 본인에게만 돌아가고 대리상은 대리상 계약이 유지되었더라면 받을 수 있었던 보수를 상실한 것에 대한 반대급부이다. 다만, 보상청구권의 성립 여부와 그 보상액의 산정은 구체적인 사안에 따라 정해져야 하는 것이므로, 형평의 원리에 의하여 영향을 받는다. 이러한 측면에서 보상청구권은 순수한 보수청구권과도 차이가 있다.[51]

이처럼 보상청구권은 당사자들 간의 당초 보수에 부수하여 발생하는 계약상의 권리라는 점에서 대리상 계약의 종료에 따른 손해배상청구권이나 부당이득반환청구권과는 다르다. 또한 보상청구권을 인정하는 데에는 경제적 강자인 본인에 대하여 대리상을 보호하기 위한 목적도 있다. 그러나 이는 대리상이 약자이기 때문에 이들의 생계를 보장하여야 한다는 취지라기보다는 계약에 기초한 대리상의 정당한 이익을 보호해 줄 필요가 있다는 의미이다.[52] 대리상이 본인에 비하여 언제나 경제적으로 약자라고 보기는 어렵고, 실제로 보상청구권의 성립 여부나 금액을 산정함에 있어서 대리상이 얼마나 약자인지를 살펴보는 것은 아니므로, 보상청구권에 관한 입법취지는 약자보호보다는 배분적 정의의 실현을 도모하는 데에 있다고 이해할 수 있다.

---

51) 최기원(주 4), 290면.
52) 최기원, "대리상계약의 종료와 보상청구권", 고시연구 제24권 제5호, 1997, 27-28면; Baumbach/Hopt/Hopt, HGB Komm., § 89b Rn. 2 참조.

III. 대리상 보상청구권의 유추적용

1. 보상청구권의 유추적용 가능성

위에서 살펴본 대리상의 보상청구권이 여타의 계속적 공급계약에도 유추적용될 수 있을까? 가맹점 계약에 대하여 보상청구권을 유추적용할 수 있다는 국내 논의도 있고,[53] 독일 통설은 대리상의 보상청구권을 대리점 외에 가맹점에도 유추적용할 수 있다고 한다.[54] 다만, 실제로 가맹점 계약에 대하여는 보상청구권을 둘러싼 당사자들 간의 분쟁이 많지 않은 것으로 보이는데, 가맹점의 경우 자기의 노력보다는 시장에 확립된 가맹사업 본부의 명성 등의 영업권이나 브랜드 파워를 이용하여 영업을 하기 때문에 대리상처럼 새롭게 소비자를 개척하는 것을 생각하기 어렵다는 견해도 있다.[55] 그러나 이러한 영업권이나 브랜드 파워로 인한 효과는 보상청구권의 요건 중 형평성과 관련하여 고려할 수 있고, 이를 근거로 가맹점에 대한 보상청구권 유추적용 가능성 자체를 배제하는 것은 부당하다는 생각이다.

보상청구권의 유추적용 문제는 가맹점 계약보다는 대리점 계약을 중심으로 논의되고 있다. 대표적인 계속적 공급계약인 대리점 계약은 상거래에서 다양한 모습으로 나타나는데 공급업체의 영향력이 강한 경우에는 대리상과 유사하게 운영되는 경우도 있고, 실제로 계약의 종료시 대리점이 공급업자를 상대로 보상청구권을 청구하는 사례도 늘어나고 있다. 그런데 대리상의 보상청구권을 유추적용하는 것과 관련된 그간의 논

---

53) 조지현, "독일 상법 제89조 대리상의 보상청구권에 관한 연구", 경영법률 제24권 제4호, 2014, 259면 참조.
54) Martinek/Semler/Flohr(주 2), 6. Kapitel § 32 Rn. 146 참조.
55) 최영홍, "대리상의 보상청구권의 유추적용 여부: 대법원 2013.2.14. 선고 2011다 28342 판례에 대한 평석", 상사법연구 제32권 제2호, 2013, 233면 참조.

의는 국내의 상황보다는 주로 EU 대리상 지침과 유럽의 주요국가의 법제 및 판례에 대한 연구를 기초로 한 것이 많았다.[56] 그러나 최근에는 관련 판례가 늘어나고 있으므로, 향후에는 국내 거래 실정에 맞게 이해할 필요가 있을 것이다.

이하에서는 대리상의 보상청구권의 유추적용에 관한 기존의 논의를 살펴보고, 최근 판례의 입장을 토대로 대리점 계약 등에 대하여 보상청구권을 인정할 수 있는지, 혹은 그 필요성이 있는지 등을 살펴보고자 한다.

2. 기존의 논의 상황

가. 국내 학설

유추적용 긍정설은 판매점이 일정한 상인을 위하여 지속적으로 그를 위하여 보조활동을 하는 등 대리상과 유사한 성격을 가지는 경우 판매점에게도 보상청구권이 인정되어야 한다고 한다. 구체적으로 판매점이 상품공급업자의 판매시스템에 편입되고, 계약 종료 시 고객에 대한 권리를 이전할 의무를 계약상 부담하는 경우에 한하여 대리상의 보상청구권을 유추적용할 수 있다고 하거나,[57] 단순한 매수인과 매도인의 관계를 초월하는 법률관계가 존재하는 경우나 공급업자의 판매조직에 편입되어 있어서 경제적으로 상당한 범위에 걸쳐서 대리상이 수행하는 활동과 같은 직무를 이행하는 경우는 보상청구권이 인정된다고 하여,[58] 일정한 요건 하에 계속적 공급계약 관계인 대리점에게도 대리상의 보상청구권이

---

56) 최영홍, "대리상의 보상청구권 규정의 법적 성질과 다른 중간상에의 확대 적용 여부", 안암법학 제36권, 2011, 576면.
57) 석광현(주 46), 32-33면.
58) 최기원(주 4), 29면.

유추적용될 수 있다고 한다. 이러한 견해는 독일 상법 제89b조의 유추적용에 관한 독일의 논의의 영향을 받은 것으로 이해된다.

이에 반하여 대리상은 민법상 대리의 법리에 따라 본인의 이름으로 거래하지만 다른 판매점은 민법상 계속적 물품공급계약에 따라 판매점의 이름으로 거래한다는 점에서 법리적인 개념이 다르고, 다른 계약방식을 선택한 당사자의 의사를 존중하여야 한다는 점에서 보상청구권을 유추적용하는 것은 부당하다는 견해도 있다. 아래에서 보는 바와 같이 유럽사법재판소도 대리상에 대한 보호 규정이 다른 판매점에 유추적용되지 않는다고 판단하였던 점에 비추어 유추적용 긍정설은 국제적인 흐름에도 맞지 않는다고 한다.[59] 또한 보상청구권이 정책적인 이유에서 예외적으로 인정되는 권리라는 점과 보상청구권의 인정 범위가 사전적으로 불확실해지는 것은 바람직하지 않다는 점에서 명문의 규정이 없이 대리상 이외의 상행위에 대하여 보상청구권 규정을 유추적용하는 것은 찬성하기 어렵다는 견해도 있다.[60]

나. 비교법적 검토

1) EU 대리상 지침

이 지침은 1986. 12. 18. 회원국 간의 대리상에 관한 법령을 유사하게 정비하기 위하여 채택되었는데, 이에 따르면 대리상은 타인인 본인을 위하여 물품의 매매를 교섭하거나 물품의 매매를 교섭하여 계약을 체결할 계속적 권한을 가진 아무에게도 고용되어 있지 않은(self-employed) 중간업자(intermediary)를 뜻하고, 대리점은 그 적용 대상이 아니다.

EU 대리상 지침은 대리상의 보상청구권을 명시하고 있으나, 대리점 등의 계속적 공급계약에 대하여 이 규정이 적용되는지에 대하여는 언급

---

59) 최영홍(주 55), 229면 이하.
60) 송옥렬(주 50), 151면.

이 없다. 이에 관하여 유럽 국가들의 판례들을 살펴보면, 대체로 독일과 스위스 등에서는 대리상의 보상청구권을 대리점에도 유추적용하여야 한다고 하나, 스페인이나 프랑스 등은 판매점에게 대리상의 보상청구권이 인정되지 않는다고 한다.[61] 다음 항에서는 이 중 우리 상법상 대리상 보상청구권 규정 제정에 영향을 주었던 독일에서의 논의를 좀더 살펴보겠다.

2) 독일법의 입장

독일에서는 대리상의 보상청구권을 규정하고 있는 상법 제89b조를 다른 유형의 유통계약에도 유추적용할 수 있는지 여부에 대하여 오랜 기간 논의가 있었다. 현재의 독일의 통설과 판례는 공급업자와 판매업자의 관계가 단순히 매도인과 매수인 간의 관계에 그치는 것이 아니라, 판매업자가 공급업자의 영업 조직에 편입되는 경우라면, 일정한 요건 하에 대리상의 보상청구권 규정을 유추적용할 수 있다는 입장이다. 이러한 요건들을 갖추고 있다면, 대리점은 물론, 가맹점과 위탁매매인에게도 보상청구권이 유추적용될 수 있다고 한다.[62]

대체로 대리상의 보상청구권 규정이 유추적용되기 위한 요건으로는 (i) 대리점이 대리상과 같이 공급업자의 영업조직과 결합되어 있을 것, (ii) 대리점이 공급업자에게 획득한 고객정보를 공개할 의무를 부담할 것, (iii) 독일 상법 제89b조의 전제조건[63]을 충족할 것이 요구된다.

---

61) 유럽 각국 판례의 태도에 대하여는 이헌묵, "국제거래에서 판매점계약(Distribution Agreement)의 판매자의 보상청구권에 관한 비교법적 고찰", 국제거래법연구 제19권 제2호, 2010, 207면 이하 참조. 각국의 대리상 법리에 대하여는 윤남순, "국제거래와 대리상제도의 법리", 경영법률 제20집 제4호, 2010, 428면 이하 참조.
62) Martinek/Semler/Flohr(주 2), 5. Kapitel § 27 Rn. 1; Baumbach/Hopt/Hopt, HGB Komm., § 89b Rn. 4.
63) 2009년 개정된 독일 상법 제89b조의 전제조건으로는 대리상계약의 종료, 상인(공급업자)의 이익, 형평성이 요구된다. 이에 대한 자세한 검토는 조지현(주 53), 259면

272 계속적 공급계약 연구

(i)과 관련하여 판례는 대리점이 최소물량을 구매할 의무가 있거나, 소비자에 대한 워런티 의무를 인수하거나 그 외 애프터서비스를 위한 조직을 갖추도록 하거나, 공급업자에게 판매자의 영업장소 출입권과 회계장부 열람권을 수여하거나 판매자에게 고객에 대한 정보를 제공하도록 하는 경우 등에는 판매자가 공급업자의 영업조직과 결합되어 있다고 볼 수 있다고 한다.64) 이상의 요건들은 모두 충족하여야 하는 것은 아니지만, 다수의 기준을 충족할수록 유추적용 가능성이 높아진다.65) 판례는 판매업자가 일정 지역에서 독점 판매권을 가지고 공급업자에게만 물건을 공급받을 의무가 있다고 하더라도 그 외에 공급업자가 영업방식에 관한 특정한 의무를 부과하지 않았다면 공급업자의 판매조직에 편입되었다고 보기 어렵다고 하였고,66) 공급업자가 감독 및 통제 권한이 없거나 판매업자에게 최소 구매량이나 일반적인 영업 정책, 소비자 대응 방안 등을 제한하지 않는 경우에도 이 요건을 충족하지 못하였다고 하였다.67)

(ii)의 요건은 판례에 의하여 완화되는 경향이 있는데, 계약상 명시적으로 그러한 의무가 규정되어 있거나 그러한 의무가 없더라도 공급업자가 대리점의 회계장부를 열람하고 영업상황에 대하여 계속적으로 보고 받는 것만으로도 충분하다고 한다.68) 또한 판매업자가 공급업자에게 고객 정보를 양도하지 않더라도 공급업자가 판매업자가 형성한 고객 정보

이하; Martinek/Semler/Flohr(주 2), 4. Kapitel § 22 Rn. 8-74; Baumbach/Hopt/Hopt, HGB Komm., § 89b, Rn. 6-44 참조.

64) BGH, MDR 2007, 1084; BGH, BB 2000, 60; BGH, BB 1994, 241; BGH, BB 1993, 2399; OLG München, BB 1994, 533 등. Martinek/Semler/Flohr(주 2), 5. Kapitel § 27 Rn. 8.

65) 정홍식, "국제중재에서 판매점의 보상청구권", 국제거래법연구 제22집 제1호, 2013, 329면.

66) BGH, BB 1988, 1770; BGH, MDR 2007, 1084 등.

67) OLG München, BB 1997, 595.

68) BGH, NJW 1983, 2877; BGH, BGHZ 93, 252 등.

를 계속 사용할 수 있으면 충분하고, 공급업자가 이러한 가능성을 인지하고 있든 그렇지 않든 마찬가지라고 한다.[69]

3) 유럽사법재판소(European Court of Justice, ECJ) 판결

유럽사법재판소는 2004년 위탁판매점에 대하여 대리상에 관한 규정을 유추적용할 수 있는지가 문제가 된 사안에서 EU 대리상 지침이나 그리스법에 따른 대리상 규정의 유추적용을 배제하였다.

Mavrona & Sia OE v. Delta Etairia Symmetochon AE, formerly Delta Protypos Viomichania Galakts AE 사건[70]은 그리스법상 위탁판매점 계약이 문제가 되었다. Mavrona & Sia OE (이하 'Mavrona')는 Delta Etairia Symmetochon AE (이하 'Delta')의 위탁판매점으로, Delta로부터 제품을 수령할 때 수수료를 공제한 후 물품대금을 Delta에게 지급하고, 그 후 Delta를 위하여 이 제품을 제3자에게 판매하였다. Mavrona는 자신이 대리상과 유사한 행위를 하고 있다고 하면서, 그리스법상 대리상에 관한 규정을 적용하여 자신이 지급한 관세액을 Delta가 일실손해액으로 지급하여야 한다고 주장하였고, Delta는 이를 거절하였다. Mavrona가 그리스 법원에 제기한 소에서 대리상 규정의 유추적용 여부가 다투어지자, 해당 법원은 소송을 중단하고 유럽사법재판소에 EU 대리상 지침의 해석에 관한 선결적 판단을 구하였다.

이 사안에서는 EU 대리상 지침의 대리상의 정의가 위탁판매점에 적용될 수 있는지, 만일 그렇지 않다면 형평의 원칙에 따라 이 지침의 규정을 위탁판매점에 유추적용할 수 있는지, 혹은 이 지침을 토대로 회원

---

69) BGH, NJW 1982, 2820.
70) Reference for a preliminary ruling: Polymeles Protodikeio Athinon - Greece Case C-85/03. European Court Reports 2004 Page I-01573. 이 판례의 구체적인 사실관계와 의미에 대하여는 윤남순, "Commission Agent의 법리, -Mavrona & Sia OE v. Delta Etairia Symmetochon AE, formerly Delta Protypos Viomichania Galakts AE-", 상사판례연구 제19집 제2권, 2006, 73면 이하 참조.

국에서 입법화된 회원국 국내법을 유추적용할 수 있는지가 쟁점이 되었다. 이와 관련하여 유럽사법재판소는 EU 대리상 지침에서 대리상은 본인을 위하여 본인의 이름으로 상품 매매를 중개 또는 대리할 계속적인 권한을 가지는 독립적 중간상이라고 명시하고 자기의 이름으로 제3자를 위하여 활동하는 자를 언급하고 있지 않다고 하여 이 지침이 위탁판매점에 적용되지 않는다고 하였다. 나아가 위탁판매점의 행위는 대리상과 다르고 그 보호 이익이나 필요도 같지 않으므로, 이에 대하여 EU 대리상 지침의 내용을 유추적용할 수도 없다고 하였다. 다만, 그리스 법의 유추적용에 관하여는, 각 회원국의 법을 적용하는 것은 유럽사법재판소가 해결할 문제가 아니고 EU 공동체 차원에서 입법을 통하여 해결하는 것이 타당하며 공동체법에 반하지 않는 경우에는 회원국 국내 입법에 의한 적당한 규정의 도입도 가능하다고 하여 직접적인 판단을 하지 않았다.

이러한 태도에 비추어 보면, 유럽사법재판소는 EU 대리상 지침을 대리상이 아닌 다른 계속적 공급계약에 확대하여 적용하는 것에는 소극적인 입장으로 이해된다. 특히 위탁판매점은 자기의 명의로 본인을 위하여 거래하는 경우로, 명의는 물론 경제적 효과까지 행위자에게 귀속되는 대리점에 비하여 보다 대리상에 가까운 것으로 볼 수 있으므로, 대리점에 대하여는 더욱이 EU 대리상 지침상 보상청구권 등의 규정을 유추적용할 수 없다는 결론에 이르게 될 가능성이 높다.[71]

3. 관련 판례의 태도

가. 기존의 판례의 입장

2013년 대법원이 대리상 보상청구권의 유추적용 가능성에 대하여 판

---

71) 최영홍(주 55), 232면 참조.

단하기 이전의 하급심 판례의 주류는, 대리상과 달리 대리점에는 대리상 보상청구권을 인정하는 명문 규정이 없으므로, 상법 제92조의2에 따른 보상청구권이 유추적용되지 않는다는 것이었다. 예를 들어 서울고판 2011. 2. 11, 2010나431에서는 대리점이 계약 종료 후 대리상 보상청구권을 적용 또는 유추적용하여 보상청구를 하였으나, 법원은 이 사건 대리점 계약은 독립된 상인 사이의 계속적 물품공급계약의 성격을 갖는다고 하면서, 공급업자가 다소 우월적인 지위에서 대리점의 경영을 간섭하였다거나 판매장려금을 지급하였다고 하더라도 대리상이 아니며, 대리상의 보상청구권에 관하여는 상법 제92조의2에 명문의 규정이 있는데 반하여 판매특약점에 관하여 이를 특별하게 취급하는 아무런 규정이 없는 점에 비추어 보면, 입법과정을 거치지 않은 채 판매특약점에 관하여 대리상의 보상청구권 규정을 유추적용하는 것은 타당하지 않다고 하여 유추적용도 부정하였다. 수원지법 안양지판 2011. 4. 29, 2009가합8036도 유사한 취지에서 특약판매점에 대하여도 대리상의 보상청구권이 유추적용될 수 없다고 한 것이다. 다만 이 사안에서는 특약판매점에 관하여 대리상의 보상청구권을 유추적용할 수 있다는 학설의 입장에 따르더라도 위 학설들은 (i) 특약판매점이 상품 공급업자가 정한 가격과 판매지역의 제한을 받는 등 상품 공급업자가 강한 통제력을 행사하는 경우라거나, (ii) 특약판매점이 상품 공급업자가 정한 가격에 구속되고 일정한 판매구역을 보장받는 경우에 특약판매점이 상품공급업자의 판매시스템에 편입되고 그 고객권을 이전할 의무를 계약상 부담하는 경우라거나, (iii) 특약판매점이 기능적으로 상품 공급업자의 판매조직에 편입되고 그 고객망을 상품 공급업자에게 이전할 계약상 의무를 부담하는 경우에 한하여 유추적용이 가능하다는 것이라고 하면서, 구체적인 사실관계를 분석하여 당해 사안에서 특약판매점은 이러한 경우에 해당하지 않는다고 판단하였다.

이에 반하여 대리상의 보상청구권 규정이 대리점에도 유추적용될 수 있다는 전제에서 판단한 것도 있다. 예를 들어 서울고판 2012. 2. 9, 2011 나12851은 보상청구권의 취지 및 이익의 공평한 분배라는 관점에 비추어 보면, 상법상 대리상에 해당하지 않는 특약점의 경우에도 제품의 공급자와 사이에 단순한 매수인과 매도인의 관계를 넘어 실질적으로 그 공급자의 판매구조에 편입되어 있고, 경제적으로 상당한 범위에 걸쳐 대리상이 수행하는 활동과 같은 직무를 이행하고 있으며, 계약관계가 종료하는 경우 특약점에 의하여 형성된 고객권이 공급자에게 이전되는 관계에 있는 경우에는 보상청구권을 유추적용할 수 있다고 봄이 상당하다고 하여 원칙적으로 유추적용 긍정설의 입장이다. 그러나 구체적인 사실관계를 살펴본 다음 해당 사안에서는 보상청구권이 인정되지 않는다고 판단하였다. 원고는 피고와 판매가격과 마진율에 관하여 협의를 하였으나 원고의 브라질 내 판매가격이 상품공급자인 피고가 정한 가격에 제한을 받는 것은 아니고 원고의 판매지역은 브라질과 베네수엘라의 모든 지역으로 특정한 지역에 제한되지 않았으므로, 실질적으로 공급자의 판매구조에 편입되어 있지 않았다는 이유에서였다.

나. 2013년 대법원 판결

대법원은 2013년 2건의 판결(대판 2013. 2. 14, 2011다28342; 대판 2013. 2. 14, 2011다32006)을 통하여 기존의 하급심 판례에서 통일되어 있지 않은 이 쟁점에 대하여 제한적인 범위에서 대리상의 보상청구권 규정을 다른 유통계약에도 유추적용할 수 있다는 입장을 밝혔다.

두 개 사안은 유사한데 그 중 전자의 판결을 중심으로 살펴보면, 생활용품의 메가대리점계약의 종료 후 대리점이 공급업자에게 보상청구권을 청구한 것에 대하여 법원은 해당 대리점이 상법상 대리상이 아니므로 상법상 대리상에 관한 규정을 적용할 수 없다고 한 다음, 이 규정을 본 사안에 유추적용할 수 있는지를 살펴보았다.

우선 법원은 대리상의 보상청구권의 의미에 관하여 "상법 제92조의2 제1항은 대리상의 활동으로 본인이 새로운 고객을 획득하거나 영업상의 거래가 현저하게 증가하고 그로 인하여 계약의 종료 후에도 본인이 이익을 얻고 있는 경우에는 대리상은 본인에 대하여 상당한 보상을 청구할 수 있다고 규정함으로써, 대리상이 계약 존속 중에 획득하거나 현저히 증가시킨 고객관계로 인하여 계약 종료 후에도 본인은 이익을 얻으나 대리상은 더 이상 아무런 이익을 얻지 못하는 상황을 염두에 두고, 형평의 원칙상 대리상의 보호를 위하여 보상청구권을 인정하고 있다."고 하고, 이러한 입법 취지 및 목적을 고려할 때 제조업자나 공급자로부터 제품을 구매하여 그 제품을 자기의 이름과 계산으로 판매하는 영업을 하는 이른바 특약점에 대하여도 일정한 요건 하에 보상청구권 규정을 유추적용할 수 있다고 하였다.

대법원이 언급한 유추적용의 요건은 "① 예컨대 특정한 판매구역에서 제품에 관한 독점판매권을 가지면서 제품판매를 촉진할 의무와 더불어 제조자나 공급자의 판매활동에 관한 지침이나 지시에 따를 의무 등을 부담하는 경우처럼 계약을 통하여 사실상 제조자나 공급자의 판매조직에 편입됨으로써 대리상과 동일하거나 유사한 업무를 수행하였고, ② 자신이 획득하거나 거래를 현저히 증가시킨 고객에 관한 정보를 제조자나 공급자가 알 수 있도록 하는 등 고객관계를 이전하여 제조자나 공급자가 계약 종료 후에도 곧바로 그러한 고객관계를 이용할 수 있게 할 계약상 의무를 부담하며, ③ 아울러 계약체결 경위, 영업을 위하여 투입한 자본과 그 회수 규모 및 영업 현황 등 제반 사정에 비추어 대리상과 마찬가지의 보호필요성이 인정되는" 경우이다.

다만, 이 사안에서는 해당 대리점이 사실상 공급업체의 판매조직에 편입되었거나 계약 종료 후에 공급업체에게 고객관계를 이전할 계약상 의무를 부담하였다는 점을 인정할 자료가 없다고 하여, 결론적으로는 보상청구권을 인정하지 않았다.

이는 대리상의 보상청구권의 유추적용 가능성 여부에 관하여 통일되지 않았던 판례들에 대하여 대법원의 입장을 밝힌 것으로, 대리상의 보상청구권의 취지와 법적인 성격에 비추어 대리점에 대하여도 그 보호필요성이 인정되는 경우에는 보상청구권을 인정할 수 있다는 원칙을 분명히 하였다. 이러한 판단 내용은 이후 하급심 판결에도 이어지고 있는데, 다만 실제 사안에서는 법원이 유추적용을 위하여 요구하는 요건들을 충족하기가 쉽지 않은 것으로 이해된다.

다. 대법원 판결 이후 판례

이 대법원 판례 이후 하급심 판례들은 대리상의 보상청구권 규정이 위와 같은 기준에서 대리점 등 다른 계속적 공급계약에도 유추적용될 수 있다는 취지의 판단을 반복하고 있다.[72] 예를 들어 서울중앙지판 2014. 8. 12, 2013가합35585은 스크린골프 관련 제품의 계속적 공급계약의 종료와 관련하여 판매업자가 공급업자에게 보상청구권을 행사한 것으로, 보상청구권의 유추적용에 관하여 위 대법원이 제시한 세 가지 요건을 자세히 검토한 다음, 구체적인 사실관계에 비추어 보상청구권이 인정되기 어렵다고 판단하였다.

우선 제1요건으로 원고가 계약을 통하여 사실상 피고의 판매조직에 편입됨으로써 대리상과 동일하거나 유사한 업무를 수행하였는지 여부에 대하여는, 원고에게 일부 지역에서의 독점적 판매권과 책임이 있었지만 중도에 재계약으로 더 이상 존재하지 않게 되었던 점, 판매업자로서 공급업자에 비하여 계약 체결 및 이행과정에서 열후한 지위에 있었고 재계약을 위하여 제품의 판매를 촉진하여야 했던 것은 원고가 자신의 경제적 이해관계에 따라 인정된 사실상의 효과에 따른 것으로 보이는 점,

---

72) 서울중앙지판 2014. 3. 26, 2013가합61119·78162; 서울중앙지판 2014. 8. 12, 2013가합35585; 서울중앙지판 2014. 10. 31, 2013가합529073 등.

피고가 원고의 판매전략에 직간접적으로 영향을 주었으나 이는 원고에게도 이익이 되고 원고 스스로 의욕하였던 부분도 있었다는 점, 계약서에 직접적으로 원고에 대하여 피고의 판매활동에 관한 지시를 따를 의무를 부담시키는 내용이 없었다는 점, 원고와 피고가 제품의 내용이나 판매촉진활동에 관한 정보를 공유하기도 하였으나 이는 계속적 물품공급 관계에서 요구되는 거래당사자 상호간의 안정성과 신뢰를 확보하기 위한 조치의 일환으로 볼 수 있는 점 등을 종합적으로 고려하여 그 요건을 충족하지 못하였다고 하였다.

다음으로 제2요건인 원고가 고객관계를 이전하여 피고가 계약 종료 후에도 곧바로 그러한 고객관계를 이용할 수 있게 할 계약상 의무를 부담하였는지에 대하여는 계약서에 고객관리 등에 관한 정보를 공개하도록 되어 있고 실제로 피고가 그러한 정보를 얻기 위하여 노력한 것으로 보이지만, 계약서의 의무가 추상적으로만 규정되어 있어서 그 자체로 피고가 원고와의 계약 종료 이후 곧바로 이를 이용할 수 있을 정도로 구체적이고 정확한 정보를 제공할 의무로는 보기 어려운 점, 고객들이 원고는 물론 피고에 대하여도 제품 관련 문의나 사후 서비스를 요청할 가능성이 있으므로 계약 종료와 무관하게 그러한 정보를 공유할 필요나 합리적 사유가 있었던 점, 피고도 판매촉진활동을 위하여 고객 관련 정보를 알 필요가 있었고 피고의 판매촉진활동은 곧 원고의 매출 증대로도 이어졌던 점, 정보제공 요청을 사실상 강제하였다고 볼 증거도 없다는 점 등을 고려하여 이 요건도 충족하지 못하였다고 하였다.

마지막 제3요건에 대하여도 원고에게 대리상과 마찬가지의 보호필요성이 인정된다고 보기는 어렵다고 하였는데, 이 사건에서 원고는 재판매로 인한 전매차익을 취득하는 자로서 스스로의 영업 전략에 따라 영업이익을 도모할 수 있었던 점, 재무건전성 악화, 매출 부진, 경영권 불안정 등의 원고 측의 사유가 재계약 평가에서 부정적 영향을 미친 것으로 보이는 점, 원고가 개척한 고객망으로 인하여 피고에게 현저한 영업이익을 가져오고 있다고 볼 증거도 없고 스크린골프장 시장의 포화로 인하여 신규 판매도 중단된 상황인 점 등이 고려되었다.

4. 검토

1) 대리점 계약과 같은 계속적 공급계약은 법적 성질이나 경제적 실질 면에서 상법상 대리상과는 차이가 있다. 따라서 상법상 대리상에 관한 규정을 그대로 적용하는 것은 부당한 결과를 가져올 수 있다.

상법상 대리상은 민법상 대리 제도에서 비롯된 것으로, 대리상이 그 권한 내에서 본인을 위한 것임을 표시한 의사표시는 직접 본인에 대하여 효력이 생긴다. 상법 제87조에 따라 대리상은 일정한 상인을 위하여 거래의 대리 또는 중개를 영업으로 하므로, 공급업자의 명의와 계산으로 거래를 하게 되고, 대리상은 대리 또는 중개의 대가로 일정한 수수료를 지급받는다. 따라서 대리상이 재고 부담을 지지 않고, 마치 공급업자의 영업 직원인 것처럼 공급업자의 통제를 받으며, 특히 거래선에 대한 정보는 그대로 공급업자의 자산이 된다.

반면 대리점은 그 명칭에도 불구하고, 공급업자의 계약을 대리하거나 중개하는 것이 아니라 공급업자로부터 구입한 제품을 자기 명의로 고객에게 재판매하며 그로 인한 차익을 수익으로 얻는다. 대리점은 자기 계산으로 제품을 판매하는 것이므로 원칙적으로 재고에 대한 부담도 대리점의 몫이고, 거래선에 대한 정보는 대리점 고유의 영업 비밀로서 보호받는 것이 원칙이다.

2) 그러나 대리점 계약 등의 계속적 공급계약의 유형은 다양한 스펙트럼으로 전개되는데, 대리상 계약 이상으로 공급업자와 판매업자 간의 상호의존성이 높은 경우도 있다. 일반적으로는 여러 회사의 제품을 동시에 취급하는 도매상보다는 특정 회사 제품만을 취급하는 전속대리점이

나 일정 지역에서 독점적인 공급권을 독점대리점이 공급업자에 대한 의
존도가 높고 공급업자의 제품에 특수한 투자를 할 가능성도 많다. 판매
업자가 공급업자의 제품을 판매하기 위하여 노력을 기울이는 것은 자신
의 매출을 극대화시키기 위한 것임과 동시에, 공급업자의 제품을 효과적
으로 시장에 공급하고자 하는 공급업자의 이익과도 부합하는 것이다. 이
를 위하여 공급업자와 판매업자가 영업 전략을 공유하기도 하고, 나아가
공급업자가 판매업자에게 자신의 판매 정책을 적용하도록 하는 경우도
있다. 당사자들이 이러한 협력 및 분업 관계에 나아가면, 계약을 통하여
단순히 개인적인 효용을 증진시키려는 동기에 머무르지 않고, 교환잉여
를 공유함으로써 상호 연대 의식이 생길 수 있다.

　이러한 장기간의 계약관계에 따른 분업의 결과는 계약의 종료에도
소멸되지 않고 잔존하기도 한다. 특히 판매업자가 새로운 공급업자의 제
품을 공급하고자 시장을 개척하기 위하여 많은 노력을 기울인 결과 상
당한 성과를 거두게 되었다면, 계속적 공급계약의 종료 후에도 그러한
노력의 결과 발생한 시장에서의 인지도나 고객들은 여전히 남아 있을
수 있다. 계약이 종료되었다는 이유로 이러한 이익이 공유되지 않고 일
방 당사자에게만 독점적으로 귀속되는 경우에는 적절한 보상을 통하여
이러한 불균형을 교정하는 것이 형평에 부합한다고 할 것이다.

　3) 따라서 일정한 경우에는 대리상이 아닌 다른 유통계약에 대하여도
보상청구권을 인정함으로써 계약의 종료 후에 공급업자가 계약관계에서
비롯된 이익을 독점하는 것을 수정할 필요가 있다. 이러한 취지에서 판
례가 대리상의 보상청구권 규정의 유추적용 가능성을 명확히 한 점은
타당하다고 생각된다. 다만 구체적인 타당성을 기하기 위하여는 어떠한
요건 하에서 유추적용을 인정할 것인지, 어떠한 기준에서 보상청구권을
산정할 것인지 등이 보다 중요할 것으로 생각된다. 다음에서 이에 대한
논의를 이어가기로 한다.

Ⅳ. 보상청구권 유추적용의 요건 및 효과

1. 보상청구권의 인정 요건

구체적인 사안에서 대리점 등의 계속적 공급계약의 종료와 관련하여 보상청구권이 인정되는지를 검토하려면, 우선 해당 사안에 대리상의 보상청구권 규정을 유추적용할 수 있는지를 살펴보고, 유추적용 가능성이 인정되면 다음으로 보상청구권의 적용 요건을 갖추었는지를 살펴보는 2단계의 검토가 필요하다. 판례가 보상청구권 규정의 유추적용을 위하여 제시하는 주요 요건으로는 ① 공급업자의 판매조직에의 편입, ② 고객관계 이전의무가 있고, 그 외에도 제반 사정에 비추어 대리상과 마찬가지의 보호필요성이 있는지를 검토하여야 한다고 한다. 문언만으로 그 정확한 의미를 알기는 어려우나, 판례의 검토 태도에 미루어 이는 일반적으로 대리상의 보상청구권을 인정함에 있어서 형평성을 요구하는 것에 대응하는 것으로 이해할 수 있을 것이다. 상법 제92조의2의 해석상 보상청구권의 주요 요건으로는 ① 공급업자의 이익, ② 계약 종료가 판매업자의 책임 있는 사유로 인한 것이 아닐 것, ③ 형평성을 들 수 있다.

가. 공급업자의 판매조직에의 편입

대리상에 관한 규정을 다른 유통계약에 적용하기 위해서는 그 실질이 대리상과 얼마나 유사하게 운영되었는지가 중요한 요소이다. 이와 관련하여 판례는 판매업자가 계약을 통하여 사실상 공급업자의 판매조직에 편입됨으로써 대리상과 동일하거나 유사한 업무수행을 하였는지를 묻는다. 그 구체적인 예로서 특정한 판매구역에서 제품에 관한 독점판매권을 가지면서 제품판매를 촉진할 의무와 더불어 제조자나 공급자의 판매활동에 관한 지침이나 지시에 따를 의무 등을 부담하는 경우를

든다.73)

일반적으로 대리점은 대리상에 비하여 영업의 자유가 크고 자신의
판매 정책에 따라서 수익을 올린다는 점에서 대리상과 구별되므로, 공급
업자가 대리점의 고유한 영업에 대하여 더 깊이 관여할수록 판매업자가
공급업자의 영업조직에 편입되었다고 볼 가능성이 높아진다. 이러한 관
점에서 법원은 판매업자에게 독점판매권과 이에 따른 판촉 의무가 있었
는지, 공급업자가 판매업자의 판매전략에 대하여 보고를 받거나 지시를
하였는지 등을 살펴본다.74) 나아가 공급업자가 판매업자의 판매전략에
직간접적으로 영향을 주었다고 하더라도 이것이 판매업자에게도 이익이
되고 판매업자가 스스로 받아들인 면이 있다면 이는 일방적인 지시라고
보기 어렵고, 당사자들이 판매촉진활동에 관한 정보를 공유하였다고 하
더라도 이는 계속적 공급계약에서 요구되는 거래당사자 간의 신뢰를 확
보하기 위한 것이므로 판매업자가 공급업자의 영업조직에 편입된 것으
로 보기는 어렵다고 한다.75)

이처럼 판례가 판매업자가 공급업자와는 독자적으로 순수하게 자신
의 영업활동을 전개한 경우에는 보상청구권을 인정할 수 없다는 점에서
공급업자가 판매업자의 영업활동에 얼마나 개입하였는지를 살펴보는 것
은 타당한 면이 있다. 그러나 이 요건은 결국 해당 계약에 대하여 대리
상의 법리를 적용하여 보상청구권을 인정할 필요가 있는지를 검토하기
위한 것이므로, 공급업자가 판매업자의 영업에 대하여 강제력 또는 구속
력을 행사하였다고 볼 수 있는지 여부보다는 실질적으로 공급업자와 판
매업자 간의 관련 영업을 위한 상호의존도가 얼마나 높았는지를 평가하
는 것이 타당하다고 생각된다. 따라서 공급업자가 일방적으로 자신의 영

73) 대판 2013. 2. 14, 2011다28342.
74) 서울중앙지판 2014. 8. 12, 2013가합35585; 서울중앙지판 2014. 10. 31, 2013가합
   529073 참조.
75) 서울중앙지판 2014. 8. 12, 2013가합35585.

업 정책을 판매업자에게 지시하고 감독하는 경우뿐만 아니라, 공급업자와 판매업자가 상호 영업 정책을 협의하고 이에 따라 공동의 목표를 위하여 협력한 경우에도 판매업자가 공급업자의 판매조직에 편입되었다고 해석될 수 있을 것이다. 양 당사자가 비교적 대등한 관계에서 또는 스스로의 선택에 따라 공동의 노력을 기울여 고객 획득이나 영업망 구축에 기여를 하였다면, 이를 이유로 보상청구권의 유추적용 가능성 자체를 배제할 것이 아니라, 아래 (5) 형평성 요건이나 보상액 산정 과정에서 양자의 기여도가 얼마나 되는지 등을 살펴보면 될 것이다.

나. 고객관계의 이전의무

대리상의 보상청구권을 유추적용하는 것과 관련하여 판례가 요구하는 다음 요건은 자신이 획득하거나 거래를 현저히 증가시킨 고객에 관한 정보를 공급업자가 알 수 있도록 하는 등 고객관계를 이전하여 공급업자가 계약 종료 후에도 곧바로 그러한 고객관계를 이용할 수 있게 할 계약상 의무를 부담하는지 여부이다.

대리상은 공급업자의 계약을 대리 또는 중개하는 것에 불과하므로 그 거래를 통하여 알게 된 고객정보는 공급업자에게 귀속되는 것이 당연하고, 계약의 종료 후에도 공급업자가 그러한 고객과의 거래를 통하여 수익을 얻을 수 있다. 그러나 이와는 달리 계속적 공급계약 관계에 있는 대리점의 경우에는 자기의 명의와 계산으로 고객에게 재판매에 관한 계약을 체결하게 되므로, 고객정보는 대리점에게 귀속한다. 또한 대리점에게 있어서 고객정보는 대리점 자신의 영업비밀이라고 할 수 있으므로, 별도 약정이 없는 이상 이를 공급업자에게 제공할 의무는 없다. 이러한 점에서 공급업자가 계약 종료 후에도 곧바로 판매업자가 구축한 고객정보를 이용할 수 있도록 판매업자에게 그 고객정보를 이전할 의무를 지우는 것은 대리점 등의 다른 유통계약에 대하여 보상청구권을 유추적용

할 수 있도록 하는 결정적인 요건이 된다.[76]

이와 관련하여 판례는 고객들이 사후 제품 관련 문의를 하거나 사후 서비스를 요청할 가능성이 있다거나, 공동으로 판매촉진활동을 하는 과정에서 알 필요가 있었던 것이라는 등의 사정이 있다면 보상청구권을 인정하기 어렵다는 취지로 판단하기도 한다.[77] 그러나 배분적 정의를 실현하고자 하는 제도 취지에 비추어 보면, 중요한 것은 당사자들이 고객정보를 이전하는 목적이라기보다는 계약 종료 후에도 공급업자가 판매업자가 구축한 고객정보를 이용하여 영업을 할 수 있는지 여부일 것이다.[78]

따라서 계약 종료 시 고객정보의 이전에 관한 사항이 반드시 계약에 규정되어 있어야 하는 것은 아니고, 판매업자가 다른 의무를 이행하는 과정에서 공급업자가 고객정보를 충분히 알 수 있거나, 판매업자가 형성한 고객정보가 이미 공급업자에게 공유된 경우에 이를 계약 종료 후에 공급업자가 계속 보유할 수 있다면 이 요건은 충족된 것으로 보아야 한다. 다만, 계약 종료 후에 별도의 독립된 약정에 따라 고객정보를 이전하여 준 경우나 판매업자가 자발적으로 고객정보를 이전한 경우 및 공급업자가 다른 방법으로 정보를 취득한 경우에는 보상청구권을 유추적용하기 어렵게 될 것이다.

다. 공급업자의 이익

앞의 요건들의 검토를 통하여 개별 대리점 계약 등에 대하여 보상청구권을 유추적용하는 것이 타당하다는 결론에 이르렀다면, 상법상 보상청구권의 인정 요건들을 적용해 보아야 한다. 먼저 상법 제92조의2 제1

---

76) Martinek/Semler/Flohr(주 2), 5. Kapitel § 27 Rn. 20-22 참조.
77) 서울중앙지판 2014. 8. 12, 2013가합35585.
78) Martinek/Semler/Flohr(주 2), 5. Kapitel § 27 Rn. 15 참조.

항은 대리상의 활동으로 본인이 새로운 고객을 획득하거나 영업상의 거래가 현저히 증가하고 이로 인하여 대리상계약의 종료 후에도 본인이 이익을 얻고 있는 경우에 대리상에게 보상청구권을 인정하고 있는바, 판매업자의 활동으로 새로운 고객을 획득하거나 영업상의 거래가 현저히 증가하였는지, 계약 종료 후에도 공급업자가 이로 인한 이익을 얻고 있는지가 검토 대상이다.

이 경우 법문에서 새로운 고객을 얻는다는 것은 공급업자의 영업거래를 증가시킨 경우의 예시이므로, 기존의 고객을 상대로 영업거래의 양을 늘리거나 종전과 다른 내용의 계약을 체결하는 것도 이에 해당한다. 계약의 종료 후에도 영업 이익이 지속되어야 하므로, 새로운 고객이라고 함은 일시적인 고객이 아니라 어느 정도 계속 거래를 하는 고객을 말한다.[79] 고객의 획득과 영업거래에 관한 증가가 대리점의 활동에 기인하는 것이라는 점에 대하여는 대리점이 입증하여야 한다.[80] 다만 이러한 이익이 전적으로 대리점의 활동에 기인하여야 하는 것은 아니고, 공급업자 등의 기여 부분이 있다면 이러한 사정은 형평성 판단 부분에서 고려될 수 있다.

이익 증가분은 계약 종료 후에도 계속되어야 한다. 따라서 공급업자가 계약 종료 후 영업을 폐지하거나 판매업자가 개척한 거래처와의 거래를 중단한다면 그 사유를 불문하고 보상청구권은 발생하지 않는다. 이익이 현존한다는 것은 회계적인 의미에서 영업이익을 말하는 것이 아니라, 판매업자가 개척한 고객과의 거래가 유지됨으로써 얻는 경제적 가치를 말하는 것이다. 가장 일반적으로는 공급업자가 계약 종료 후에도 계

---

79) 이철송(주 45), 474면; 석광현(주 46), 28면 등.
80) 최기원(주 4), 291면. 서울고판 2007. 2. 6, 2006나13386(본소), 2006나13393(반소); 서울중앙지판 2008. 5. 21, 2006가단252408; 서울남부지판 2006. 11. 9, 2006가단 20614; 수원지판 2006. 5. 12, 2005가단74555(본소)·2005가단73562(반소) 등은 대리상의 보상청구권의 입증책임이 대리상에게 있다고 판단하였다.

속하여 해당 고객에게 제품을 직접 판매하거나 다른 판매업자를 통하여
재판매하는 것을 들 수 있다. 다만, 공급업자의 이익이 획득된 고객들과
체결하는 후속거래로부터의 구체적인 매출실적만을 의미하는 것은 아니
고, 판매업자가 획득한 고객들과의 거래를 계속 유지·이용함으로써 영
업상의 이익을 얻을 수 있는 가능성을 의미하는 것이라고 한다.[81]

라. 계약의 종료가 판매업자의 책임있는 사유로 인한 것이 아닐 것

상법 제92조의2 제1항 단서에서는 계약의 종료가 대리상의 책임있는
사유로 인한 경우에는 보상청구권이 인정되지 않는다고 규정한다. 이러
한 점은 대리점 계약과 같은 계속적 공급계약의 종료에 관하여도 적용
될 것이다.

판매업자가 계약의 종료 이전에 스스로 계속적 공급계약을 해지하면
원칙적으로 보상청구에 관한 배려를 할 필요가 없다. 다만 공급업자의
태도가 계약의 해지에 정당한 동기를 제공하였다면, 예컨대 판매업자의
계약해지가 공급업자의 채무불이행에 근거한 경우에는 예외적으로 보상
청구권이 인정될 수 있다. 참고로 독일 상법 제89b조 제3항은 보상청구
권이 발생하지 않는 사유의 하나로 대리상이 계약을 해지한 경우를 열
거하면서, 다만 대리상이 질병, 고령으로 사업활동을 할 수 없음을 이유
로 해지한 경우에는 제외한다고 명시한다. 이는 노령자 생존배려 등의
사회정책적인 고려가 반영된 것이다. 이에 대하여는 우리 상법에 명시적
인 규정이 없으므로 독일법과 같은 해석을 기대할 수 없고, 이러한 경우
위험부담의 문제로 보아 대리상에게는 보상청구권이 발생하지 않는다는
견해가 있다.[82] 그러나 고령이나 질병으로 인한 해지는 대리상의 책임
있는 사유로 인한 해지라고 보기 어려우므로 우리 상법의 해석상으로도

81) 이철송(주 45), 474-475면.
82) 이철송(주 45), 473면. 최기원(주 4), 293면 참조.

보상청구권이 배제된다고 볼 수 없다고 생각된다. 공급업자가 계약을 해
지한 경우에도 그 해지의 중요한 이유가 판매업자의 책임 있는 사유로
인한 경우에는 보상청구권이 인정되지 않는다.[83]

마. 형평성

독일 상법과 달리 상법 제92조의2에는 형평성에 대하여는 명시되어
있지 않으나, 보상청구권에 대하여는 계약당사자의 경제적 사정뿐만 아
니라 기타 사회적 사정을 포함하여 보상금 지급과 관련하여 중요한 모
든 사정을 고려하여야 한다는 것이 법원의 태도이다.[84] 당사자의 영업
능력 등을 포함하여 계약의 특수한 내용, 계약종료의 구체적 요인 혹은
상황, 유명상표의 흡입효과, 계약존속기간, 가격에 대한 특별약정, 경업
적 활동 여부, 판매량의 증가, 업무에 대한 성실성, 공급업자의 기여도
등 모든 제반 사정이 고려될 수 있다. 예를 들어 자동차, 명품, 고가의
기계류 등과 같이 고객이 제품을 선택하는 기준이 판매업자의 영업 활
동만이 아니라 유명 상표의 신뢰도에도 기인하는 경우에는 상표에 대한
신뢰를 구축한 공급업자의 기여도도 고려되어야 한다.[85]
대법원은 대리상의 보상청구권의 유추적용과 관련하여 계약체결 경
위, 영업을 위하여 투입한 자본과 그 회수 규모 및 영업 현황 등 제반
사정에 비추어 대리상과 마찬가지의 보호필요성이 인정되는지를 살펴보
도록 하였는데,[86] 이 점도 형평성의 범주에서 판단될 수 있을 것이다.

---

83) 서울중앙지판 2009. 6. 25, 2008가합62644 판결 참조.
84) 서울중앙지판 2010. 11. 18, 2010가합46843, 부산고판 2007. 12. 12. 2007나12135 등.
85) Martinek/Semler/Flohr(주 2), 5. Kapitel § 27 Rn. 104-105. 독일연방재판소는 대리
    점의 판촉행위가 고객의 구매 결정에 유일하게 기여한 것이 아니라 전반적인
    브랜드 외적 효과에 기여했다면 다른 구체적인 사정이 없이도 가정적인 대리
    점의 수익 상실분에서 25%를 삭감할 수 있고, 다른 사실관계가 주어지면 그에
    따른 판단을 할 수 있다고 한다.

2. 보상청구권의 행사

가. 보상액의 산정

위의 요건들이 갖추어지면 판매업자는 공급업자에게 계약의 종료와 관련하여 보상을 청구할 수 있다.

대리상의 보상청구권에 관하여는 상법 제92조의2 제2항에서는 계약의 존속기간이 5년 이상인 경우에는 계약의 종료 전 5년간의 평균년보수액을 초과할 수 없고, 계약의 존속기간이 5년 미만인 경우에는 당해 기간의 평균년보수액을 초과할 수 없다고 하여 그 상한선을 규정하고 있으나, 그 외에 구체적인 보상액의 산정방법 등에 관하여 별도로 정하고 있지 않다. 대체로 본인의 이익과 대리상의 손실 및 모든 관련사항을 고려하여 산정된 형평에 부합한 보상이 상당한 보상이라고 한다.[87] 판례는 원·피고의 계약체결 및 해지 경위, 원고의 영업활동에 의한 효과가 나타날 시점 등을 종합적으로 고려하여 보상금액을 산정한다. 구체적인 사실관계에 따라 실제 계약 해지 후 1년간의 공급업자의 실제 매출에 대하여 기존 수수료율에 따른 보상금을 인정한 것도 있고,[88] 연평균 수수료와 실제 계약이 유지되었다면 얻을 수 있었던 수수료 및 영업을 하였을 경우 대리점이 지출하였을 비용 등을 고려하여 연평균 수수료의 약 20-25% 선에서 보상청구권을 인정하기도 하고,[89] 대리상의 노력 이외에 본인의 노력이나 시장의 외부적인 환경에 의하여 시장개척이 이루어진 점 등을 고려하여 연 평균 수수료율의 30%을 보상청구권으로 인정한 것도 있다.[90]

---

86) 대판 2013. 2. 14, 2011다28342.
87) 석광현(주 46), 29면.
88) 서울중앙지판 2008. 6. 20, 2006가단162345.
89) 서울중앙지판 2010. 11. 26, 2009가합94037.
90) 부산지판 2014. 2. 13, 2012가합13715(본소), 2012가합22085(반소).

이러한 점에 비추어 대리점 계약 등의 계속적 공급계약의 경우 보상액을 검토하면, 판매업자들은 통상 공급업체로부터 보수를 받는 것이 아니라 공급받은 제품을 재판매하여 판매차익으로 이익을 얻게 되므로, 이러한 판매차익이 대리상의 보수에 대응될 수 있을 것이다. 판매업자가 공급업자로부터 공급업자가 정한 판매가에서 일정 금액이 할인된 금액으로 제품을 구입한다면, 그 차액만큼이 대리상의 보수에 대응되는 것으로 생각할 수도 있다.[91] 여기에서 공급업자의 이익과 판매업자의 손실 및 계약 체결 및 해지 경위, 공급업자와 판매업자의 기여분, 그 밖의 사정들을 모두 고려하여 상당한 보상액을 산정하여야 한다.

대법원 판결이 있기 이전에 하급심에서 대리상의 보상청구권 규정을 유추적용한 사례들 중에는 영업이익을 기초로 하여 산정한 것이 있다.[92] 그러나 대리상의 보상금 산정과 관련하여 기준이 되는 보수액은 부가가치세, 영업상 지출한 필요경비 및 하수(下受)대리상을 위한 보수 등이 차감되지 않은 보수액을 의미하고, 다만 실비용의 지출 없이 보상을 받는 것이 불합리하거나 또는 이자공제의 필요가 있다면 보상액 산정시에 이를 고려하여야 한다고 하므로, 판매업자의 보상액을 산정할 때 영업이익을 기초로 하는 것이 타당한지는 의문이다. 이와 관련하여 독일 법원은 보상청구권 유추적용 사안에서 보상액의 상한액을 산정하면서, 대리점의 매출총이익(판매차익)에서 통상 대리상에서는 발생하지 않는 상품의 판매와 관련하여 발생하는 고정비 및 변동비와 공급업체가 제안한 소매가격의 할인 등 고객에게 제공한 경제적 이익을 뺀 금액을 기준으로 보상액을 산정하여야 한다고 판단하였는데,[93] 이러한 점이 참고가 될 수 있을 것이다.

---

91) Martinek/Semler/Flohr(주 2), 5. Kapitel § 27 Rn. 107-110 참조.
92) 춘천지판(원주) 2008. 7. 16, 2007가단10473.
93) BGH, ZIP 1996, 1294 참조.

나. 행사 기간

상법 제92조의2 제3항에서는 대리상 보상청구권은 대리상계약 종료일로부터 6월을 경과하면 소멸한다고 하므로, 이러한 보상청구권이 유추적용되는 경우에도 계약 종료 후 6개월 이내에 이를 행사하여야 할 것이다. 이 기간은 제척기간이다. 법원은 이 규정은 제척기간이지 제소기간은 아니므로 계약이 종료된 때로부터 6개월 내에 보상금 청구를 한 이상, 6개월이 도과한 후 보상금 청구의 소를 제기하였어도 무방하다고 판단하였다.[94]

다. 다른 권리와의 관계

판매업자가 계약관계의 종료와 관련하여 공급업자에게 보상청구권을 청구하면서, 이와 함께 계약의 종료가 부당하다고 주장하면서 손해배상 등의 다른 청구를 할 수도 있다. 보상청구권은 판매업자가 계약관계에서 한 행위가 계약 종료 이후에도 공급업자에게 이익이 되는 것에 대하여 양자 간의 이익분배의 형평을 기하기 위하여 인정되는 계약상의 보상청구권인 반면, 손해배상청구권은 부당한 계약의 종료로 인하여 발생한 판매업자의 손해를 배상하기 위하여 인정되는 채무불이행책임의 유형으로, 양자는 법적인 근거가 전혀 다르고 인정 이유나 목적도 다른 별개의 제도이다.

따라서 원칙적으로 각각의 요건을 갖춘 경우라면 판매업자는 공급업자를 상대로 보상청구권과 손해배상청구권을 모두 청구할 수 있고, 어느 하나가 다른 권리를 제한하는 것은 아닐 것이다. 다만, 구체적으로 보상청구권을 판단함에 있어서 판매업자에 대하여 어느 정도의 보상을 인정

---

94) 서울중앙지판 2010. 11. 26, 2009가합94037.

292 계속적 공급계약 연구

하는 것이 형평에 원칙에 부합하는지 여부를 검토하는데, 그 때에는 모든 제반 사정을 살펴보게 되므로 판매업자가 충분히 수익을 얻었는지 또는 손해에 관하여 충분히 배상을 받았는지 등을 고려할 수 있을 것이다. 특히 계속적 공급계약의 종료가 일정한 경우 신의칙 등에 기하여 제한될 수 있고 그 효과의 하나로서 손해배상이 인정된다는 점을 살펴보았는데, 그 때의 손해배상은 형평의 관점에서 공급업자와 판매업자의 이해관계를 조정하기 위한 측면이 있고, 이러한 범위에서 양 청구권의 범위가 중복될 가능성을 배제할 수 없다. 따라서 판매업자가 두 청구권을 모두 행사하였다면 구체적인 타당성을 기할 수 있도록 양 청구의 내용을 함께 고려하는 것이 바람직하다.

3. 보상청구권의 사전 배제 가능성

가. 강행규정성 여부에 관한 논란

대리상의 보상청구권이 사전 합의로 배제될 수 없음을 명시한 독일 상법 제89b조와 달리 우리 상법에는 이에 대한 언급이 없다. 이와 관련하여 대리상 계약이나 혹은 계속적 공급계약에서 계약 종료 시에 보상청구권이 발생하지 않는다는 점을 규정하는 등의 방식으로 보상청구권을 배제할 수 있는지 여부에 대하여는 논란이 있다.

부정설은 보상청구권이 대리상의 고객 확대 기여분에 관하여 일상적인 보수로 지급되지 아니한 부분을 형평의 관점에서 보상하기 위해 대리상에게 인정되는 법정청구권이므로 이를 당사자 간의 특약으로 배제할 수 없다고 한다.[95] 이에 대하여 긍정설은 독일 상법과 달리 우리 상법에는 보상청구권을 포기할 수 없다는 규정이 없을 뿐만 아니라, 대리

---

95) 이철송(주 45), 478면.

상이 자신의 의사에 기초하여 청구권을 포기하는 것은 문제가 되지 않
는다고 하여 당사자들의 사전 합의에 기한 보상청구권 포기가 가능하다
고 한다.[96] 특히 긍정설은 오늘날 대리상이 본인에 비하여 언제나 경제
적 약자의 위치에 있는 것은 아니고 오히려 반대의 입장에 서 있는 경우
도 있다는 점을 강조한다. 또한 보수청구권도 상인이 포기할 수 있으므
로, 보상청구권을 포기하는 특약이 무효라고 하는 것은 균형에 맞지 않
는다는 점을 근거로 들기도 한다.

나. 관련 판례의 태도

이에 대한 판례의 태도 또한 통일되어 있지 않다.

먼저 부산고판 2007. 12. 12, 2007나12135는 "상법 제92조의2가 정한 대
리상의 보상청구권은 대리상의 활동으로 인한 기여분의 대가가 계약기
간 중의 보수로 충분히 지급되지 못한 경우 계약기간 종료 후에도 본인
이 얻게 되는 이익 중 일부를 보상하여 줌으로써 경제력에 차이가 있는
본인과 대리상 사이에 이익분배의 형평을 기하는 데 그 목적이 있으므
로, 이러한 취지에 비추어 위 규정은 당사자가 특약에 의하여 배제할 수
없는 강행규정으로 봄이 상당하다"고 하여 보상청구권의 포기약정을 무
효라고 보았다.

이에 반하여 서울중앙지판 2010. 11. 18, 2010가합61101은 "우리 상법
상 대리상의 영업보상청구권을 사전에 배제할 수 없다는 취지의 명문
규정이 없고 달리 그 사전 배제 불가의 근거를 찾아볼 수도 없으므로 위
상법 제92조의2 조항을 강행규정이라고 보기 어렵다"고 하여 합의에 의
한 보상청구권 포기약정의 효력을 인정하였다.

다만, 외국법을 준거법으로 하는 국제 계약에서 상법 제92조의2를 합

---

96) 최기원(주 4), 293-294면; 석광현(주 46), 31-32면; 송옥렬(주 50), 150면.

의된 준거법에 관계 없이 적용되어야 하는 강행규정으로 보아야 하는지
에 대하여는 학설은 대체로 국제적 강행법규로 볼 수 없다는 입장으로
보이고, 판례도 "비록 입법취지에 일부 강행법규로의 성격이 포함되어
있다고 하더라도 공정거래, 소비자 보호 등과 같이 입법 목적에 비추어
준거법에 관계없이 해당 법률관계에 적용되어야 할 강행규정이라고 볼
수 없"다고 판단하여 국제법적 강행법규성을 부정한 것이 있다.[97]

다. 검토

당사자들의 의사로 보상청구권 규정의 적용을 배제할 수 있는지의
문제는 이 규정을 강행법규로 볼 것인지에 관한 것이다. 강행법규인지
임의법규인지를 구별하는 것에는 일반적인 원칙이 있는 것은 아니고,
구체적으로 각 법규마다 입법목적, 그 종류 및 성질 등을 고려하여 개
인의 의사에 의한 적용의 배척을 허용하는 것인지 여부를 판단하여야
한다.

그렇다면 이를 위해서는 보상청구권의 제도적인 취지나 입법 목적을
먼저 살펴보아야 한다. 보상청구권은 대리상 계약의 종료와 관련하여 본
인과 대리상 사이에 그 동안의 대리상의 활동과 관련하여 발생한 중대
한 경제적 이해관계를 형평의 원칙에 따라 정리하기 위하여 인정되는
것이다. 즉, 대리상이 계약기간 동안의 활동으로 획득한 고객과의 거래
로 인하여 본인이 이익을 보는 데도 대리상 계약의 종료로 인하여 대리
상에게는 더 이상 보수를 지급하지 않게 되었으므로 이에 대한 반대급
부로서 대리상에게 보상청구권을 인정할 수 있다는 것이다. 보상청구권
을 인정하는 것은 형평의 관점에서 타당한 것이고, 계약관계를 상실한
대리상을 보호하는 규정이기도 하다.

---

97) 서울고법 2005. 1. 14, 2004나14040. 이 판례에 대한 검토 및 상법 제92조의2가
국제적 강행법규성을 가지는지에 대한 논의는 석광현(주 46), 54면 이하 참조.

대리상이나 판매업자가 공급업자에 비하여 언제나 경제적으로 약자
인 것은 아니지만, 계약 체결 과정에서 공급업자가 대리상이나 판매업자
에 비하여 보다 우위에 놓이는 경우들이 있는 것이 사실이고, 이 경우
보상청구권을 포기한다는 규정은 일방 당사자의 희생을 강요하는 것이
될 수 있다.

긍정설은 사적자치의 원칙상 당사자들의 의사에 기하여 보상청구권
을 사전에 포기할 수 있다고 한다. 그러나 계속적 계약관계에 있는 대리
상이나 판매업자가 향후 공급업자와의 협력관계에서 새로운 고객이나
영업망을 얼마나 구축할 수 있는지를 미리부터 예상하고 그것을 포기하
거나 계약의 다른 조건에 반영하기를 기대하기는 어려울 것이다. 따라서
사전적인 보상청구권의 포기는 대리상이나 판매업자의 진정한 의사에
기한 것으로 보기는 어렵고, 계약을 종료한 후에야 비로소 보상청구권의
포기가 가능하게 될 것이다. 이 규정을 강행규정이라고 보는 부정설이
타당하다고 생각된다.

제4절 소결

장기간 신뢰관계에서 유지되었던 계속적 공급계약이 종료되면 당사자들의 관계를 어떻게 정리하여야 하는지에 관한 문제가 대두된다. 이제 기존 기본계약에 근거하여 새로운 개별계약을 체결하는 것은 어렵게 되지만, 이미 발생한 계약상 권리의무는 존속하고, 계약 외적으로 상호 의존적인 관계에서 새롭게 권리의무가 발생하기도 한다.

손해배상은 당사자들 간의 이해관계를 조정하는 수단으로서 기능할 수 있는데, 이 경우에도 일시적 계약과는 다른 계속적 공급계약의 특수성을 고려하여야 한다. 장래의 기대이익을 손해로 이해한다면 그 손해를 합리적인 기간과 범위로 제한하려는 노력이 필요할 것이다. 경우에 따라서는 지출비용의 배상을 구하는 것이 합리적일 수도 있다.

또한 일정한 요건을 만족하는 경우에는 판매업자에게 보상청구권이 인정될 수 있다. 이는 계약이 종료된 이후에 판매업자가 공급업자와의 협력 관계에서 구축하였던 고객이나 영업망을 이용하여 공급업자가 계속하여 이익을 누리게 되는 경우 그에 대한 이익을 판매업자가 공유할 수 있도록 하는 조치이다. 당사자들 사이의 계약 자체는 종료되더라도 계약을 통하여 형성된 당사자들의 관계를 조정할 필요가 있다.

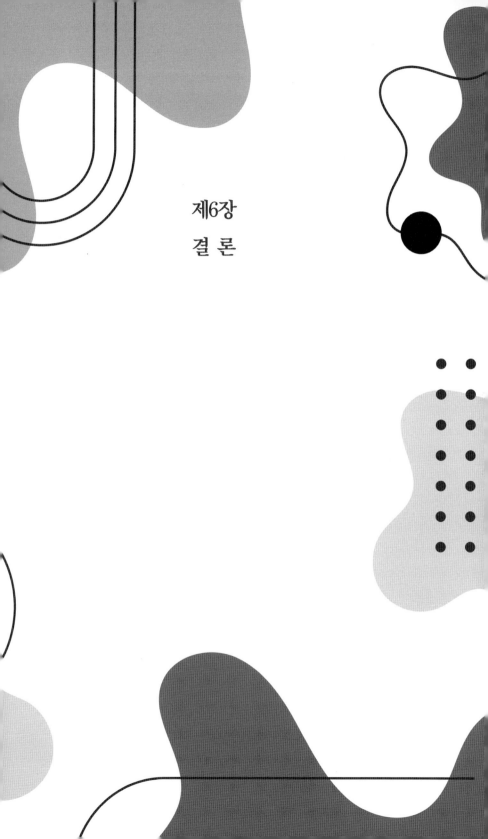

제6장
결 론

지금까지 전통적인 계약법에서 예정하고 있지 않았던 계속적 공급계약이라는 새로운 계약 유형에 대하여 그 개념과 특징을 살펴보고 계약법의 영역에서 어떻게 분석할 수 있을지의 문제를 검토하였다. 이러한 계속적 공급계약 중 대표적인 유형으로서 대리점 계약이나 가맹점 계약 등의 유통계약에 주목하여, 특히 분쟁가능성이 높은 계약의 종료와 관련하여 그 요건과 효과 면에서 계약적인 특수성을 어떻게 고려하여야 하는지에 관하여 논의를 정리해 보고자 하였다.

1. 민법은 이러한 계속적 공급계약을 전제로 하지 않았으므로, 이 계약의 특수성을 이해하고 분쟁에 대처하기 위해서는 기존의 계약법을 통하여 계약을 분석하는 것 이외에도 다각적인 노력을 기울일 필요가 있다. 먼저 본 논문에서는 기존의 전통적인 계약법의 틀 안에서 계속적 공급계약을 살펴보는 것에 더하여, 계약의 단면이 기본계약과 개별계약의 이중적인 구조로 이루어져 있다는 전제에서 각 계약을 분석하고 양자 간의 관계를 검토하였다. 이는 특히 계속적 공급계약의 종료 요건과 관련하여 계약의 어느 부분을 이유로 계약을 종료할 수 있는지, 종료의 효과와 관련하여 계약의 각 부분에 어떠한 영향을 받는지 등을 구조적으로 분석할 수 있도록 한다. 또 다른 분석틀은 계약을 당사자 간의 약정으로 한정짓기보다는 장기간 거래가 지속되면서 당사자들 간에 관계가 형성되는 과정으로서 관찰하는 것이다. 당사자들 간의 상호 신뢰는 계속적 공급계약의 바탕이 된다. 그 정도는 계약마다 다를 수 있으나 일반적으로 계약이 장기일수록, 산업이나 거래 목적물의 특수성 또는 경제적인

관계에서 상대방에 대한 의존도가 높을수록 크다고 할 것이다. 계약 종료의 요건이나 그 효과를 검토함에 있어서 일시적 계약과는 다른 계속적 공급계약의 이러한 특수성을 상기하여야만 한다.

2. 이번 논문에서 특히 계속적 공급계약의 종료에 주목한 것은, 장기간 지속되어 온 유통계약이 일방 당사자에 의하여 종료되면, 상대방으로서는 종료 자체가 부당하다고 생각할 수도 있고 기존의 갈등이 표출될 수도 있으므로 분쟁이 현실화되는 경우가 많기 때문이다. 이러한 분쟁을 해결하기 위한 첫걸음은 계약의 종료가 적법한지를 살펴보는 것이다. 계속적 공급계약에 대한 종료 사유들은 경우에 따라서는 그 요건들이 상호 교차되기도 하고 표면적으로 내세우는 종료 사유 이외에도 다른 이유가 있기도 하여 이들을 명확히 구분하는 것이 어려운 경우도 있다. 그럼에도 불구하고 계약의 종료 사유들을 유형화하고 개별 유형에 대한 요건들을 분석하는 노력을 기울이는 것은 이에 대한 법리를 발전시키고, 당사자들에게는 최소한의 예견 가능성을 주어 판결에 대한 신뢰를 가질 수 있도록 할 것이다.

당사자들의 의사를 중시하는 전통적인 계약법을 전제로 이해하자면, 당사자들이 합의한 계속적 공급계약의 존속기간이 만료되거나 계약의 해지 사유가 발생하면, 일방 당사자는 갱신을 거절하거나 계약을 해지하는 방법으로 적법하게 계약을 종료시킬 수 있다. 또한 상대방의 채무불이행이 있는 경우에는 계속적 공급계약을 해지할 수 있다는 것이 판례와 민법개정안의 태도이다. 다만, 이 경우에는 채무불이행이 계약의 목적달성에 지장을 주는 정도가 되어야 할 것인데, 그 의미에 대하여는 아직까지 논의가 충분하지 않은 상황이다. 본 논문에서는 계속적 공급계약의 구조적인 특징과 당사자 간의 거래관계라는 점을 중심으로 그 의미를 파악하고자 하였다.

일시적 계약과 달리 장기간 유지되는 계속적 공급계약의 특수성을 고려한다면 이상의 종료 사유들 외에도 추가적인 종료 사유를 인정할 수 있다. 장기간 계속적 공급계약이 계속되면 계약의 성립 당시의 환경이나 그 행위를 하게 된 기초가 되는 사정이 현저하게 변경되는 경우가 발생하거나, 계약의 근간인 당사자들의 신뢰관계가 파괴되는 사정이 생기는 경우가 그것이다. 이러한 경우에는 계약의 존속을 강제하기 어렵고 신의칙에 기한 해지를 인정하여야 할 것이다. 어떠한 경우가 그러한 해지 사유에 부합하는지 여부는 구체적인 사안의 제반 사정들을 모두 충분히 고려하여 신중하게 결정하여야 한다.

추후 관련 사례와 연구 성과가 축적되면 계약의 종료, 특히 상대방의 채무불이행, 사정변경이나 신뢰관계 파괴를 이유로 하는 계속적인 공급계약의 해지 사유들에 관한 보다 발전적인 논의가 가능할 것이다. 이와 관련된 민법개정안은 지금까지의 국내외 학설과 판례의 입장을 반영한 것인데, 고정된 것으로 이해하기보다는 앞으로의 논의에 따라 실천적인 의미를 담아낼 수 있어야 한다.

3. 이러한 계약 종료 사유들이 인정되고 그 요건을 갖추고 있다고 하더라도, 계속적 공급계약의 특수성을 고려하여 그 종료를 제한하여야 할 경우도 있을 것이다. 특히 당사자들이 계약에서 정한 계약기간이나 해지 사유가 있다고 하더라도, 상호 신뢰를 바탕으로 장기간 유지되어 온 계약관계를 종료하는 것에는 강행법규나 계약의 해석 및 신의칙 등에 따른 추가적인 고려가 요청될 수 있다. 계약이 장기간 지속될 것이라는 합리적인 기대에 근거하여 상대방이 상당한 투자를 한 경우에는 이러한 투자를 어느 정도 회수할 수 있도록 하는 것이 공평의 이념에 부합한다고 볼 수 있을 것이고, 계약을 종료하려는 실질적인 의도가 신의칙 등에 비추어 부당한 경우에는 이를 제재할 필요가 있다. 아직까지 계속적인 공급계약의 종료를 제한하는 문제에 대하여는 국내에서의 논의가 충분하지 않고, 제한적으로만 논의되고 있을 뿐이므로, 외국에서의 관련 사

례나 학설을 검토하는 것은 문제 해결에 도움을 줄 수 있을 것이다. 비교법적으로 살펴보면 계약의 해석이나 신의칙 등을 근거로 하여 계속적 공급계약의 종료를 제한하는 법리를 전개하는 것을 확인할 수 있다. 다만 각국의 법 체계나 사회상 등이 상이하므로, 이러한 검토 결과를 우리 계약법과 여러 실정에 맞게 적용하여야 한다.

4. 계속적 공급계약이 종료되면 계약이 장래를 향하여 효력을 상실하지만, 당사자들의 관계가 없었던 일이 되거나 소멸하는 것은 아니다. 이처럼 계약을 통하여 형성된 당사자들의 관계를 정리하는 문제는 계속적 공급계약의 종료에서 중요한 문제이다. 손해배상이 문제가 되는 경우에도 계속적 공급계약이 장기간 유지될 것이 예정되어 있다는 점을 충분히 고려하여야 한다.

나아가 계속적 공급계약이 종료되더라도 기존 계약관계에 기초한 이익이 계속 발생하고 있다면, 당사자들 사이의 이해관계의 조정이 필요할 수 있다. 계약을 통하여 형성된 당사자들의 관계가 계약 종료 이후에도 영향을 미치는 것이다. 이는 법적으로는 대리상에게 인정되는 보상청구권 규정을 다른 계속적 공급계약에 대하여도 유추적용할 것인지에 대한 문제로 검토된다. 우리 판례는 원칙적으로 유추적용이 가능하다고 하면서도 실제로 개별 사안에서 보상청구권 규정을 유추적용하는 데에는 아직까지 보수적인 입장이다. 그러나 구체적인 타당성을 기하기 위해서는 판례가 제시하는 요건들을 기계적으로 적용하기보다는 계약 종료 후에도 양자가 이익을 공유하는 것이 형평에 맞는지를 검토하여야 할 것이다.

5. 관계적 계약이론에서 시사하는 바와 같이 경우에 따라서는 계속적 공급계약을 종료하기보다는 가급적 거래관계를 유지시키는 것이 당사자들의 이해관계에 합치하고 사회적으로도 바람직할 수 있다. 이번 연구에

서는 계속적 공급계약의 종료에 대한 요건과 효과를 살펴보고자 하였지만, 이는 계약의 수정이나 재교섭에 관한 논의와 맞닿아 있는 것으로 생각된다. 여기에는 계약의 해석에 대한 논의부터, 당사자에게 수정이나 재교섭의 의무를 부과할 수 있는지, 종국적으로 법원의 후견적인 판단을 어디까지 인정할 수 있는지 등 다양한 논점이 내포되어 있다. 또한 계속적 공급계약은 대표적인 계속적 계약으로 볼 수 있을 것인데, 이번 연구의 내용들이 다른 계속적 계약들에도 유효한 논의가 될 수 있는지도 검토가 필요하다. 비교법적으로 보더라도 계속적 계약에 대한 논의는 유통 분야의 계속적 공급계약의 검토에서 출발하여 서비스계약, 소비자계약, 금융계약, 보험계약 등 다른 계속적 계약으로 확대되어 발전되는 경향이 있다. 이러한 추가적인 논점들에 대하여는 깊이 있는 연구들이 진행되어 계속적 계약에 대한 법리 발전이 계속되기를 기대한다.

참고문헌

〈국내문헌〉

[단행본]

곽윤직, 채권각론, 신정수정판, 박영사, 2000.
_____, 채권각론, 제6판, 박영사, 2003.
편집대표 곽윤직, 민법주해[Ⅰ]-총칙(1), 박영사, 2010.
_____, 민법주해[XIII]-채권(6), 박영사, 2009.
권오승, 경제법, 제12판, 법문사, 2015.
권오승·서정, 독점규제법, 법문사, 2016.
김상용, 채권총론, 개정판, 법문사, 2003.
편집대표 김용담, 주석민법[총칙 (1)], 제4판, 한국사법행정학회, 2010.
_____, 주석민법[총칙 (2)], 제4판, 한국사법행정학회, 2010.
김재형, 민법판례분석, 박영사, 2015.
올 란도·휴 빌 편, 김재형 역, 유럽계약법원칙 제1·2부, 박영사, 2013.
김주수, 채권각론, 삼영사, 1997.
김증한·김학동, 채권총론, 제6판, 박영사, 1998.
_____, 채권각론, 제7판, 박영사, 2006.
김형배, 채권총론, 제2판, 박영사, 1998.
_____, 채권각론〈계약법〉, 신정판, 박영사, 2001.
백창훈·임채홍, 회사정리법(상), 제2판, 한국사법행정학회, 2002.
송덕수, 착오론: 법률행위에 있어서의 착오를 중심으로, 고시원, 1991.
_____, 채권법각론, 제4판, 박영사, 2019.
송옥렬, 상법강의, 제4판, 홍문사, 2014.
양창수·김재형, 계약법, 제3판, 박영사, 2020.
양창수 역, 독일민법전(총칙·채권·물권), 2015년판, 박영사, 2015.
이영준, 민법총칙, 전정증보판, 박영사, 2007.
이은영, 약관규제법, 박영사, 1994.

_____, 채권각론, 제5판, 박영사, 2005.
_____, 채권총론, 제3판, 박영사, 2006.
이철송, 상법총칙·상행위, 제14판, 박영사, 2016.
정상조, 부정경쟁방지법 원론, 세창출판사, 2007.
지원림, 민법강의, 제14판, 홍문사, 2016.
_____, 민법강의, 제16판, 홍문사, 2019.
최기원, 상법학신론(상), 제20판, 박영사, 2014.
황적인, 현대민법론 Ⅳ. 채권각론, 박영사, 1987.

[논문]
강선희·조성국, "대리점 거래에 대한 연구", 중앙법학 제15권 제4호, 2013.
강혜림, "비용과 이행이익", 강원법학 제48권, 2016.
고세일, "미국 계약법의 사정변경 법리", 재산법연구 제31권 제2호, 2014.
곽윤직, "계속적채권관계·계속적계약", 사법행정, 1965.
구재군, "프랜차이즈 계약에 관한 연구", 서울대학교 법학박사학위논문, 2000.
권영준, "소멸시효와 신의칙", 재산법연구 제26권 제1호, 2009.
_____, "위험배분의 관점에서 본 사정변경의 원칙", 민사법학 제51호, 2010.
_____, "계속적 계약에 있어서 재교섭조항의 해석", 민사판례연구 제36집, 2014.
권오승·이민호, "경쟁질서와 사법상의 법률관계", 비교사법 제14권 제1호, 2007.
김규완, "손해배상과 비용배상", 재산법연구 제21권 제1호, 2004.
김건식, "대리점거래의 공정화에 관한 법률의 규제와 내용 분석", 한국공정거래
    조정원 연구보고서, 2016.
김광년, "계속적 보증계약과 보증인의 해지권", 민사판례연구[Ⅳ], 1982.
김대정, "한국 계약법의 성립과 전개", 법학연구 제52권 제2호, 부산대학교 법학
    연구소, 2011.
김동훈, "영미계약법에서 사정의 변경과 위험분배의 원칙", 국민대 법학논총 제8
    집, 1996.
_____, "이행이행과 신뢰이익에 관한 판례의 분석", 판례월보 제358호, 2000.
_____, "민법개정시안(2004년)의 계약해제·해지규정에 대한 검토", 송덕수 편,
    민법개정안의견서, 삼지원, 2002.
김상용, "사정변경의 원칙에 관한 비교 고찰", 현대민사법연구, 일헌 최병욱교수
    정년기념, 법문사, 2002.
김성수, "프랑스민법의 사정변경의 원칙 – 현행법과 개정안의 주요내용을 중심

으로 -", 재산법학회 제31권 제3호, 2014.

김성천, "계속적 공급계약에 관한 비교법적 고찰", 외법논집 제3집, 1996.

김성천·박희주, "계속적 공급계약과 소비자보호", 소비자보호원, 1996.

김영두, "채무불이행과 지출비용배상에 관한 민법개정안 검토", 강원법학 제43권, 2014.

김영신, "계속적 계약관계의 해지에 관한 연구", 서울대학교 법학박사학위논문, 2008.

김영호, "독점규제법위반행위의 사법상 효력", 경제법·상사법논집: 춘강 손주찬 교수정년기념, 박영사, 1989.

김재완, "현대 계약법상 신의칙의 법규범성과 그 적용의 확장에 관한 고찰", 외법 논집 제35권 제2호, 2011.

김재형, "법률에 위반한 법률행위 - 이른바 강행법규의 판단기준을 중심으로 -", 민법론 Ⅰ, 박영사, 2004.

_____, "계약의 해제와 손해배상의 범위 - 이행이익과 신뢰이익을 중심으로 -", 민법론 Ⅱ, 박영사, 2004.

_____, "프로스포츠선수계약의 불이행으로 인한 손해배상책임", 민법론 Ⅲ, 박영 사, 2007.

_____, "2007년 민법 판례 동향", 민법론 Ⅳ, 박영사, 2011.

_____, "계약의 해제·해지, 위험부담, 사정변경에 관한 민법개정안", 서울대학교 법학, 제55권 제4호, 2014.

_____, "채무불이행으로 인한 손해배상의 기준과 범위에 관한 개정방안", 민법 론 Ⅴ, 박영사, 2015.

_____, "채무불이행으로 인한 손해배상에 관한 민법개정안", 민법론 Ⅴ, 박영사, 2015.

김준호, "비용배상에 관한 판례의 검토", 법학연구 제24권 제4호, 연세대학교 법 학연구소, 2014.

김차동, "단독거래거절에 의한 불공정거래행위의 규제원리", 권오승 편, 공정거 래와 법치, 법문사, 2004.

남효순, "도산절차와 계약관계 - 이행미완료 쌍무계약의 법률관계를 중심으로 -", 남효순·김재형 편, 도산법강의, 법문사.

박규용, "사정변경의 원칙과 행위기초론", 법학연구 제40권, 한국법학회, 2010.

박동진, "민법상 과실상계 규정(제396조)의 입법론적 검토", 법학연구 제25권 제1 호, 연세대학교 법학연구원, 2015.

박병대, "계속적 보증에 관한 고찰", 사법논집 제18집, 1987.

_____, "파산절차가 계약관계에 미치는 영향", 파산법의 제문제(상), 재판자료 제82집, 법원도서관, 1999.

박영목, "계약채무의 불이행으로 인한 비용배상", 비교사법 제15권 제3호, 2008.

박영복, "재교섭을 통한 계약내용의 수정: 특히 재교섭의무론의 위치부여를 위한 시론", 민사법학 제50호, 2010.

_____, "책임제한사유로서의 불가항력과 사정변경", 외법논집 제35권 제4호, 2011.

박영복·가정준, "미국 계약법상 손해배상의 범위", 민사법학 제35호, 2007.

박준우, "대리상의 보상청구권과 영업비밀준수의무 - 상법 제92조의2 및 제92조 의3에 대한 법경제학적 분석 -", 상사법연구 제21권 제1호, 2002.

박진근, "계속적 공급계약상 당사자의 이해조정에 관한 연구", 한양대학교 법학 박사학위논문, 2005.

_____, "계속적 계약과 불안의 항변권", 한양법학 제17집, 2005.

박현정, "프랑스 민법학상의 신의칙에 관한 연구", 서울대학교 박사학위논문, 2006.

변용완, "계약구속력의 근거로서 관계적 계약 이론에 관한 연구", 중앙대학교 법 학박사학위논문, 2013.

서정, "독점규제법집행에 관한 연구", 서울대학교 법학석사학위논문, 1998.

석광현, "국제거래에서의 대리상의 보호 - 상법 제92조의2의 적용범위와 관련하 여 -", 법조 제592호, 2006.

송덕수, "계약의 해제·해지와 사정변경의 원칙에 관한 2012년 민법개정안의 성안 경과와 내용", 법학논집 제17권 제1호, 2013.

송양호, "상법상 경업금지 법리의 새로운 전개", 경영법률 제24권 제4호, 2014.

양형우, "재산법과 신의성실의 원칙", 법학연구 제8권 제1호, 연세대학교 법학연 구소, 2001.

엄동섭, "법률행위의 해석에 관한 연구", 서울대학교 법학박사학위논문, 1992.

오지용, "계약책임에 있어서의 비용배상", 저스티스 통권 제101호, 2007.

윤남순, "국제거래와 대리상제도의 법리", 경영법률 제20집 제4호, 2010, 427면.

_____, "Commission Agent의 법리, - Mavrona & Sia OE v. Delta Etairia Symmetochon AE, formerly Delta Protypos Viomichania Galakts AE -", 상사판례연구 제19집 제2권, 2006, 73면.

윤용석, "신의칙의 재조명", 재산법연구 제20권 제2호, 2003.

윤진수, "법률행위의 보충적 해석에 관한 독일의 학설과 판례", 판례월보, 1990. 7.

_____, "채무불이행으로 인한 특별손해, 동시이행의 항변권과 권리남용", 사법 행정 제379호, 1992.

_____, "[판례해설/민소법] 대법원 1992. 11. 27 선고 92다14892 판결", 사법행정,

사법행정, 1993. 8.

_____, "미국 계약법상 Good Faith 원칙", 서울대학교 법학 제44권 제4호, 2003.

_____, "계약 해석의 방법에 관한 국제적 동향과 한국법", 비교사법 제12권 제4호, 2005.

_____, "2007년도 주요 민법 관련 판례 회고", 서울대 법학 제49권 제1호, 2008.

_____, "계약상 공통의 착오에 관한 연구", 민사법학 제51권, 2010.

이연주, "신의성실의 원칙에 대한 고찰", 인권과정의 제418호, 2011.

이영준, "사정변경의 원칙에 관한 연구 - 독일의 행위기초론을 중심으로 -", 사법논집 제5집, 1974, 79면.

이재곤, "계속적 보증계약에 있어 보증인의 해지권", 대법원판례해설 제6호, 1987.

이재목, "분할이행계약에 있어 특정 분할부분의 불이행과 계약해제의 범위 - 법비교적 검토를 중심으로", 인권과 정의 통권 제444호, 2014.

이중기, "계속적 계약에서의 "재협상조항"의 역할과 한계: "계약흠결"에 대한 사적자치와 법원의 역할", 홍익법학 제14권제3호, 2013.

이헌묵, "국제거래에서 판매점계약(Distribution Agreement)의 판매자의 보상청구권에 관한 비교법적 고찰", 국제거래법연구 제19권 제2호, 2010.

장보은, "계속적 계약의 해지와 손해배상의 범위", 저스티스 통권 제158-1호, 2017.

정상현, "프랑스 민법상 불예견이론과 우리 민법에의 시사점", 민사법학 제41호, 2008.

정진명, "사정변경 원칙의 명문화 방안", 비교사법 제18권 제3호, 2011.

_____, "헛되이 지출한 비용의 배상", 민사법학 제70호, 2015.

정홍식, "국제중재에서 판매점의 보상청구권", 국제거래법연구 제22집 제1호, 2013.

조성국, 대리점거래 공정화를 위한 제도개선방안 연구, 공정거래위원회 정책연구보고서.

조영철, "계속적 거래계약에서의 개별계약 체결의무", 대법원판례해설 제32호, 법원도서관, 1999.

조일윤, "민법개정안 제544조의3(채무불이행과 해지)의 재검토", 민사법이론과 실무 제8권 제1호, 2004.

_____, "독일에서의 계속적 계약에 관한 일고찰", 경성법학, 제14집 제2호, 2005. 12.

조지현, "독일 상법 제89b조 대리상의 보상청구권에 관한 연구", 경영법률 제24권 제4호, 2014.

최기원, "대리상계약의 종료와 보상청구권", 고시연구 제24권 제5호, 1997.

최수정, "해제권을 발생시키는 채무불이행 - 주된 의무와 부수적 의무의 구분에 대한 재검토", 저스티스 통권 제68호, 2002.

최영홍, "가맹계약의 해지에 대한 규제와 그 한계", 비교사법 제14권 제2호, 2007.

_____, "대리상의 보상청구권 규정의 법적 성질과 다른 중간상에의 확대 적용 여부", 안암법학 제36권, 2011.

_____, "딜러계약의 법리", 경영법률 제22집 제2호, 2012.

_____, "대리상의 보상청구권의 유추적용 여부: 대법원 2013.2.14. 선고 2011다 28342 판례에 대한 평석", 상사법연구 제32권 제2호, 2013.

_____, "유통법의 의의와 지도원리", 유통법연구 창간호, 2014.

최준규, "계약해석의 방법에 관한 연구 - 문언해석과 보충적 해석을 중심으로 -", 서울대학교 법학박사학위논문, 2012.

홍대식, "독점규제법상 불공정거래행위의 사법적 효력", 사법논집 제30집, 2000.

황적인, "계속적 계약관계", 고시연구, 1976. 10.

〈독일법 문헌〉

[단행본]

Bamberger/Roth, Kommentar zum Burgerlichen Gesetzbuch, Band 1, 42. Aufl., C.H.Beck, 2017. [인용: BeckOK BGB/집필자, § 조문 Rn.]

Baumbach/Hopt, Handelsgesetzbuch : mit GmbH & Co., Handelsklauseln, Bank- und Börsenrecht, Transportrecht (ohne Seerecht), 37. Aufl. C.H.Beck, 2016. [인용: Baumbach/Hopt/집필자, HGB Komm., § 조문 Rn.]

Brox/Walker, Allgemeines Schuldrecht, 40. Aufl., C.H. Beck, 2016.

Gernhuber, Das Schuldverhaeltnis : Begruendung und Aenderung Pflichten und Strukturen Drittwirkungen, J.C.B. Mohr, 1989.

Henrich, Vorvertrag, Optionsvertrag, Vorrechtsvertrag: eine dogmatisch-systematische Untersuchung der vertraglichen Bindungen vor und zu einem Vertragsschluss, J.C.B. Mohr, 1965.

Larenz, Lehrbuch des Schuldrechts, Bd.I. Allgemeiner Teil, 14. Aufl., C.H.Beck, 1987.

Martinek, Moderne Vertragstypen, Band II: Franchising, Know-how-Verträge, Management- und Consultingverträge, C.H.Beck, 1992.

Martinek/Semler/Flohr, Handbuch des Vertriebsrechts, 4. Aufl., C.H.Beck, 2016.

Münchener Kommentar zum Bürgerlichen Gesetzbuch, Band 2, 7. Aufl., C.H.Beck,

310   계속적 공급계약 연구

2016. [인용: MüKoBGB/집필자, § 조문 Rn.]

Münchener Kommentar zum Handelsgesetzbuch, Band 1, 4. Aufl., C.H.Beck, 2016. [인용: MüKoHGB/집필자, § 조문 Rn.]

Oetker, Dauerschuldverhältnis und seine Beendigung, J.C.B. Mohr, 1994.

Palandt, Bürgerliches Gesetzbuch, 72. Aufl., C.H.Beck, 2013. [인용: Palandt/집필자, BGB § 조문 Rn.]

Staudinger/Magnus, Kommentar zum BGB mit mit Einführungsgesetz und Nebengesetzen. Wiener UN-Kaufrecht (CISG), Sellier – de Gruyter, 2013.

Staudinger/Otto, Kommentar zum BGB mit mit Einführungsgesetz und Nebengesetzen. Buch 2. Sellier – de Gruyter, 2014.

Bogaert/Lohmann (eds.), Commercial Agency and Distribution Agreements Law and Practice in Member States of the European Union, 3rd ed., Kluwer Law International, 2000.

Zimmermann/Whittaker (eds.), Good Faith in European Contract Law, Cambridge University Press, 2000.

[논문]

Gierke, "Dauernde Schuldverhältnisse", JheringsJb. Bd.64, 1914, S. 355ff.

Muhl/Lüthge, "Rahmenverträge in Lieferbeziehungen – Struktur, Beendigung und Rechtsfolgen", GWR 2016, 26.

〈영미법 문헌〉

[단행본]

Gurnick, Distribution Law of the United States, 2nd ed., Juris Publishing, 2011.

Macneil, The New Social Contract: An Inquiry into Modern Contractual Relations, Yale Uni. Press, 1980.

Trebilcock, "The Limits of Freedom of Contract", Harvard University Press, 1997.

Zeidman (ed.), Legal Aspects of Selling and Buying: Answers to Questions on Antitrust, Franchising and Current Development in Distribution Law, 3rd ed., Thomson Reuters/West, 2014.

Antitrust Law and Economics of Product Distribution, American Bar Association, 2006.

The Franchise and Dealership Termination Handbook, American Bar Association, 2004.

[논문]

Bell, "The Effect of Changes in Circumstances on Long-term Contracts", Harris/Tallon (eds.), Contract Law Today: Anglo-French Comparisons, Oxford University Press, 1989.

Campbell, "Good Faith and the Ubiquity of the 'Relational' Contract", The Modern Law Review, 2014.

_____, "Ian Macneil and the Relational Theory of Contract", Campbell (ed.), The Relational Theory of Contract: Selected Works of Ian Macneil, 2001.

Hillman, "Court Adjustment of Long-term Contracts: an Analysis under Modern Contract Law", Duke L.J., Vol. 1987, No. 1, 1987.

Macneil, "Restatement (Second) of Contracts and Presentiation", 60 Virginia Law Review 589, 1974.

_____, "Contracts: Adjustment of Long-Term Economic Relations under Classical, Neoclassical, and Relational Contract Law", 72 Nw. U. L. Rev. 854, 1978.

_____, "Economic Analysis of Contractual Relations: Its Shortfalls and the Need for a Rich Classificatory Apparatus", 75 Nw. U. L. Rev. 1018, 1981.

_____, "Values in Contract: Internal and External", 78 Nw. U. L. Rev. 340, 1983.

_____, "Exchange Revisited: Individual Utility and Social Solidarity", Ethics, Vol. 96, No. 3, 1986.

McKendrick, "The Regulation of Long-term Contracts in English Law", Beatson/Friedmann (eds.), Good Faith and Fault in Contract Law, Oxford University Press, 1995.

Vincent-Jones, "The Reception of Ian Macneil's Work on Contract in the U.K.", Campbell (ed.), The Relational Theory of Contract: Selected Works of Ian Macneil, 2001.

〈일본법 문헌〉

[단행본]

川越憲治, 継続的取引契約の終了: 販売店契約・下請契約・継続的供給契約をめぐって(別冊NBL19号), 東京商事法務研究会, 1988.

中田裕康, 継続的売買の解消, 有斐閣, 1994.

_____, 継続的取引の研究, 有斐閣, 2000.

内田貴, 契約の再生, 弘文堂, 1990.

平井宜雄, 法律学講座双書 債権各論 I 上, 弘文堂, 2008.

升田純, 現代取引社会における継続的契約の法理と判例, 日本加除出版株式会社, 2013.

[논문]

岩城謙二他, "特約店·代理店契約", 遠藤浩/林良平/水本浩 監修, 現代契約法大系 第4卷, 有斐閣, 1986.

上山徹, "継続的売買契約の解消に関する一考察", 北大法学研究科ジュニア·リサーチ·ジャーナル N. 5, 1998.

川越憲治, "継続的取引契約の終了と独占禁止法", 新堂幸司·内田貴 編, 継続的契約と商事法務, 商事法務, 2006.

柏木昇, "継続的取引契約の解消と代理店販売店の保護", 新堂章司·内田貴 編, 継続的契約と商事法務, 商事法務, 2006.

Oda, Hiroshi, "Long Term Continuous Contracts in Japan", Baum (ed.), Deutschland und Japan: Zwei Ökonomien im rechtlichen Dialog / Germany and Japan: A Legal Dialogue between Two Economies", Zeitschrift für Japanisches Recht, Sonderheft 6, 2012.

■ 장보은

서울대학교 법과대학 졸업
서울대학교 법학대학원 법학석사(수료)
하버드대학교 로스쿨 법학석사(LL.M.)
서울대학교 법학대학원 법학박사(민법전공)

제45회 사법시험 합격
사법연수원 제35기
김·장법률사무소 변호사
현 한국외국어대학교 부교수

계속적 공급계약 연구

초판 1쇄 인쇄 | 2020년 12월 21일
초판 1쇄 발행 | 2020년 12월 31일

지 은 이   장보은

발 행 인   한정희
발 행 처   경인문화사
편   집   유지혜 김지선 박지현 한주연
마 케 팅   전병관 하재일 유인순
출판번호   제406-1973-000003호
주   소   경기도 파주시 회동길 445-1 경인빌딩 B동 4층
전   화   031-955-9300 팩   스   031-955-9310
홈페이지   www.kyunginp.co.kr
이 메 일   kyungin@kyunginp.co.kr

ISBN 978-89-499-4935-2 93360
값 24,000원